HUMBOLDT
PARK
BRANCH

Puerto Rico y los Estados Unidos

El proceso de consulta y negociación de 1989 y 1990

Tomo II - 1990

Juan Manuel García-Passalacqua
Carlos Rivera Lugo

Puerto Rico y los Estados Unidos

El proceso de consulta y negociación de 1989 y 1990

Tomo II - 1990

Traducciones
Cordelia Buitrago Díaz
Betsy López Abrams

EDITORIAL DE LA UNIVERSIDAD
DE PUERTO RICO
1992

Primera edición, 1991
Reimpresión, 1992
©1991 Universidad de Puerto Rico

Catalogación de la Biblioteca del Congreso
Library of Congress Cataloging-in-Publication Data

García-Passalacqua, Juan M.
    Puerto Rico y los Estados Unidos: el proceso de
    consulta y negociación de 1989 y 1990 / Juan M.
    García Passalacqua, Carlos Rivera Lugo -- 1. ed.
    p. cm.
    Includes bibliographical references.
    Contents: t. 1. 1989
              t. 2. 1990
    ISBN 0-8477-0891-8 (t. 1)
    ISBN 0-8477-0895-0 (t. 2)
    1. United States--Relations--Puerto Rico. 2. Puerto Rico-
    Relations--United States. 3. Plebiscite--Puerto Rico.
    I. Rivera Lugo, Carlos. II. Title.
    E183.8.P69G37 1990   90-22452
    327.7295073--dc20   CIP

Portada: Walter Torres
Tipografía y diseño: TopType

Impreso en Puerto Rico
Printed in Puerto Rico

EDITORIAL DE LA UNIVERSIDAD DE PUERTO RICO
Apartado 23322
Estación de la Universidad
Rio Piedras, Puerto Rico 00931-3322

Contenido

Introducción
Hacia una nueva visión

¿Viene o no viene el plebiscito? Esta es la pregunta que se repitió por doquier en Puerto Rico durante 1989 y 1990. Los medios de comunicación del país lo enterraron en numerosas ocasiones para luego tener que resucitarlo al día siguiente. Dirigentes partidistas se veían contínuamente obligados a especular, desde sus particulares puntos de vista ideológicos, sobre la ya notoria interrogante. Unos preferían que viniera como quiera que fuere y otros preferirían que no viniese o que se pospusiera. Las respuestas, tanto de los unos como de los otros, están aún asentadas sobre la base de sus particulares estrategias político-partidistas, más que sobre una interpretación honesta y valiente de los acontecimientos.

Existe una espectacular incredulidad en nuestro pueblo acerca del desenlace final de este proceso. Se pierde de vista que lo más importante no es lo que ocurrirá en el tan sonado plebiscito, si este se celebrara sino lo que ha acontecido *ya* en el proceso mismo de consulta y negociación que se inició en enero de 1989. Los eventos que se han producido durante dicho proceso han contribuido a cambiar, de forma decisiva, no sólo las *condiciones objetivas* del status de Puerto Rico, sino, además, el *modo* como tradicionalmente abordaban la búsqueda de soluciones a la condición de la Isla, tanto el gobierno de Estados Unidos como los partidos políticos puertorriqueños.

Este cambio en las condiciones y los modos de ver es un proceso en la historia política de nuestro país, a pesar de la desconfianza de unos y la incredulidad de otros acerca de si se celebrará finalmente un plebiscito. Por vez primera, en casi un siglo, vemos a los tres sectores ideológicos participando en un esfuerzo común por negociar una legislación federal con el Congreso de los Estados Unidos y la Casa Blanca que conduzca a la celebración de una consulta plebiscitaria sobre el futuro de la Isla. Nunca antes habían entrado las ramas ejecutiva y legislativa de los Estados Unidos en una evaluación y discusión pública sobre el contenido particular y propio de las fórmulas tradicionalmente debatidas en Puerto Rico. Eso es lo importante.

Aunque calificado formalmente como un proceso que conduciría a la autodeterminación del pueblo puertorriqueño, se trata, más propiamente, de un proceso de *mutua* determinación. Ya no basta con saber qué es lo que quieren los puertorriqueños, de ser consultados en un plebiscito. También hay que determinar qué está dispuesto a conceder el gobierno de los Estados Unidos. Y es que las condiciones para que el pueblo puertorriqueño ejerza su derecho a la autodeterminación están determinadas, en última instancia, por un hecho: la viabilidad de cualquier cambio en el status depende decisivamente, al menos en el futuro cercano, de una sustancial ayuda económica por parte del gobierno de Washington. Se comprueba, una vez más, el sabio dicho popular: El que paga la orquesta, escoge la música.

La propia realidad se ha ido encargando, durante los pasados dos años, de declarar obsoleto el paradigma tradicional sobre el status; es decir, la visión que se tenía en Puerto Rico y en los Estados Unidos acerca de cómo solucionar el problema de la condición colonial de la Isla. Un *paradigma* es la visión que tenemos de nuestro mundo y de las formas con que pretendemos transformarlo. Es la totalidad de ideas, teorías, percepciones, valores y prácticas que conforman nuestra manera de ver y cambiar la realidad, además de la forma en que nos organizamos para solucionar nuestros problemas.

La visión tradicional sobre el status partía del supuesto de que nuestra realidad posee *una sola* explicación o un fundamento homogéneo y que cada cual puede entenderla a partir, exclusivamente, de su discurso ideológico respectivo. Es decir, que cada una de las ideologías piensa que tiene la verdad agarrada por el mango; que la solución definitiva a la condición colonial de la Isla se logrará con el triunfo exclusivo de una de las tres ideologías tradicionales –la autonomía, la independencia o la anexión– sobre las otras dos; que exclusivamente los promotores de la fórmula triunfante pueden determinar las condiciones de su implantación en la realidad; y que la victoria final de una fórmula de status solucionará automáticamente todos los demás problemas de la sociedad puertorriqueña. De ahí el acento en el resultado final del proceso, y no en el proceso mismo, como si el presente no fuese ineludiblemente el punto de partida del futuro.

No estamos ante un concurso de popularidad cuyo resultado se dará a conocer en una fecha futura. Se olvida que el resultado está siendo determinado ya, día a día, paso a paso, a partir de la interacción dialógica de hechos y sujetos, del entrejuego dinámico de la constelación de sectores, factores y actores que intervienen en el proceso. Es el diálogo y no la adversidad lo que va abriendo brechas. El insularismo del paradigma tradicional no nos permite entender la relación activa que existe entre el devenir de dicho proceso y el devenir del proceso de cambio paradigmático que se produce en el mundo entero desde, por lo menos, la última década y media. Sin embargo, el mundo se transforma y nosotros con él, independientemente de que nos guste o no, lo entendamos o no. La posibilidad real o la probabilidad de éxito de las diferentes fórmulas depende más de este proceso y de las situaciones de fuerza que lo caracterizan, que de las preferencias particulares e insularizadas que, en torno a esas fórmulas, pueda manifestar el pueblo puertorriqueño sin referencia alguna al contexto global.

La *visión* tradicional que tenemos tanto los norteamericanos como los puertorriqueños, acerca de la condición jurídica, política, económica y social de la Isla, resulta ya rebasada por los *hechos*. Y, porque ya *no* nos sirve para entender y encarar efectivamente los problemas de la sociedad, surge lo que se llama una *crisis paradigmática* que requiere, para su superación, un cambio de visión, es decir, un nuevo entendimiento y una nueva práctica política y organizativa.

Los antecedentes más cercanos que nos permiten entender tanto este cambio paradigmático como el proceso de consulta y negociación que evaluamos en este libro, son:

(1) El fin de la era de Luis Muñoz Marín y de la hegemonía del Partido Popular Democrático en la política puertorriqueña, y los consiguientes cambios en la estructura político-partidista de la Isla, en particular, el surgimiento del Partido Nuevo Progresista, el avance electoral del movimiento anexionista y la posibilidad de que Puerto Rico le presentase inminentemente al Gobierno de los Estados Unidos una solicitud de incorporación como estado de la Unión.

(2) La conclusión de un estudio hecho en el 1979 por el Departamento de Comercio, según la cual, Puerto Rico padece de una grave e insostenible dependencia de fondos federales, lo que ha llevado a una federalización creciente de la economía y de la sociedad puertorriqueña; o en otras palabras, a una expansión significativa de la autoridad del gobierno federal sobre la vida de nuestro pueblo.

(3) La advertencia de varios economistas y sociólogos

puertorriqueños de que la Isla se estaba convirtiendo, a partir de la década de los setenta, en un *ghetto* económico de los Estados Unidos, producto de las limitaciones del modelo de crecimiento económico dependiente del llamado Estado Libre Asociado de Puerto Rico, lo que ha resultado en el desarrollo de una patología social, caracterizada por un miedo atroz y una sensación espectacular de inseguridad económica frente a cualquier cambio en la situación presente.

(4) El fin, durante los años setenta, de la hegemonía económica de los Estados Unidos en el mundo y el surgimiento de una economía global, lo que plantea a Washington la necesidad urgente de reestructurar su economía y presupuesto nacional, reduciendo la dependencia excesiva de los estados y territorios de las transferencias federales. En Puerto Rico ha planteado la necesidad urgente de insertarse de forma más competitiva dentro de ese nuevo contexto global, de potenciar su economía y capacidad productiva mediante la internacionalización de sus fuentes de capital y los mercados de importación y exportación, y de reducir el impresionante nivel de su dependencia actual de los fondos económicos que le provee el gobierno federal.

(5) Las presiones diplomáticas, producto de la internacionalización del caso de Puerto Rico, especialmente ante el examen anual a que el Comité Especial de Descolonización de la Organización de Naciones Unidas (ONU) sometió la situación de la Isla desde 1972, y sus resoluciones reconociendo el derecho del pueblo de Puerto Rico a su autodeterminación a la luz del Derecho Internacional de Descolonización, además de la insatisfacción con el *statu quo* manifestada, ante dicho foro, por representantes de los tres sectores ideológicos del país.

(6) Las recomendaciones hechas, durante los años setenta, por varios funcionarios importantes del "gobierno permanente" de los Estados Unidos –en particular, formuladores de política pública en el seno del Consejo Nacional de Seguridad

y del Departamento de Estado– a favor de un "timoneo" por Washington del proceso que se lleve a cabo para redefinir su relación actual con Puerto Rico. Dicho "timoneo", concebido como un imperativo tanto nacional como internacional, debe ir en dirección a la independencia, por ser la más favorable de las opciones, y en contra de la estadidad federada, por considerarse demasiado costosa en términos económicos, políticos y diplomáticos.

(7) La propuesta surgida del seno del Consejo de Seguridad Nacional de los Estados Unidos en 1980 para que se diseñe y se implante un proceso, conducente a la celebración de un plebiscito, en el que se definan con anterioridad y precisión, los términos, aceptables al Gobierno de los Estados Unidos, de cualquier cambio en la condición jurídico-política de la Isla.

(8) La publicación, entre 1978 y 1987, de una serie de informes del General Accounting Office (GAO) del Congreso de los Estados Unidos y del Congresional Budget Office (CBO) en los que se analizan las múltiples dimensiones e implicaciones del proceso de reformulación de la política colonial de los Estados Unidos, emprendida durante esos años, sobre la política oficial de Washington hacia Puerto Rico.

(9) El fin de la guerra fría, la redefinición de la política tradicional del Departamento de Defensa de los Estados Unidos hacia Puerto Rico en contra de cualquier cambio en el *statu quo* y su declaración a favor del derecho del pueblo puertorriqueño a elegir incluso la independencia con tal de que se le garantice la presencia de sus bases e instalaciones militares en la Isla.

(10) El consenso tripartidista de Puerto Rico, a partir de 1989.

Estos hechos, entre otros, nos ayudan a explicar el cambio que se produce en el modo tradicional en que el Gobierno de los Estados Unidos ve el asunto del status de Puerto Rico. Ya no insiste en que la dilucidación del asunto compete exclusivamente "a la voluntad del pueblo puertorriqueño", sino que ahora depende del "timoneo" suyo para que se le de una solución efectiva e inmediata. Aquella idea de que el status es un asunto en el cual lo que está envuelto es la "libre determinación" del pueblo puertorriqueño ha sido sustituida por una idea y por una práctica que son criaturas de la propia idea del "timoneo". De lo que se trata es de un proceso de "mutua determinación", es decir, que cualquier decisión debe contar con una participación más activa y decisiva por parte del Gobierno de los Estados Unidos. La percepción de que Puerto Rico constituye "una vitrina del desarrollo" es desplazada por la que postula que Puerto Rico "le cuesta mucho al Gobierno de los Estados Unidos".

En el primer tomo de esta obra, dedicado al proceso de consulta y negociación ocurrido en 1989, expusimos cómo estos cambios en la visión norteamericana sobre Puerto Rico se reflejan tanto en el Proyecto del Senado 712 como en el informe correspondiente del Comité de Energía y Recursos Naturales del Senado presidido por el Senador J. Bennett Johnston. Asimismo, vimos cómo la nueva visión le presentó a los tres partidos principales de la Isla la urgencia de modificar sus tradicionales discursos ideológicos y esquemas políticos para atemperarlos a la nueva realidad.

Lo dijimos entonces y lo repetimos. O los partidos y líderes modifican radicalmente sus tradicionales discursos y prácticas, a la luz de los nuevos requerimientos, o se verán crecientemente superados por éstos. Los tres tienen que pasar del reino de lo ideal al reino de lo real. No pueden seguir ignorando las condiciones necesarias para su viabilidad. No pueden seguir insistiendo en responder a los retos y oportunidades de la nueva coyuntura partiendo de posiciones tradicionales, ideológicamente monolíticas y adversarias. El nuevo paradigma requiere posiciones *dialogantes* y forjadoras de *consensos*, un nuevo pensamiento basado en la complementariedad de las diferencias, y la complejidad, pluralidad y heterogeneidad del contenido de los discursos políticos en la actualidad. Dichos consensos tienen que ser móviles y abiertos, incluyentes y no excluyentes, tienen que renovarse permanentemente mediante la canalización de la diversidad de horizontes que los representan y abarcar continuamente el conjunto heterogéneo de intereses y expectativas legítimas del pueblo puertorriqueño y no de un sector exclusivo y particular.

De ahí los cambios que ya empezamos a notar en la definición de las opciones: un ELA mejorado con soberanía, sin la aplicación de la Cláusula Territorial de la Constitución de los Estados Unidos; una independencia con pleno acceso al mercado de Estados Unidos y a una sustancial ayuda económica norteamericana a cambio de la permanencia de sus bases e instalaciones militares en la Isla; y una estadidad que, de ofrecerse, será sin trato preferente y, en el mejor de los casos, en condiciones iguales a las de los demás estados ya admitidos.

Este segundo tomo trata del proceso de consulta y negociación entre los Estados Unidos y Puerto Rico ocurrido en 1990. Hemos incluido los que a nuestro entender son los textos más importantes de dicho proceso, un análisis comparativo entre estos y los incluidos en nuestro primer tomo y, además, una interpretación de los hechos ocurridos durante el año 1990. Al igual que en el primer tomo, damos inicio con una cronología de las primeras planas dedicadas al tema en los periódicos puertorriqueños. En un primer ensayo, Carlos Rivera Lugo hará un análisis de las enmiendas sustantivas hechas al Proyecto del Senado 712 por el Comité de Energía y Recursos Naturales y el Comité de Finanzas. Seguirán dos ensayos de Juan Manuel García-Passalacqua sobre los cambios en la estrategia norteamericana, partiendo del Proyecto de la Cámara de Representantes de los Estados Unidos 4765, y sobre las razones para que ese Proyecto destaque mucho más lo procesal contrastando con el enfoque más sustantivo del Proyecto del

Senado. A continuación irá otro ensayo de Carlos Rivera Lugo en que se analizarán, entre otros, los temas de la nacionalidad, el idioma y el voto ausente. Finalmente, incluiremos un epílogo en el que expondremos y analizaremos los acontecimientos últimos acaecidos en el Comité de Energía y Recursos Naturales del Senado federal entre diciembre de 1990 y febrero de 1991.

Reiteramos nuestra esperanza de que este libro contribuya a que nuestro pueblo se forme una idea más cabal de los nuevos presupuestos que, sin duda, contribuirán a un esclarecimiento definido de su relación con los Estados Unidos.

Los Editores

Documento
*El plebiscito nació en la era de Carter**

El status se considera bajo la esfera de la política exterior

Beatriz de la Torre
De la redacción del Star

Documentos de la Casa Blanca durante la incumbencia de Carter indican que el plebiscito de 1991 no fue engendrado a fines del año pasado mientras el gobernador Hernández Colón ponderaba sobre el asunto en un prado escocés.

Por el contrario, los cimientos para el plebiscito se sentaron hace 12 años en un sótano en Washington bajo los auspicios del Consejo de Seguridad Nacional de Estados Unidos.

---

*Extracto del artículo del *San Juan Star*, 3 de julio, 1989.

A pesar de los cambios de administración en la Casa Blanca, la política del gobierno de Estados Unidos parece haber seguido un curso continuo hacia un plebiscito en el que la independencia fuese una opción aceptable a los puertorriqueños.

Varios documentos de la era de Carter, incluso un amplio memorando de revisión de política, permanecen en reserva por razones de seguridad nacional. Sin embargo, copia de otros documentos que obtuvo el *Star* revelan que:

- Un plebiscito sería el resultado final de una política gubernamental norteamericana de varias etapas que fue diseñada hace más de una década.

- Parece que las primeras etapas se cumplieron. Incluían endosar la autodeterminación como política "interina" hacia Puerto Rico; estructurar en secreto un grupo conjunto interno del gobierno de Estados Unidos para tratar el asunto del status de la Isla; crear una fundación con financiación privada que tratara con los asuntos económicos y sociales; y lograr que la Isla se involucrara más en los asuntos del Caribe.

- Aunque han transcurrido más de 10 años, la mayoría de los protagonistas siguen activos. Entre ellos, los senadores de EE.UU. J. Bennett Johnston, demócrata de Luisiana, y Daniel P. Moynihan, demócrata de Nueva York.

Jeffrey Farrow, que a la sazón trabajaba con el Consejo de Asuntos Domésticos de la Casa Blanca, es ahora ayudante ejecutivo de la Subcomisión de la Cámara para Asuntos Insulares e Internacionales, en la cual reside la responsabilidad congresional final por Puerto Rico y otros territorios de EE.UU.

Zbigniew Brzezinski, el asesor presidencial del Consejo de Seguridad Nacional (CSN) que fue el principal artífice de la política exterior de Carter, es en la actualidad uno de los asesores del Presidente Bush sobre política exterior.

- Los que forjaban política pública en EE.UU. que consideraban la independencia una opción de status viable.

veían la necesidad de un proceso a largo plazo para que la independencia se hiciera aceptable a los puertorriqueños.

• Puerto Rico dejó de considerarse como un asunto doméstico a fines de la década de los setenta. Pasó a formar parte de las preocupaciones de política exterior de la administración de Carter, que estaba preocupada sobre la divergencia de intereses entre la Isla y Estados Unidos.

Los papeles de trámite internos muestran que el CSN, que al igual que la CIA no tiene jurisdicción formal sobre Puerto Rico, participó en el proceso de trazar la política. Se clasificó a la Isla bajo las secciones de "Asuntos norte/sur" y "asuntos globales" del CSN.

El CSN examina la política exterior de Estados Unidos, mientras que el Consejo de Asuntos Domésticos asesora al presidente sobre política doméstica.

RHC: "Increíble"

Los documentos Carter proveen una ojeada cándida al funcionamiento interno de la política norteamericana hacia Puerto Rico que parece contradecir unas declaraciones de Hernández Colón a comienzos de este año sobre la participación de EE.UU. en un plebiscito.

Hernández Colón pidió un plebiscito en enero, al regreso de unas vacaciones en Escocia.

En una entrevista el mes pasado con el director del *Star*, Andrew Viglucci, y con el reportero Manny Suárez, Hernández Colón descartó categóricamente la posibilidad de que el plebiscito hubiese sido impulsado como parte de una agenda a largo plazo por artífices de política pública en Washington.

El reportaje de Viglucci sobre la conversación dice: "Increíble," dijo Hernández Colón tornando la cabeza, "las cosas que suceden aquí son increíbles".

En entrevistas posteriores por radio y televisión, Hernández

Colón arremetió contra el analista político Juan Manuel García Passalacqua, quien por varios años ha dicho públicamente que el gobierno de EE.UU. tiene su propia agenda política respecto a Puerto Rico.

García Passalacqua, quien junto al ex presidente del Nuevo Partido Demócrata, Franklin Delano López, tenía acceso directo a la Casa Blanca durante la administración de Carter, parece haber sido una de las personas que ayudó a formular la política del Departamento de Estado federal hacia la Isla.

Charles William Maynes, secretario auxiliar de estado en ese entonces, escribió un memorando de cuatro páginas el 12 de octubre, 1978, sobre una conversación en la que García Passalacqua expresó preocupación sobre los desarrollos políticos en la Isla.

"La esencia del mensaje (de García Passalacqua) es que EE.UU. no puede permitir que la situación de Puerto Rico siga a la deriva", escribió Maynes. El memorando, que está en los archivos del Departamento de Estado, también fue enviado a la Casa Blanca, al CSN y al Consejo Doméstico.

Agenciándose posiciones

Los documentos forman parte de los expedientes que ya están abiertos a escrutinio público en la Biblioteca Carter en Atlanta y muestran que, tan pronto el nuevo presidente demócrata asumió el poder en enero de 1977, tanto Hernández Colón como el entonces gobernador, Carlos Romero Barceló, comenzaron a agenciarse posiciones con la Casa Blanca.

En ese momento, la situación política en la Isla había sido sacudida por el presidente saliente Ford quien, la víspera de Año Nuevo de 1976, había instado al Congreso a conceder la estadidad a la isla unilateralmente.

Durante la primera semana de febrero, 1977, Hernández Colón fue a Washington a entregar personalmente al ayudante de Casa Blanca Joe Aragón, una carta para el presidente.

En la carta del 8 de febrero, Hernández Colón intentó desviar a Carter de seguir los pasos de Ford.

"La propuesta de estadidad representa un curso en contra de la autodeterminación que puede ser rectificado en parte mediante inacción sobre la propuesta", escribió Hernández Colón, "pero el rechazo a la petición para mayor gobierno propio no se remedia con la inacción".

Para entonces, Romero Barceló había solicitado a Carter que nombrara una Comisión Conjunta de Puerto Rico y Estados Unidos para estudiar los efectos de la estadidad sobre la Isla. También había solicitado una reunión con el presidente para discutir su petición.

Carter se reunió con Romero el 2 de marzo de 1977 durante 10 minutos.

La Casa Blanca parece haber reaccionado con frialdad a los dos líderes puertorriqueños.

Un plebiscito nuevo

"El asunto del status futuro de Puerto Rico... es extraordinariamente complicado", escribió Brzezinski al ayudante de Carter, Rick Hutcheson, el 17 de febrero de 1977. "El 'estado libre asociado' de Puerto Rico puede ser, de hecho, una expresión contradictoria; en el mejor de los casos, la relación es difícil y ambigua.

"Desde la perspectiva de EE.UU., las elecciones libres de Puerto Rico pueden sugerir una democracia autónoma. Sin embargo, desde la perspectiva de sus vecinos en el Caribe o de otros países de independencia reciente o en proceso de desarrollo, la relación peculiar de Puerto Rico con EE.UU. sin duda sugiere una variedad especial de 'neocolonialismo', añadió Brzezinski.

En el documento informativo que solicitó la Casa Blanca para responder a Hernández Colón, Brzezinski siguió explicando: "Hernández Colón hace bien en argumentar en contra de

precipitarse y de la estadidad, pero tampoco debemos aba-
lanzarnos a una autonomía revisada ya que, según entiendo,
el nuevo convenio no ha sido bien recibido en Puerto Rico
tampoco".

A cambio, el jefe del CSN aconsejó un enfoque más
amplio.

"En un futuro cercano, podría ser deseable celebrar un
plebiscito nuevo en Puerto Rico sobre su status futuro", Brzezinski escribió al presidente. "Sin embargo, el asunto debe por
lo menos tratarse en un Memorando de Revisión de Política que
considere el asunto en su totalidad o tal vez su componente
diplomático solamente".

La revisión de política parece haber sido efectuada pero, al
igual que por lo menos otros siete documentos –que incluyen
la correspondencia del entonces secretario de estado, Cyrus
Vance– permanece en reserva por cuestiones de seguridad
nacional.

Brzezinski añadió que "entre tanto", Carter debería ceñirse
a sus declaraciones anteriores en el sentido de que "respetará la autodeterminación del pueblo puertorriqueño".

El CSN tampoco estaba en disposición de favorecer un
compromiso hacia la estadidad.

Los primeros dos puntos de un memorando de 11 "puntos
de conversación" que Brzezinski sometió al presidente antes de
su reunión con Romero eran que la administración de Carter
debía seguir con su política de "autodeterminación". Brzezinski también aconsejó al presidente que le recordara a Romero
que Estados Unidos le otorgaría la independencia a la Isla si la
legislatura puertorriqueña la solicitaba.

En un memorando a Carter, un funcionario de la Casa
Blanca, Jack Watson, fue más contundente.

"Mi recomendación es que usted no acceda a nombrar tal
comisión [conjunta del status]", Watson escribió el 1 de marzo
de 1977. "La situación está repleta de implicaciones políticas

que gravitan en torno al asunto de la estadidad para Puerto Rico".

Por la ruta 'privada'

Dos años más tarde, el personal de la Casa Blanca parecía estar más al tanto de las complejidades de la situación puertorriqueña.

Para febrero de 1979, el funcionario de Casa Blanca Al Stern decía al asesor del Comité de Asuntos Domésticos Stu Eizenstat que el presidente "no debe acceder" a la petición de Romero para que el gobierno federal realice un estudio sobre el impacto de las tres opciones de status.

"Sería paternalista y parecería que los estamos empujando hacia un plebiscito sobre el status, que debe ser propuesto por el Gobernador Romero (partidario de la estadidad afiliado al Partido Republicano) y emitido por la legislatura (dominada por partidarios del Estado Libre Asociado afiliados al Partido Demócrata)", escribió Stern. Las descripciones en paréntesis son parte del texto.

Otros dos asuntos también preocupaban al funcionario del Consejo de Asuntos Domésticos: cualquier estudio parecería confligir con informes similares que el Senador Johnston había solicitado a la Oficina de Contabilidad General y con un estudio parecido del Departamento de Comercio.

Stern también recomendó que la administración de Carter distanciara la Casa Blanca de la lucha sobre status de los puertorriqueños.

"Fijar el sello de aprobación federal a tales cifras en un asunto político contencioso, nos coloca imprudentemente en medio de una lucha que no es nuestra", escribió.

Sería mejor, dijo, que una fundación privada tratara el asunto en lugar de que el gobierno federal lo hiciera abiertamente.

"He estado explorando la posibilidad de emprender un

esfuerzo en Puerto Rico financiado por una fundación", Stern le informó a Eizenstat. "Es mejor tener financiamiento privado y administración privada".

Cinco años más tarde, la Fundación Ford anunció en Nueva York que "exploraba si iniciar una organización filantrópica en Puerto Rico para estimular allí el desarrollo económico y las mejoras sociales".

El 21 de junio de 1984, el *New York Times* reportó que "la perspectiva es que la fundación donaría varios millones de dólares e invitaría a las corporaciones a contribuir al esfuerzo".

La Fundación Comunitaria de Puerto Rico surgió oficialmente en abril de 1985 con un presupuesto de $5 millones. Para entonces, las fundaciones Rockefeller y Carnegie se habían unido a la Ford. El Banco Popular y varias industrias farmacéuticas importantes en la isla también contrajeron generosos compromisos financieros con la nueva organización filantrópica.

Las operaciones secretas

Aunque la petición de una comisión conjunta que formuló Romero fue rechazada, para julio de 1979 la administración de Carter tenía su propio "grupo de trabajo" estudiando el asunto del status en el contexto más amplio de la política de EE.UU. para el Caribe.

El grupo de trabajo incluía a funcionarios de los departamentos de estado y de lo interior, así como los consejos de asuntos domésticos y de seguridad nacional, de acuerdo a un memorando de Farrow a Eizenstat fechado el 17 de julio de 1979.

La administración de Carter nunca reveló al público que tenía varios comités interagenciales y un grupo de trabajo estudiando el asunto del status de Puerto Rico.

En un memorando, Farrow se quejó que el Departamento de Estado había divulgado un documento interno del grupo de trabajo a la misión de EE.UU. en las Naciones Unidas. El documento divulgado, que había sido redactado por funcionarios del Departamento de lo Interior, incluía la independencia como alternativa viable para los territorios de EE.UU.

"Aunque personalmente abogo por esa posición", dijo Farrow, "el Departamento de Defensa puede objetar esta propuesta, sobre todo en relación con Guam, debido a consideraciones de seguridad nacional".

Aparentemente, el funcionario que desató la ira de Farrow era Eric Svendsen, un oficial político de la Oficina de Asuntos Políticos de la ONU en el Negociado de Organizaciones Internacionales del Departamento de Estado.

En *Open Forum* (Foro Abierto), una publicación interna del Departamento de Estado, Svendsen escribió un artículo de siete páginas que trataba sobre por qué el gobierno de EE.UU. debía estimular a Puerto Rico hacia la independencia.

"La relación cuasi-colonial actual entre Estados Unidos y Puerto Rico es insostenible", escribió Svendsen.

"El gobierno de EE.UU. debe considerar seriamente preparar a Puerto Rico para la independencia", añadió. "En Washington y San Juan se ha dado por sentado por demasiado tiempo que Puerto Rico debe permanecer parte de Estados Unidos.

"Esta actitud fue la que llevó a una operación de dudosa moralidad por el FBI Cointelpro en Puerto Rico durante los años sesenta, cuyo propósito era interrumpir las actividades de las fuerzas pro-independencia", escribió Svendsen.

Svendsen también señaló que "El Congreso podría estar renuente a admitir a Puerto Rico como el estado 51" porque tal acción podría desplazar el balance de poder en el Congreso al dar siete congresistas a la Isla.

"Es posible que también estén en juego consideraciones étnicas", dijo. "El caso de Puerto Rico no es como el de Alaska y Hawaii, estados de baja población en los que el pueblo nativo constituía una minoría al momento de la estadidad".

Farrow no menciona que la preocupación del Departamento de Defensa sobre seguridad nacional en el caso de Guam también había sido planteado en cuanto a Puerto Rico, donde la Armada opera la gran base naval de Roosevelt Roads en Ceiba.

En un memorando posterior, Farrow escribió que "a recomendaciones mías... el grupo de trabajo sobre territorios ha desarrollado opciones de status dentro del marco de Estados Unidos que debieran ser aceptables a la mayoría de los guameses así como al Departamento de Defensa".

Un papel en el Caribe

Además del grupo de trabajo sobre territorios, para fines de la administración de Carter había otros dos grupos interagenciales federales trabajando sobre asuntos económicos para Puerto Rico y las Islas Vírgenes de EE.UU .

El 31 de diciembre de 1979, justo antes de que Carter finalizara su término, el Consejo Doméstico escribió al CSN y solicitó "la formación de un grupo de trabajo conjunto sobre asuntos que involucraran a EE.UU. y el Caribe extranjero".

En un memorando conjunto a Brzezinski y al especialista del CSN sobre asuntos del Caribe y América Latina, Robert Pastor, Eizenstat y Farrow destacaron los cambios políticos en la región que habían "impulsado la creación de un grupo de trabajo especial dentro del CSN".

Los consejeros presidenciales para asuntos domésticos escribieron: "Opinamos que hay una confluencia de intereses de política extranjera y doméstica en el Caribe que sugiere la necesidad de coordinar la formulación de política".

Parece que, desde 1977, el CSN estaba preocupado por el papel de Puerto Rico en el Caribe.

Por ejemplo, el Caribe se destaca en los "puntos de conversación" que Brzezinski redactó al presidente para la reunión entre Carter y Romero en marzo de 1977.

Uno de los puntos que Brzezinski dijo que el presidente debía tocar en esa reunión era que: "El papel de Puerto Rico en el Caribe es de especial importancia si anticipamos que Puerto Rico continuará relaciones comerciales, culturales y de intercambio con gobiernos extranjeros".

El documento de trabajo añadía que "en todas estas actividades es esencial que el gobierno federal, en particular el Departamento de Estado, esté plenamente informado de las intenciones y acciones puertorriqueñas".

Sin embargo, no fue sino hasta que Hernández Colón fue electo en 1984 que Puerto Rico lanzó su propia versión de la Iniciativa de la Cuenca del Caribe.

Desde entonces, la administración de Hernández Colón ha procurado establecer lazos más estrechos con sus vecinos del Caribe y Centro América, en particular con la República Dominicana, Venezuela y Costa Rica.

'Un viejo amigo'

Parece que Guam había sido la consideración mayor cuando el Congreso aprobó fácilmente una resolución redactada por el entonces Comisionado Residente Baltasar Corrada del Río y radicada por el senador de Nueva York Moynihan, que apoyaba la autodeterminación para Puerto Rico.

El senador Johnston, que ahora es la fuerza motriz tras el plebiscito, fue el único obstáculo que el grupo de trabajo de la Casa Blanca confrontó entonces.

"El único que se opone a la resolución (de autodeterminación para Puerto Rico) es Bennett Johnston, quien piensa (creo que con razón) que existe un "propósito malicioso", Farrow escribió en un memorando fechado 2 de agosto de 1979.

Para tratar de ganarse a Johnston, la administración de Carter recurrió a un viejo amigo de Johnston, Hernández Colón.

"En un esfuerzo por desviar la oposición de Johnston, el

secretario auxiliar de estado Bill Maynes también habló con Hernández Colón", escribió Farrow. "Pidió a Rafael que llamara a su viejo amigo Bennett y le hiciera meridianamente claro que la resolución no promovería la estadidad".

Bajo el título de "razones para la resolución", Farrow analizó cuáles podrían haber sido los motivos aparentes y escondidos de la acción del Congreso.

"La motivación ostensiva, de acuerdo a Pat Moynihan, quien la introdujo en el Senado, es enviar un mensaje a la próxima sesión de las Naciones Unidas", dijo Farrow.

Cronología periodística sobre status político en 1990

En el primer tomo de este libro, con el propósito de proveer al tema que nos ocupa un trasfondo de eventos noticiosos, resumimos las informaciones periodísticas relacionadas con la cuestión del status político de Puerto Rico difundidas en 1989. Usamos entonces como base las primeras planas de los periódicos del país, las cuales, en ausencia de un esfuerzo de información que procediera de los partidos políticos hicieron una labor informativa verdaderamente encomiable. Hacemos aquí los mismo con las informaciones transmitidas durante 1990, y utilizamos las primeras planas de los rotativos del país. De esta manera proveemos al lector un resumen de los hechos ocurridos en ese período.

20 de diciembre de 1989 - La Cámara de Representantes de los Estados Unidos llama a vistas sobre el status para 1990.
14 de enero de 1990 - A revisión las corporaciones 936.
30 de enero - Bush propone recortes al PAN de 111 millones.
13 de febrero - La encuesta de *El Nuevo Día*. La estadidad gana

más terreno. Con ventaja sobre el ELA, pero aún sin mayoría.

14 de febrero - PNP denunciará la colonia ante la ONU.

1 de marzo - RHC acusa a Bush de obstruir el plebiscito. Inculpa al Presidente de usar el PAN como arma política en una consulta sobre el status. El portavoz de la minoría en el Comité de Agricultura de la Cámara afirmó que son falsas las acusaciones del Gobernador.

1 de marzo - Acusa RHC a Bush de jugar con Puerto Rico. El Gobernador dice que el Presidente usa el hambre como arma política.

2 de marzo - "El PPD sabotea el plebiscito". Rubén Berríos dirá hoy en el Congreso que el Partido Popular desea retirarse de la consulta porque vislumbra una derrota.

2 de marzo - RHC pone condiciones al plebiscito. Condicional la participación de la fórmula del ELA en la consulta.

3 de marzo - Auscultan aplazar el plebiscito. "Si fuera congresista, exigiría dos terceras partes para implantar un estado 51 o una república." - RHC. "Requerir una supermayoría sería un trato injusto para los puertorriqueños." - CRB. "La independencia es un derecho que no depende de imposiciones de supermayoría." - RBM.

9 de marzo - Llega el Comité sobre el status a Puerto Rico.

9 de marzo - Copa el PPD las vistas. A pesar de que las fuerzas de los tres partidos parecen niveladas según los deponentes, los políticos del Partido Popular dominan ampliamente el escenario de las vistas.

9 de marzo - Vacilante el PPD con la consulta. Insisten en la plena soberanía.

10 de marzo - Implacable ataque a la estadidad. Piden enmiendas al proyecto 712 del Senado que inclina la balanza contra el ELA.

11 marzo - Miles de estadistas marchan en Ponce. El proyecto de status se enfrenta a obstáculos. Los congresistas citan

barreras.

13 de marzo - Otra vez se tambalean las 936. El congresista Robert Lagomarsino dijo que era irreal mantener la sección 936 permanentemente bajo cualquier status.

13 de marzo - Terminan las vistas de la Cámara de Estados Unidos en Puerto Rico. Prometen proyecto de plebiscito. Incierto el factor tiempo.

14 de marzo - De Lugo dice la legislación confronta barreras.

22 de marzo - De Lugo exige otro estudio plebiscitario. Reclama del GAO más información sobre Puerto Rico.

24 de marzo - Fatal golpe del Congressional Budget Office (CBO) a la estadidad.

31 de marzo - Fuster duda se celebre el plebiscito. Asegura que la atención del Congreso estará sumida en la aprobación del presupuesto federal y las elecciones congresionales.

4 de abril - Las 936 bajo ataque en el Congreso. Los críticos citan fracasos, advierten será examinada la sección.

4 de abril - Negativo informe para la estadidad. La Oficina de Presupuesto Congresional evalúa los aspectos económicos del proyecto S712 y la fórmula estadista sale en desventaja ante el ELA y el independentismo.

6 de abril - Sufre retraso la estadidad. El informe del CBO dice que las predicciones son altamente inciertas.

10 de abril - Se harían en Nueva York vistas sobre status.

17 de abril - Impreciso el efecto de la deuda pública en el estudio del Congreso.

27 de abril - Bush aumenta la esperanza estadista. Departamento del Tesoro comprometido a financiar transición.

27 de abril - Más dudas sobre el plebiscito. El senador Daniel P. Moynihan aseguró que el Congreso no aprobará este año un proyecto que regule la consulta.

28 de abril - Celebrarán vistas en Nueva York sobre status.

28 de abril - RHC considera posponer el plebiscito. El Gobernador favorece 1991 o después de las elecciones.

1 de mayo - De Lugo presentará en breve su proyecto plebiscitario.

2 de mayo - RHC no apoya el plan de De Lugo. Descarta la medida que permite al Congreso rechazar la voluntad del pueblo.

4 de mayo - Convalidan el proceso electoral. Un informe del GAO concluye que es bueno el método eleccionario en Puerto Rico.

9 de mayo - Radicarán proyecto en la Cámara. El PPD podría estar en contra si no se clarifican las definiciones.

10 de mayo - Se radica proyecto 4765 en la Cámara de Representantes de los Estados Unidos. Ron de Lugo propone un segundo plebiscito. La medida contempla otra ronda para la negociación entre la fórmula ganadora y el Congreso de los Estados Unidos.

10 de mayo - RHC abraza el proyecto de la Cámara.

11 de mayo - Bush renueva su llamado a la estadidad. Pide al Congreso que se mueva rápidamente a plebiscito que comprometa.

15 de mayo - "Plebiscito con o sin el PPD": Charles Untermeyer, funcionario de la administración Bush señaló ayer que aunque el PPD se retire de la consulta, el proceso continuará.

16 de mayo - RHC ataca al Presidente. El Gobernador dice que Bush se está entrometiendo en el status.

16 de mayo - RHC reta a Bush. "¡Que se atrevan!" dice Victoria Muñoz Mendoza. Se rebela el PPD contra Bush.

17 de mayo - "Solo la estadidad es permanente": Asegura Andy Card que no existe en la Constitución un mandato que conceda permanencia al ELA.

17 de mayo - RHC a Bush: "¡Fuera!" El Gobernador insiste en que el Presidente adopte una posición neutral.

13 de mayo - Federales impondrán el plebiscito.

18 de mayo - RHC envía queja de Bush a 535 congresistas.

19 de mayo - Bush respalda a sus enviados. El Presidente le escribirá a RHC apoyando las acciones de la Casa Blanca.

22 de mayo - RHC negocia nueva versión del ELA. Se asegura que el Gobernador se encuentra en Washington negociando que la Cámara federal acepte una nueva definición del ELA.

26 de mayo - Bush a RHC: continuaré hablando de estadidad.

28 de mayo - Issue de quién debe votar en el plebiscito crea debate aquí y en el continente.

5 de junio - Reclaman un ELA con soberanía. El Partido Popular Democrático definió al Estado Libre Asociado como un cuerpo político autónomo, con su propio carácter, idioma y cultura, unido mediante convenio en unión permanente con los Estados Unidos.

5 de junio - El PPD define los términos del status: autonomía, soberanía, y paridad en los programas de *welfare*.

6 de junio - Viable el plebiscito para junio de 1991.

6 de junio - Cumbre en Washington. Acuerdo de no agresión. Los presidentes de los tres principales partidos políticos locales acordaron que sus discrepancias no obstaculizarán la aprobación del proyecto de plebiscito en la Cámara de Representantes federal.

7 de junio - Oneroso el proyecto del voto ausente. Un informe de la Comisión Estatal de Elecciones pone muchas trabas al plan que permitiría votar en el plebiscito a los puertorriqueños residentes en E.U.

8 de junio - El Gobernador culpa a CRB: "En peligro el plebiscito". RHC imputó además a la política partidista la suspensión de la visita del secretario general de la ONU.

9 de junio - El PIP llama a la cordura. Berríos pide a RHC y Romero el cumplimiento del acuerdo suscrito en Washington y que no se obstaculice la definición del Congreso sobre el proyecto plebiscitario.

12 de junio - Apoyo del PPD al voto ausente y extranjero. Los extranjeros naturalizados no pueden ser excluidos del ple-

biscito, dice el comisionado electoral Eudaldo Báez Galib.

13 de junio - Turno de Bush en las vistas. El Presidente testificará mediante un representante.

13 de junio - El PNP irá ante la ONU en rechazo a su intervención.

14 de junio - El PIP espera actuar como destructor de la estadidad en el plebiscito.

22 de junio - El Senador Mitchell ataca el papel de la Casa Blanca en el plebiscito: "La única inferencia que puede hacer el pueblo de Puerto Rico es que la Casa Blanca no solamente ha tomado partido en el referéndum sino que está haciendo campaña abiertamente en un esfuerzo por manipular el resultado".

25 de junio - Cargada la agenda del plebiscito. Habrá vistas en Nueva York y Washington y el Comité de Finanzas del Senado votará sobre el proyecto 712.

26 de junio - Congresista boricua pide fin al colonialismo.

26 de junio - Escollos a las 936 bajo la estadidad. Existe consenso entre los tres partidos que el aplazamiento de las vistas del Comité de Finanzas del Senado federal obedece a que hay objeción al período de transición de las 936 bajo la estadidad.

26 de junio - Comienzan vistas de status en Nueva York. 40 testigos argumentan a favor de un rol en el plebiscito. Los puertorriqueños en el continente argumentan abrumadoramente que son parte de una sola nación puertorriqueña con un lenguaje y cultura común.

26 de junio - Exigen el voto en Nueva York. En unas turbulentas vistas, los boricuas residentes en EE.UU. reclaman su derecho al sufragio en el plebiscito.

28 de junio - Fe ciega de RHC en el ELA mejorado. Hernández Colón confía plenamente en que la Subcomisión de Asuntos Insulares e Internacionales de la Cámara no descarte su lista de deseos en el proyecto 4765.

28 de junio - Bush propone comercio libre en el hemisferio.

29 de junio - Bush interviene otra vez. La Casa Blanca propone que se excluyan todas las definiciones de status. Stuart Gerson, Procurador General Auxiliar: "Ya que estas cláusulas no serían obligatorias, creemos que tienen tanto potencial de orientar mal y confundir que no deben ser incluidas en absoluto".

29 de junio - Rechazo presidencial al proyecto cameral. El emisario de la Casa Blanca en las vistas de ayer veta el *Bill* 4765 y asegura que es inconstitucional la mayoría de los principios del ELA mejorado.

4 de julio - Giménez Muñoz pide inmunidad en Maravilla.

5 de julio - Lucha sin cuartel en el PNP. A pesar de los llamados de unidad, los líderes del partido preparan su estrategia para enfrascarse en una batalla por candidaturas.

12 de julio - Los cabilderos de las 936 atacan a los estadistas.

13 de julio - Plan del PNP aplasta las 936 inmediatamente si gana la estadidad.

23 de julio - Encuesta del Canal 40. Avanza la estadidad. Estadidad 48%; ELA 40.6%; Independencia 8%. La demostración del 48% es el primer indicio claro de que la estadidad se está acercando al mágico nivel del 50%. Mientras, la independencia se acerca a un apoyo de doble dígito.

25 de julio - Una multitud de seguidores rodea el Capitolio en concentración a favor del ELA. RHC apela al patriotismo. RHC empujará si...se aprueba un proyecto "justo".

28 de julio - Con buen paso el proyecto 4765 en la Cámara. En vías de consenso las tres fórmulas.

26 de julio - Las 936 con problemas en Washington.

29 de julio - El PIP con la ficha del tranque. Con o sin plebiscito, asegura que será la colectividad más beneficiada en todo el proceso, de cara a los comicios de 1992.

1 de agosto - Se acelera el proyecto de plebiscito. Panel del Senado aprobará la medida y la enviará al hemiciclo hoy.

2 de agosto - Aprueban los asuntos económicos que regularían el plebiscito. Condicionan al ELA la paridad económica. El PIP consigue cinco años de transición para el Seguro Social. Con la estadidad se pagarían gradualmente los impuestos federales. El Comité de Finanzas elimina la exención total de las 936 y obliga al ELA, de ganar, a pagar la mitad de los nuevos beneficios sociales.

2 de agosto - El Senado recibe proyecto de plebiscito. La medida pospondría la estadidad hasta temprano en el '96. La razón por la cual la medida pospone la estadidad hasta 1996 es para permitir la eliminación gradual de la sección 936.

2 de agosto - Encarrilan el plebiscito. El Comité de Finanzas del Senado federal aprobó unánimemente los asuntos económicos del proyecto.

3 de agosto - Irán conquista a Kuwait. La definición del ELA en la Cámara complace al PPD. Disputa detiene la aprobación del proyecto. Los populares reclaman "victoria total".

4 de agosto - Sanción cameral al proyecto del status. Queda fuera el voto ausente en la medida del Subcomité.

5 de agosto - Gestan un boicot al plebiscito.

10 de agosto - Plebiscito sin compromiso del Congreso.

17 de agosto - La Cámara de Representantes en Puerto Rico comienza vistas sobre propuesta del español como idioma oficial.

23 de agosto - Ruidosa bienvenida al equipo nacional.

23 de agosto - Polémica por el rango del español. Hernández Colón rechaza un pedido de Rubén Berríos para enmendar la Constitución y declarar al español como único idioma oficial.

8 de septiembre - Carlos Romero Barceló admite "el español oficial sería un escollo a la estadidad".

10 de septiembre - El PPD sería el mayor ganador si se aprueba el voto ausente de los residentes en el continente.

10 de septiembre - Semana crucial para el plebiscito.

12 de septiembre - RHC acelera pasos para conseguir el voto ausente.

13 de septiembre - Amenazado el proyecto de status. RHC propone enmienda sobre voto ausente que es "inaceptable".

14 de septiembre - Fuego cruzado por el tranque plebiscitario. Romero Barceló afirma que Hernández Colón está obstaculizando la fase final del proyecto consultivo sobre status. MHA acusa al PNP y al PIP de usar como excusa el voto ausente para obstruir el proceso.

14 de septiembre - RHC pierde el apoyo de Serrano. El control del voto ausente por el PPD molesta al legislador.

15 de septiembre - Ferré teme efecto perjudicial si es oficial el español. El 19 la votación plebiscitaria.

15 de septiembre - Se logra acuerdo sobre el voto ausente. Aprobación del proyecto la próxima semana.

17 de septiembre - RHC en Nueva York. Insiste que la Legislatura controle el voto ausente. El representante del PNP llama la movida "una declaración de guerra".

18 de septiembre - Congresistas claves atacan a RHC. La posición del Gobernador sobre el voto ausente bajo fuego.

18 de septiembre - De Lugo: "es una enmienda asesina". Si el Comité de lo Interior acepta la propuesta de Hernández Colón para posibilitar el voto ausente, no habrá plebiscito, sentencia el representante.

19 de septiembre - Acuerdan la fecha del plebiscito. La consulta sobre el status estaría pautada para el 15 de septiembre de 1991, de aprobarse hoy la legislación presentada ante el Comité de lo Interior de la Cámara de Representantes federal.

20 de septiembre - Aprobado el Proyecto de Plebiscito. Panel de la Cámara señala el 16 de septiembre como fecha de la votación.

20 de septiembre Comité de lo Interior aprueba el plebiscito. De 38 votos sólo uno en contra. En camino de la Cámara en

pleno. El PPD intenta una legislación que trabaría al Comité de Diálogo.

21 de septiembre - 18% para la independencia en Nueva York. Encuesta arroja un 36% para el ELA; 34% estadidad y 18% independencia. Debaten votar o no votar en el plebiscito.

23 de septiembre - Proyecto de plebiscito bajo fuego. Panel del Senado encuentra fallos con sus elementos claves.

24 de septiembre - Se dividen los independentistas sobre el plebiscito.

25 de septiembre - Desaparece el líder de los Macheteros Filiberto Ojeda. Escapa también otro defendido.

25 de septiembre - El ELA carece de autoridad para conceder el voto ausente. Ilegal la oficina boricua en EE.UU.

28 de septiembre - Reglamentan el proyecto a viva voz. El Subcomité de Reglamentos avala medida plebiscitaria y Ron de Lugo espera que se someta a votación en la Cámara en pleno antes del 9 de octubre.

30 de septiembre - En extrema pobreza el 62% del pueblo. El ingreso per cápita local es la mitad del de Mississippi, el estado más pobre de EE. UU. La actitud paternalista del Gobierno provoca que el desposeído viva mucho del "mantengo".

5 de octubre - La Cámara vota el jueves sobre el proyecto de status; se espera su aprobación. El Senador Bennett Johnston puede que desee enmendar el proyecto de la Cámara para definir más claramente lo que implica un voto por cada opción de status. La Cámara no promete nada a ningún status.

6 de octubre - Bush promueve la consulta. En una carta a Ron de Lugo, el Presidente urge del Congreso un apoyo total al plebiscito.

10 de octubre - Se malogra el proyecto sobre el plebiscito. El Senador Bennett Johnston declara inaceptable la medida de la Cámara y opta por descartar este año la ley plebiscitaria.

10 de octubre - Johnston: proyecto de status muerto. Cita como razón la diferencia amplia entre los proyectos. Los analistas dicen que la medida tiene aún posibilidades.

11 de octubre, *New York Times* - La Cámara aprueba proyecto para que Puerto Rico decida su status. En San Juan, la cuestión ya no es si, sino cuándo.

11 de octubre - La Cámara aprueba el proyecto, que fue considerado bajo una regla de suspensión, es decir, que no podía ser enmendado, solamente aprobado o rechazado, y requería además una mayoría de dos terceras partes. Johnston dice que la votación podría ocurrir en 1992.

11 de octubre - Ratifica Johnston su negativa. La confirmación del fracaso plebiscitario opaca la aprobación, a viva voz, del proyecto en la Cámara.

12 de octubre - Urgen a Johnston a aprobar el proyecto. Los líderes de los partidos de Puerto Rico buscan la aprobación del plan de la Cámara. RHC dice que fue el último en oír el plan de Johnston de dilatar la votación. El Gobernador endosó la sugerencia a los puertorriqueños de llamar a la oficina de Johnston y la Casa Blanca demandando acción sobre el proyecto antes del fin de la sesión congresional.

13 de octubre - Crece la presión sobre Johnston. El Presidente de la Cámara Thomas Foley urge la aprobación.

13 de octubre - El plebiscito recibe la estocada mortal. El presidente de la Cámara advierte que el Congreso no estaría dispuesto a considerar el próximo año el proyecto de Johnston.

16 de octubre - Segundo aire al plebiscito.

16 de octubre - Johnston: no habrá proyecto por ahora. El Senador reafirma la intención de promover la medida el año próximo.

18 de octubre - Opuesto a una consulta en el 1992. E] Presidente del Senado, Miguel Hernández Agosto, advierte que el PPD se opondrá a la celebración del plebiscito en año de elecciones.

19 de octubre - Líderes de los partidos buscan reunión con Bush para discutir el plebiscito.

25 de octubre - Cumbre con Johnston hoy.

26 de octubre - Fuster: "El plebiscito ha muerto".

26 de octubre - Viable la consulta en los próximos meses. El Senador Bennett Johnston y el Speaker Thomas Foley se comprometen a una ley plebiscitaria a mediados de 1991 y efectuar el referéndum a fin de año o principios de 1992.

27 de octubre - PPD con aires de retirada.

3 de noviembre - MHA ve posposición del plebiscito. Líderes del PPD prometen no dar atrás en el voto sobre status.

7 de noviembre - Encuesta *El Nuevo Día*. No hay mayoría en el plebiscito. El estadismo con ventaja pero sin progreso hacia el 50%.

14 de noviembre - RHC urge el Congreso actúe ahora. Insatisfecho con el plan del Senador Johnston. Rechaza que el plebiscito se efectúe en año eleccionario. Comprometido con la aprobación inmediata del proyecto.

15 de noviembre - Cierran filas en el PPD.

17 de noviembre - PPD aprobará la posición de RHC.

18 de noviembre - Soberanía y consenso, reclamos del PPD. Aprueban una resolución que dejaría al Congreso sin poder territorial sobre Puerto Rico.

22 de noviembre - Bajo fuego el PPD por la libre asociación. La resolución del PPD que deja entrever la "república asociada", provoca opiniones encontradas dentro del liderato legislativo de dicho partido y en la oposición.

27 de noviembre de 1990- Enérgico reclamo de consulta en el 1991. Los presidentes de los tres partidos políticos acuerdan presionar al Congreso para que produzca legislación que viabilice un plebiscito en 1991. Pacto por un ELA descolonizado. Ninguna opción de status deberá estar subordinada al poder del Congreso "porque de ser ese el caso serían fórmulas coloniales", dijo Hernández Colón.

Las enmiendas sustantivas del Senado y sus efectos

Carlos Rivera Lugo

La vida es un conjunto sincrónico de voluntades, determinismos y azares. Posee una dimensión positiva, aquella que responde al ejercicio de nuestra voluntad y razón para transformar nuestro entorno. No obstante, también posee una dimensión negativa, es decir, aquella que no puede explicarse plenamente a partir de la razón o como resultado de nuestra voluntad, aquella que escapa de nuestro control, aquella se nos impone como circunstancia predecible o impredecible.

Ello nos ayuda a explicar por qué la realidad siempre se nos presenta con muchos rostros, o sea, con significados multidimensionales y discontinuos. Lo que por un lado parece un progreso, puede a su vez representar o estar acompañado de un retroceso. Un hecho puede encerrar en sí mismo su contrario. No siempre entendemos el sentido de estos aparentes opuestos, su complementariedad básica. Sin embargo, responden a un patrón determinado con significado.

Además del comprender esta unidad dinámica de las cosas, nuestro pensamiento se enfrenta a otro gran reto. Tenemos que superar aquella noción de la realidad que la reduce a una sola de sus múltiples parcelas o que confunde sus muchas máscaras mistificadoras y encubridoras con la realidad misma. Ambos son errores comunes de los discursos ideológicos tradicionales en Puerto Rico. Sin embargo, la vida misma se está encargando de evidenciar su insensatez e incapacidad para ayudarnos a entender la verdadera naturaleza de la coyuntura política actual y las posibilidades de cambio que la misma encierra.

En fin, hace falta una *nueva hermeneútica o interpretación* de los hechos que integran este *proceso de consulta y negociación* entre Puerto Rico y Estados Unidos iniciado en enero de 1989. Se requiere un acercamiento más humilde y dialógico con dichos hechos, una perspectiva nueva que nos permita movernos, sin apriorismos, a través de la maraña compleja de sus mensajes y significados. Sólo así podremos aprehender sus sentidos híbridos y contingentes, así como sus concatenaciones múltiples e interactuantes.

Un buen ejemplo de lo dicho es el intento por darle sentido al hecho de que, según parece, mientras más adelante la estadidad en términos electorales y en las encuestas de opinión pública, más dificultades surgen en su camino. Y esto se debe a la oposición creciente que levanta, en las estructuras gubernamentales de Washington, la mera posibilidad de que sea inminente una petición de anexión de una nación culturalmente diferenciada y económicamente dependiente. Es lo que yo llamo la *dialéctica negativa de la estadidad:* mientras más se acerca, más se aleja.

A partir de la crisis política y económica del llamado Estado Libre Asociado, en 1968, se produce un cambio significativo en la situación de fuerzas que caracteriza la estructura político-partidista en Puerto Rico. El anexionismo, representado por el Partido Nuevo Progresista (PNP), se convirtió en una opción seria contra el *statu quo* estadolibrista, triunfando desde entonces en tres de las seis elecciones generales celebradas. Amplió su base de apoyo mediante la elaboración de un discurso ideológico basado en que los principales beneficiarios de la estadidad serían los pobres debido a su enorme dependencia de programas federales de asistencia económica. "¡La estadidad es para los pobres!" era la consigna. Asimismo, en la propuesta de la estadidad jíbara, el PNP postulaba la tesis de que, una vez admitido como estado, Puerto Rico podría mantener su propia personalidad cultural como parte de un estado norteamericano multiétnico.

Según documentó ampliamente *The San Juan Star*, en un artículo publicado en la portada de su edición del 3 de julio de 1989 titulado "Plebiscite born in Carter era", esta situación inició en Washington, desde la administración del Presidente Jimmy Carter, un proceso de reevaluación de la relación existente con Puerto Rico. El artículo, cuya traducción completa se ofrece al comienzo de este libro, dice que el Consejo Nacional de Seguridad (CNS), bajo la dirección de Zbigniew Brzezinski, asumió jurisdicción sobre el caso de Puerto Rico por entender que presentaba al gobierno de Estados Unidos una crisis potencial con serias repercusiones para su política tanto interior como exterior. Las presiones a favor de un cambio en el status de la Isla, fuesen de los anexionistas, los autonomistas o los independentistas, convenció al CNS de que la cuestión puertorriqueña no podía seguir a la deriva y de que se debía diseñar una agenda para *timonear* el proceso de descolonización. En su evaluación de las opciones, el CNS recomendó que no se favoreciera a la estadidad, mientras que varios funcionarios de dicha agencia y del Departamento de Estado federal recomendaban que se considerase a la independencia como una opción deseable y viable.

El actual proceso de consulta y negociación entre los Estados Unidos y Puerto Rico, encaminado a la posible celebra-

ción de un plebiscito, tiene sus antecedentes en esta reevaluación hecha hace más de una década en el seno del Consejo
Nacional de Seguridad. A partir de dicha reevaluación, se
comenzó a manifestar la dialéctica negativa de la estadidad, la
que ha continuado sin tregua durante el presente proceso.

Cuatro encuestas de opinión pública publicadas por *El
Nuevo Día* entre 1989 y 1990 muestran un crecimiento en el
apoyo a la estadidad desde un 35 por ciento, en febrero de 1989,
a un 41 por ciento, en octubre de 1990. A su vez, dichas
encuestas proyectan un descenso en el apoyo al llamado Estado
Libre Asociado, desde un 45 por ciento en febrero de 1989 a un
34 por ciento en octubre de 1990. El apoyo a la independencia
se quedó prácticamente igual durante ese mismo período,
aumentando tan sólo desde un 5 por ciento, en febrero de 1989,
a un 6 por ciento, en octubre de 1990.

Por otra parte, el periódico *El Mundo* publicó su propia
encuesta el 23 de julio de 1990. En ella la estadidad recibió el
apoyo del 48.3 por ciento, el Estado Libre Asociado un 40.6 y
la independencia un 8 por ciento. Con estos resultados, la
estadidad se erigió en la opción con mayores posibilidades
para obtener la mayoría simple que requiere el Proyecto del
Senado 712 para que se implemente automáticamente la fórmula triunfadora en el plebiscito. El Estado Libre Asociado se
quedó atrás, mientras que la independencia no logró incrementar su apoyo entre la opinión pública, no empece al trato
favorable que, hasta el momento, han recibido sus representantes y las demandas presentadas por éstos ante el Congreso
federal.

De los factores que aplican el ascenso estadista y el declinar
estadolibrista, queremos destacar dos. Ambos son el reflejo del
impacto en Puerto Rico del proceso de consulta y negociación
senatorial. En primer lugar en la prensa del 8 de junio de 1989
se publica la noticia de que el Informe del Servicio de Investigación Congresional de la Biblioteca del Congreso concluye

que la ciudadanía estadounidense de los puertorriqueños es revocable. Dicha conclusión que publicamos a continuación de este ensayo, indica que la ciudadanía puede ser limitada o revocada a discreción del Congreso ya que se deriva de legislación congresional.

La "ciudadanía legislativa" se diferencia de la "ciudadanía constitucional", la cual surge de la Enmienda Catorce de la Constitución federal. Esta última se refiere sólo a aquellos ciudadanos nacidos o naturalizados en los Estados Unidos. Y Puerto Rico no forma parte de los Estados Unidos a este respecto. Nunca ha habido la intención congresional de incorporar a la Isla a los Estados Unidos. Como bien estableció el Tribunal Supremo federal en los notorios Casos Insulares de principios de siglo: Puerto Rico pertenece a, pero no forma parte de los Estados Unidos.

La inquietud y preocupación que generó, en el pueblo, la publicación de dicha noticia sólo fue aplacada por la intervención del Senador J. Bennett Johnston quien hizo declaraciones "garantizando" la ciudadanía estadounidense de los boricuas bajo el *statu quo*. Sin embargo, el daño ya estaba hecho, debido a que el pueblo no estaba preparado para la verdad que el informe congresional le comunicó. Se derrumbó uno de los grandes mitos de la política colonial: la permanencia de la ciudadanía estadounidense. La "ciudadanía común" del llamado Estado Libre Asociado quedó desenmascarada definitivamente como una ciudadanía desigual en su naturaleza y en su protección bajo la Constitución federal. Esto tuvo como resultado la agudización de la sensación de temor, inseguridad y confusión de unos sectores del pueblo frente al proceso de consulta y negociación. En Puerto Rico, el beneficiario inmediato del miedo fue el anexionismo.

En segundo lugar, según señaló el Comité de lo Interior y Asuntos Insulares de la Cámara de Representantes de Estados Unidos en el informe de su Proyecto 4765, y cuyo texto íntegro también incluimos más adelante, el ascenso anexionista en las encuestas se debió a la atractiva oferta de estadidad que hizo el Proyecto del Senado 712. Se garantizaba que la estadidad podría se obtenida inmediatamente con tan sólo una mayoría simple en el plebiscito. Se proveyó, además, para la aplicación, prácticamente inmediata, de todos los beneficios de los programas federales de asistencia económica, mientras que se aplicarían gradualmente las responsabilidades contributivas federales. En contraste, se ofrecieron escasas y poco significativas mejoras al llamado Estado Libre Asociado.

Estas reservas se habían manifestado asimismo en el Senado, tanto al momento de la votación del S.712 en el Comité de Energía y Recursos Naturales, como durante la consideración del dicho Proyecto por el Comité de Finanzas. En el primer caso, al aprobarse el proyecto con una votación de 11 a 9, entre los votos negativos se registraron manifestaciones en contra de la oferta de estadidad que se hacía. Por ejemplo, el influyente senador republicano Malcolm Wallop opinó que el Proyecto estaba marcadamente cargado a favor de la estadidad. Además, era engañoso en la medida en que inducía a los electores puertorriqueños a votar a favor de dicha fórmula para así poder disfrutar de un incremento inmediato en los beneficios de bienestar público.

Ahora bien; donde ya se inicia con mucha mayor claridad y fuerza la reversión del proceso de ascenso de la estadidad es a partir del Informe del Comité de Finanzas del Senado sobre el S.712. Con dicho Informe se comienza el desmantelamiento de la oferta atractiva y autoejecutable de estadidad contenida en el proyecto senatorial.

El Informe del Comité de Finanzas del Senado consiste en una serie de enmiendas que recomienda se hagan al S.712. Dichas enmiendas, según el informe, deben ser consecuentes con los siguientes principios generales:

(1) La opción de cada puertorriqueño por una fórmula en

particular, no debe estar determinada por las consecuencias económicas que pueda tener para él dicha
fórmula, es decir, las ventajas económicas que pueda
obtener individualmente, no debe reflejar ni determinar su preferencia por la naturaleza de la relación de
Puerto Rico con los Estados Unidos. Por ello, debe garantizarse un *campo de juego parejo* para las tres
fórmulas. Al respecto, la expectativa de un incremento
de los beneficios bajo los programas federales de
asistencia económica no debe ser una razón determi-
nante en los electores en el plebiscito. En fin, hay que
garantizarle a cada fórmula una esencial paridad en
cuanto a los beneficios económicos que ofrece para
que, de esa manera, una no aventaje a las demás.

(2) Se debe garantizar que los cambios en la relación sean
impulsados gradualmente como parte de un *período de
transición* que evite abruptos e indeseables desajustes
económicos, sociales y políticos.

(3) Los cambios en el status actual de la Isla no deben tener
un impacto presupuestario negativo para el Gobierno
de los Estados Unidos. Debe garantizarse una *neutralidad fiscal*, de tal forma que Puerto Rico no le cueste el
Congreso más de lo que actualmente le cuesta.

Las enmiendas concretas particulares a cada una de las
ofertas contenidas en el Proyecto del Senado 712 son las
siguientes:

Estadidad

- La admisión de Puerto Rico como Estado será postergada por un período de cinco años a partir de la certificación de la estadidad como la fórmula vencedora en el
plebiscito.

- La representación congresional del nuevo Estado también quedará postergada por un período de cinco años

hasta que la admisión de la Isla como Estado se haga efectiva.

- Para evitar dislocaciones económicas, se establecerá un período transitorio de cuatro años durante el cual se irán aplicando gradualmente las leyes tributarias de los Estados Unidos en cuanto a la imposición de impuestos federales a los ciudadanos y corporaciones en la Isla, así como en la eliminación de los beneficios contributivos de las llamadas corporaciones 936.

- Este proceso de transición debe cumplirse antes de que Puerto Rico sea admitido efectivamente como Estado, es decir, a los cinco años de certificarse el triunfo de la estadidad en el plebiscito, para atender a los requerimientos constitucionales de la Cláusula de Uniformidad.

- Una vez admitido, el nuevo Estado no recibirá los actuales reintegros de créditos contributivos del Departamento del Tesoro federal, actualmente definidos en la Ley de Relaciones Federales.

- Puerto Rico perdería su actual arreglo comercial especial con los Estados Unidos, eliminándosele gradualmente la autoridad para imponer tarifas para proteger la producción cafetalera de la Isla y el trato especial dado al país bajo el Plan para la Cuenca del Caribe.

- No habría paridad inmediata con los demás Estados en cuanto a los beneficios de los programas de asistencia económica federal, sino que se aplicarían éstos gradualmente a través de un período transitorio de cinco años.

- Con el propósito de garantizar la neutralidad presupuestaria, el incremento en los beneficios en los programas de asistencia económica federal será sufragado mediante la eliminación gradual de los beneficios contributivos a las llamadas corporaciones 936.

- Bajo ciertos programas federales, como por ejemplo, el

programa de seguridad social suplementaria, se podrán limitar los beneficios de acuerdo con el ingreso per cápita del Estado en que reside el beneficiario, evitándose así que se conviertan en posibles desincentivos económicos.

Independencia

- Una vez certificado un triunfo de la independencia en el plebiscito, los puertorriqueños dejarían de adquirir la ciudadanía de los Estados Unidos en virtud de haber nacido en la Isla. Además, a partir de ese momento, ningún puertorriqueño nacido fuera de los Estados Unidos podrá adquirir la ciudadanía norteamericana de sus padres si estos adquieren dicha ciudadanía sólo en virtud de haber nacido en Puerto Rico.

- Se eliminarán gradualmente, durante un período transitorio de cuatro años, los beneficios contributivos de la Sección 936 de la Ley Federal de Rentas Internas. Sin embargo, las empresas norteamericanas que continúen operando en Puerto Rico serían elegibles para los créditos contributivos extranjeros (*foreign tax credits*) bajo la misma Ley Federal de Rentas Internas.

- Los Estados Unidos mantendrán una relación de comercio libre con la República de Puerto Rico. A tal efecto, se concederá a la Isla un tratamiento incondicional como nación más favorecida para fines comerciales. Asimismo, se designará a Puerto Rico como beneficiaria del Plan para la Cuenca del Caribe. Finalmente, se le pide al Presidente de los Estados Unidos que negocie un acuerdo de comercio libre con la nueva nación independiente.

- Una vez proclamada la independencia, cesarán todos los programas federales de asistencia económica. Sin embargo, se le otorgarán ayudas económicas transitorias por lo menos durante siete años, por una cantidad igual al total de ayuda económica federal que en la actualidad se le provee a la Isla. Ahora bien: el Programa de Seguro Social continuaría por un período de cinco años o por un período adicional mutuamente acordado. En cuanto a las compensaciones por desempleo, se le transferirá al Tesoro de la República de Puerto Rico el dinero depositado en su cuenta estatal.

Estado Libre Asociado

- La paridad en asignaciones de fondos federales con los Estados será sufragado con una reducción en las exenciones contributivas bajo la Sección 936 de la Ley Federal de Rentas Internas y en los reintegros contributivos provistos bajo la Ley de Relaciones Federales. La cantidad de tales reducciones dependerá del costo para el Presupuesto federal de los incrementos en las asignaciones bajo los programas federales de asistencia económica. Se espera que el llamado Estado Libre Asociado financie la mitad del presupuesto de los programas de bienestar público y el gobierno federal la otra mitad. La paridad se obtendrá gradualmente y se realizaría en un período de transición de cinco años.

En resumen, fue el Comité de Finanzas del Senado el que puso sobre el tapete el gran dilema del Congreso: ofrecer o no ofrecer la estadidad. A partir de ese informe, habrá algunos que empezarán a reclamar que la metrópoli ejerza su derecho a la autodeterminación frente a Puerto Rico, es decir, una especie de *self determination for the mainland* y se niegue incluso a ofrecerle la estadidad a la Isla. Con ello el proceso de consulta y negociación entra en una nueva e importante fase. Sigue desenredando los entuertos del viejo paradigma o visión del status, y evidenciando la dialéctica negativa de la estadidad.

Documento
Discreción Congresional
sobre Ciudadanía

Servicio de Investigaciones del Congreso
Biblioteca del Congreso

9 de marzo de 1989

A: Honorable Bennett Johnston
       Atención: Laura Hudson

De: División de Derecho Americano

Re: Discreción del Congreso en torno a la ciudadanía de los puertorriqueños.

    Este memorando responde al breve análisis que solicitara en torno a la pregunta de si el Congreso está o no restringido constitucionalmente para tomar decisiones en torno a la ciudadanía de los puertorriqueños. El asunto surge dentro del contexto de la presente propuesta de conceder a Puerto Rico una opción mediante un referendo entre el estado libre asociado desarrollado, estadidad o independencia. Si la decisión favoreciera a la independencia, ¿qué cambios podría realizar constitucionalmente el Congreso en relación con la ciudadanía estadounidense de los residentes de Puerto Rico?

En la Sección 7 de la Ley Foraker, 31 Stat. 77 (1900), aprobada a raíz de la adquisición de Puerto Rico por Estados Unidos, el Congreso dispuso que todos los habitantes de "Porto Rico", como se le conocía entonces, y sus hijos nacidos allí con posterioridad, "serán tenidos por ciudadanos de Puerto Rico, y como tales con derecho a la protección de los Estados Unidos". Subsiguientemente, mediante el Artículo 5 de la Ley Orgánica (Acta Jones), 39 Stat. 935 (1917), "todos los ciudadanos de Puerto Rico...se les declara por la presente ciudadanos de los Estados Unidos, y serán considerados y tenidos como tales". Véase 8 U.S.C. Sec. 1402 (ley actual).

Aunque la Constitución original de 1789 contenía varios requisitos para la ciudadanía y varias disposiciones en torno a ésta, en ninguna parte definía quién era o podía ser ciudadano de Estados Unidos. Mediante el Artículo I, sec. 8 cl. 4, el Congreso tenía la capacidad para "establecer una regla uniforme de naturalización" y conforme a este poder desde sus inicios dispuso no sólo un proceso de naturalización sino que también aprobó disposiciones de ley que determinaron qué personas nacidas fuera de Estados Unidos podrían ser ciudadanos estadounidenses y qué condiciones si algunas deberían poseer. 1 Stat. 103 (1790). Pero la falta de una definición o de criterios de ciudadanía en la Constitución crearon una situación que dio margen a que se argumentara con persistencia que la ciudadanía nacional derivaba de la ciudadanía de uno de los Estados, argumento que culminó con el caso de Dred Scott. *Scott v. Standford*, 19 How. (60 U.S.) 393 (1857). Dred Scott fue revocado, inicialmente por la Ley de Derechos Civiles de 1866, 14 Stat. 27, y luego por la primera oración de la Sección 1 de la Decimocuarta Enmienda. La enmienda dispuso: "Toda persona nacida o naturalizada en los Estados Unidos y sujeta a su jurisdicción, será ciudadana de los Estados Unidos y del estado que resida".

El hecho de que la primera oración de la Decimocuarta Enmienda comprendía algo más que una declaración de quiénes eran ciudadanos fue determinado por el Tribunal Supremo en *Afroyim v. Rusk,* 387 U.S. 253 (1967), en una decisión dividida y polémica en la cual el Tribunal determinó que la Enmienda revocó el poder del Congreso de expatriar ciudadanos estadounidenses en contra de su voluntad por razón alguna. Véase *Vance v. Terrazas,* 444 U.S. 252 (1980) (proceso para determinar si alguien ha renunciado voluntariamente su ciudadanía). Afroyim era polaco de nacimiento, pero había adquirido la ciudadanía estadounidense por naturalización. Había votado en unas elecciones políticas en Israel, y el Gobierno intentó revocarle la ciudadanía en virtud de un estatuto que prescribía tal penalidad por haber votado en una elección extranjera.

Si el caso de Afroyim aplica a las personas que se convirtieron en ciudadanos estadounidenses en virtud de un estatuto por razón de su ciudadanía puertorriqueña, entonces el Congreso muy bien puede carecer del poder estatutario de alterar la condición de ciudadanía. Decimos "puede" puesto que la situación en la cual le fuera concedida la independencia a Puerto Rico pudiera dar lugar a un argumento contundente que excluya el caso de la regla de Afroyim. Pero tal parece que Afroyim no rige en la situación de Puerto Rico.

En *Roger v. Bellei,* 401 U.S. 815 (1971), se retó ante el Tribunal la validez de una disposición de la ley de inmigración que requería que una persona que adquiriera la ciudadanía de Estados Unidos en virtud de haber nacido en el extranjero de padres de los cuales al menos uno fuera ciudadano estadounidense, viviese en este país por cinco años consecutivos entre las edades de 14 a 28 años. La pérdida de la ciudadanía es el precio de no cumplir con los requisitos de residencia. Al sostener la constitucionalidad de la disposición, el Tribunal, aún dividido, sostuvo que *Afroyim* no aplicaba porque el demandante no era un "ciudadano de la Decimocuarta Enmienda" dentro del concepto de la primera oración, que define a los ciudadanos como las personas "nacidas o naturalizadas *en* los Estados Unidos" (bastardillas nuestras). Dado que Bellei había nacido *fuera* de Estados Unidos y naturalizado fuera de Estados Unidos en virtud de un estatuto, no cumplía con la definición de la Decimocuarta Enmienda. De modo que para sostener su validez, la disposición de desnaturalización sólo debía ser razonable y no arbitraria.

La jurisprudencia establece que Puerto Rico, no importa su status preciso y su relación con Estados Unidos, no es "en Estados Unidos". La razón en la cual se fundamenta esta conclusión se basa en los Casos Insulares que surgieron luego de la adquisición de Puerto Rico y las Filipinas. Estos casos trataron con la difícil cuestión de si "la Constitución sigue la bandera". Es decir, cuando Estados Unidos adquiere territorios o posesiones, ¿queda Estados Unidos obligada en todos los sentidos por la Constitución en estos territorios o posesiones? Los casos sostuvieron que no, pero la razón para ello por algún tiempo fue difícil de discernir. En *De Lima v. Bidwell*, 182 U.S. 1 (1901), el Tribunal determinó que Puerto Rico, luego de su adquisición, no era un "país extranjero" dentro del significado de las leyes tarifarias de Estados Unidos. Véase también *Dooley v. United States,* 182 U.S. 222 (1901) (la autoridad de imponer tarifas a las importaciones de Estados Unidos cesó cuando el territorio fue cedido a Estados Unidos). *Downes v. Bidwell,* 182 U.S. 244 (1901), fue un caso arduo, en el cual, después de más de cuatro disensiones y ni una sola decisión mayoritaria del Tribunal, se determinó que se podía imponer un impuesto discriminatorio sobre Puerto Rico a pesar de la dirección del Artículo I, sec. 8, cl.1, de que "todos los Derechos, Impuestos y Arbitrios serán uniformes en toda la nación".

Uno de los jueces de la mayoría simplemente tomó la posición de que nada en la Constitución aplica a ninguno de los territorios. Id., 285-286 [Juez Brown presentando la decisión del Tribunal]. El resto de los ocho jueces disintieron, aunque no concurrieron entre sí. En una opinión concurrente, el Juez White, por sí y en representación de dos otros jueces más un tercero que concurrió en lo sustancial, expuso una teoría según la cual determinó que Puerto Rico no era parte de "Estados Unidos" dentro del contexto de la cláusula de uniformidad. Id. 287. Según esta teoría, un territorio pasa a ser parte de Estados Unidos sólo después de haberse "incorporado" mediante acción del Congreso, acción que manifiesta la intención de parte de las ramas políticas de poner a un territorio en el camino hacia la integración máxima de la unión de los Estados. Los territorios que el Congreso no intenta admitir en la unión en algún momento en el futuro, no son parte "de Estados Unidos" en el contexto de las disposiciones que limitan su aplicación a "Estados Unidos". Id., 292, 299, 341-342. La opinión concurrente mencionó específicamente las dificultades que surgirían de no poder Estados Unidos restringir el acceso automático a la ciudadanía de los habitantes de los territorios adquiridos, si toda la Constitución aplicara a los territorios a partir de la adquisición, un reconocimiento de que en ausencia de la incorporación la primera oración de la Sec. I de la Decimocuarta Enmienda no tendría efecto alguno. Id., 306, 313. El Juez aceptó que algunas disposiciones de la Constitución aplicarían a la isla. Id. 293.

En *Dorr v. United States,* 195 U.S. 138 (1904) el Tribunal decidió que las disposiciones constitucionales de juicio por jurado, Artículo III, Sec. 2, cl. 3; Sexta Enmienda, no aplicaban a las Filipinas. Con sólo un juez en disenso, el Tribunal aceptó la opinión concurrente del Juez White en el caso de Downes y señaló el hecho de que el Congreso no había "incorporado" las Islas. Véase también a *Hawaii v. Mankichi*, 190 U.S. 197 (1903). De nuevo quedaron imprecisas cuáles disposiciones de la Constitución aplicaban. Más tarde, en *Balzac v. Porto Rico*, 258 U.S. 298 (1922), el Tribunal por unanimidad en una opinión elaborada del Juez Presidente Taft, consideró si un derecho a juicio por jurado de la Sexta Enmienda aplicaba en los tribunales de Puerto Rico. La solución de la cuestión giró en torno a si Puerto Rico había sido "incorporado" a Estados Unidos, sostuvo el Tribunal, y decidió que el Congreso no lo había hecho. El hecho de que la Ley Jones hubiese extendido la ciudadanía de Estados Unidos a los puertorriqueños no estableció una prueba de incorporación, ni ninguna de una variedad de otras disposiciones legales en esa y otras leyes evidencian un intento de colocar a Puerto Rico en el camino a una eventual estadidad.

La regla que emerge de estos casos, según lo declara la opinión concurrente del Juez White en el caso de *Downes,* adoptada por el tribunal posteriormente, es que "mientras que en sentido internacional Puerto Rico no es un país extranjero, dado que está sujeto a la soberanía de y pertenece a Estados Unidos, sí es extranjero en relación con Estados Unidos en sentido doméstico, porque la isla no ha sido incorporada a Estados Unidos, mas bien fue anexada a éste como una posesión". *Downes,* supra, 258 U.S., 341-342. Véase *Balzac*, supra, 258 U.S., 305 (*Downes* y *Dorr* establecieron que ni las Filipinas ni Puerto Rico "era territorio que hubiese sido incorporado a la Unión o se hubiese convertido en parte de Estados Unidos, a diferencia de meramente pertenecer a éste"). 313 ("no hallamos ninguna característica de la Carta Orgánica...de la cual podamos inferir el propósito del Congreso de incorporar a Puerto Rico a Estados Unidos con las consecuencias resultantes"). Es cierto que a partir de entonces algunos Jueces han cuestionado la pertinencia actual de los Casos Insulares. Véase *Reid v. Covert,* 354 U.S 1, 14 (1957) (opinión pluralista del Juez

Black). Pero en el caso de *Torres v. Puerto Rico,* 442 U.S. 465,469-470 (1979), se cita la historia y los casos aprobándose el análisis, mientras cuatro jueces concurrentes hubiesen limitado los casos viejos a "su contexto histórico particular". Id., 474, 475. Por otro lado, la opinión concurrente se ocupaba específicamente de la aplicación de la Carta de Derechos a Puerto Rico. En ese aspecto, los casos recientes sí aplican a ciertas garantías de la Carta de Derechos al Estado Libre Asociado de Puerto Rico. Véase *Calero-Toledo v. Pearson Yacht Leasing Co.,* 416 U.S. 663 (1974) (la cláusula del debido proceso de ley aplica, pero el Tribunal no decide si la Quinta o la Decimocuarta Enmienda es una disposición pertinente); *Examining Board v. Flores de Otero,* 426 U.S. 572 (1976) (la garantía de igual protección tanto de la Quinta como de la Decimocuarta Enmienda); Califano v. Torres, 435 U.S. 1, 4 n. 6 (1978) (presume que aplica el derecho constitucional a viajar). En *Balzac,* supra, 258 U.S. , 314, el Tribunal asumió que las garantías de la Primera Enmienda sobre libertad de expresión y de prensa aplican. Por otro lado, en *Torres v. Puerto Rico,* supra, la mayoría de los Jueces llegaron a la conclusión de que la garantía de la Cuarta Enmienda sobre allanamiento y confiscación aplicaba, basándose en que el Congreso, en su legislación de gobierno, siempre había actuado partiendo de la premisa de que la Enmienda podía aplicarse a Puerto Rico sin poner en peligro los intereses nacionales o correr el riesgo de inequidad.

Al considerar el efecto de los debates judiciales recientes sobre los Casos Insulares, se debe tener cautela y recordar que estas decisiones no cuestionaron la aplicación de ninguna de las disposiciones de la Constitución; mas bien, el Tribunal partió de la premisa que ciertas garantías "fundamentales" aplicaban. Los debates más recientes reflejan la división del Tribunal en torno a la "fundamentalidad" de la mayoría de las disposiciones de la Carta de Derechos. Nada de lo dicho en estos casos debe tomarse como que cuestiona la teoría en torno a la "incorporación" de un territorio o posesión a "Estados Unidos". Desde esa perspectiva, entonces, la limitación de la primera oración de la Sec. I de la Decimocuarta Enmienda no restringiría la discreción del Congreso para legislar sobre la ciudadanía de los puertorriqueños.

Por supuesto, algunos puertorriqueños tienen "ciudadanía de la Decimocuarta Enmienda". Es decir, los nacidos en Estados Unidos caen dentro del significado de la Sec. I y son por lo tanto ciudadanos constitucionales de nacimiento. Cf. *United States v. Wong Kim Ark,* 169 U.S. 649 (1898). En lo que a ellos respecta, la alternativa podría ser una ciudadanía dual o una disposición de tratado que requiera alguna opción. En cualquier caso, el número relativo de personas afectadas será pequeño.

También se inquirió sobre la ciudadanía de los residentes de las Filipinas. Según la Sec. 4 de la Ley Orgánica 32 Stat. 691, 692 (1902), el Congreso dispuso que todos los residentes de las Filipinas y los hijos de éstos nacidos subsiguientemente, se deberán considerar "ciudadanos de las islas Filipinas" con derecho a ser protegidos por Estados Unidos. Según se indica anteriormente, *Dorr v. United States,* supra, sostuvo que las Filipinas era un territorio no incorporado. En la Sec. 8 de la Ley de Independencia de Filipinas, 48 Stat. 456, 462 (1934), las Filipinas fue tratada como a una nación extranjera para múltiples propósitos. A los ciudadanos filipinos se les trató como extranjeros para propósitos de inmigración; a los oficiales del servicio extranjero de Estados Unidos asignados a las Filipinas se les consideró como si estuviesen estacionados en el extranjero. Véase *Hooven v. Evatt,* 325 U.S. 652, 677-678, 692 (1944). No existió, por lo tanto, un problema comparable en torno a la ciudadanía al ocurrir la independencia de las Filipinas.

Johnny H. Killian

Especialista en Jefe
Derecho Constitucional Americano

Documento
El Informe del Comité de Finanzas

Congreso 101   Senado   (Informe
2da Sesión   (101-

LEY PARA AUTORIZAR UN PLEBISCITO SOBRE EL STATUS POLITICO DE PUERTO RICO

_____de septiembre de 1990 (Día legislativo_____,1990).
Se ordena su impresión

El señor Bentsen, de la Comisión de Finanzas,
presentó el siguiente

INFORME

[Para acompañar las enmiendas que hizo la Comisión al
Proyecto del Senado 712]

[Nota de editores: no incluye el estimado de costos hecho
por la Oficina Congresional del Presupuesto]

La Comisión de Finanzas, a la cual fue referido el proyecto (P. del S. 712) para autorizar un plebiscito sobre el status político de Puerto Rico, según fue informado por la Comisión de Energía y Recursos Naturales (Informe 101-120), luego de considerar el mismo, recomienda que se hagan enmiendas a dicho proyecto. La Comisión no hace recomendación alguna sobre si se debe aprobar el proyecto según enmendado por la Comisión.

I. TRASFONDO LEGISLATIVO

P. del S. 712 fue presentado en el Senado el 5 de abril de 1989, y referido a la Comisión de Energía y Recursos Naturales. La Comisión emitió su informe sobre P. del S. 712 el 6 de septiembre de 1989 (Informe del Senado No. 101-120). El P. del S. 712 fue referido conjuntamente a las Comisiones de Finanzas y de Agricultura, Nutrición y Silvicultura del Senado. La Comisión de Finanzas celebró vistas públicas sobre el proyecto los días 14 y 15 de noviembre de 1989 y el 26 de abril de 1990. El 1º de agosto de 1990, la Comisión de Finanzas acotó su enmienda al P. del S. 712, según fuera sometido previamente por la Comisión de Energía y Recursos Naturales.

El propósito del P. del S. 712 es disponer para que el pueblo de Puerto Rico ejerza el derecho a la auto-determinación mediante un plebiscito sobre el futuro status político de la isla. El Título I establece la base legal y la fecha del plebiscito. Los Títulos II, III y IV contienen definiciones detalladas de las tres opciones de *status*, a saber: estadidad, independencia y estado libre asociado. La opción que obtenga la mayoría de los votos en el referendo se implantaría según dispone el título apropiado del P. del S. 712.

El proyecto informado por la Comisión de Energía y

Recursos Naturales es autoejecutable; es decir, una vez se certifiquen los resultados del plebiscito a favor de una de las tres opciones, no se requeriría acción adicional por parte del Congreso para implantar dicha opción. Además, con arreglo al proyecto referido a la Comisión de Finanzas, al certificarse los resultados del plebiscito, muchas de las leyes federales que actualmente afectan a Puerto Rico se enmendarían para tomar en cuenta la opción escogida. Entre las leyes que se enmendarían de aprobarse el proyecto tal como fue referido a la Comisión de Finanzas hay leyes que la Comisión de Finanzas tiene la jurisdicción para enmendar (ejemplos, leyes sobre contribuciones, comercio y seguro social).

La enmienda de la Comisión de Finanzas que refleja este informe sustituye aquellas disposiciones del proyecto referido a la Comisión de Finanzas que caen bajo la jurisdicción de la Comisión de Finanzas. Además, en cuanto a disposiciones del proyecto que tratan sobre asuntos que caen dentro o fuera de la jurisdicción de la Comisión de Finanzas, la enmienda aquí presentada modifica aquellos asuntos que se encuentran dentro de la jurisdicción de la Comisión de Finanzas.

La Comisión de Finanzas recomienda que, si el Senado aprobase el P. del S. 712, debería también aprobar la enmienda de la Comisión de Finanzas. Sin embargo, la Comisión de Finanzas no asume posición alguna en cuanto a si las disposiciones del P. del S. 712, según enmendadas aquí, deben o no aprobarse. Por ejemplo, mientras la Comisión de Finanzas endosa el principio de la auto- determinación para el pueblo de Puerto Rico, la Comisión de Finanzas no asume posición alguna en torno a si una ley que autoriza un plebiscito sobre el *status* político de Puerto Rico debe ser autoejecutable, como dispone actualmente el P. del S. 712.

II. EXPLICACION DE LA ENMIENDA
DE LA COMISION

A. Ley actual

1. Reglas contributivas[1]

Impuestos sobre individuos

Residentes de Estados Unidos y ciudadanos en general

Estados Unidos generalmente impone contribuciones sobre ingresos a los ingresos mundiales de todo ciudadano y residente de Estados Unidos. Se requiere a todo ciudadano y residente de Estados Unidos cuyo ingreso bruto durante un año contributivo no sea menor que la suma de la exención personal y la deducción base estándar, que someta anualmente una planilla individual de contribuciones sobre ingresos ante el gobierno de Estados Unidos.

Extranjeros no-residentes están sujetos al pago de contribuciones federales, a tasas ordinarias, sobre el ingreso neto que esté realmente relacionado con la explotación de una industria o negocio en Estados Unidos. Tales individuos también vienen obligados a pagar contribuciones (a diversas tasas, computadas a base del ingreso bruto) sobre ciertos otros tipos de ingresos originados en Estados Unidos. Generalmente, a Puerto Rico no se le considera parte de Estados Unidos para propósitos del Código de Rentas Internas.

---

[1] Para una descripción más detallada de las reglas contributivas en la ley actual, el P. del S. 712 según informado por la Comisión de Energía y Recursos Naturales, y asuntos relacionados, ver Comisión Conjunta sobre Impuestos, *Tax Rules Relating to Puerto Rico Under Present Law and Under Statehood, Independence and Enhanced Commonwealth Status, (S. 712, Puerto Rico Status Referendum Act)* (JC5-19-89), 14 de noviembre de 1989.

Trato de los ingresos originados en el extranjero

En general, las personas de Estados Unidos (ejemplo, residentes de Estados Unidos y ciudadanos de Estados Unidos independientemente de dónde residan) están sujetos al pago de contribuciones sobre todos sus ingresos, ya sea de fuentes estadounidenses o extranjeras. En virtud de las secciones 901-907 del Código, se puede reclamar un crédito con limitaciones por aquellas contribuciones sobre ingresos acumuladas o pagadas a gobiernos extranjeros; o, en alternativa, las contribuciones pagadas a gobiernos extranjeros pueden tratarse como deducciones. Para efectos del Código, por lo general se trata a Puerto Rico como un país extranjero, con excepciones significativas que se mencionan a continuación.

La Sección 911 del Código dispone que los ciudadanos o residentes de Estados Unidos que poseen domicilio contributivo fuera del país pueden, bajo ciertas circunstancias, optar por excluir de sus ingresos brutos una cantidad de los ingresos obtenidos en el extranjero. Normalmente se limita dicha exclusión a un máximo anual de 70 mil dólares más ciertos gastos de vivienda.

No se permite deducción, exclusión o crédito alguno por las cantidades asignadas a dichos ingresos excluidos.

Contribuciones impuestas a personas de Estados Unidos residentes en Puerto Rico

En virtud de la Ley Jones, se considera a Puerto Rico como parte de Estados Unidos para los propósitos de adquirir la ciudadanía estadounidense por razón de lugar de nacimiento. Así a una persona nacida en Puerto Rico se la considera típicamente como persona de Estados Unidos para propósitos de las leyes contributivas estadounidenses. Sin embargo, la sección 933 del Código dispone que los ingresos originados en Puerto Rico por un individuo residente de Puerto Rico generalmente se excluyen de los ingresos brutos y están exentos de contribuciones federales, aún cuando tal individuo sea ciudadano de Estados Unidos. Tales ingresos generalmente están sujetos a contribuciones impuestas por el gobierno de Puerto Rico. Los ingresos devengados de fuentes fuera de Puerto Rico por personas de Estados Unidos residentes en Puerto Rico generalmente están sujetos a contribuciones estadounidenses.

Contribuciones sobre herencias y donaciones

En virtud de una regla especial, se considera a un ciudadano estadounidense residente de una posesión de Estados Unidos como extranjero no-residente para propósitos de contribuciones sobre herencias y donaciones sólo si su ciudadanía se adquirió por ser ciudadano de, o nacido en o residente de, dicha posesión. Esta regla generalmente exime de contribuciones estadounidenses sobre herencias y donaciones toda transferencia de propiedad ubicada fuera de Estados Unidos hecha por tales ciudadanos. La regla permite un crédito sobre las contribuciones sobre caudal relicto del causante elegible equivalente a la suma que sea mayor de entre 13 mil dólares o aquella proporción de 46 mil 800 dólares que el valor de la porción del caudal relicto bruto que al momento de muerte estaba situada en Estados Unidos guarda con el valor del total del caudal relicto, independientemente de dónde esté localizado. Las transferencias de herencias y donaciones por residentes de Puerto Rico de propiedad ubicada en Puerto Rico generalmente no están sujetas al pago de contribuciones sobre herencias y donaciones en Puerto Rico.

Impuestos sobre corporaciones

Corporaciones de Puerto Rico

Las corporaciones organizadas al amparo de las leyes de Puerto Rico son corporaciones extranjeras y como tales están sujetas solamente a aquellas contribuciones estadounidenses impuestas a corporaciones extranjeras en general. Sin embargo, las corporaciones de Puerto Rico generalmente están sujetas a contribuciones sobre ingresos en Puerto Rico. Actualmente, la tasa mínima es de 22 por ciento, y la tasa marginal más alta para 1990 es de 39 por ciento; para 1991 será de 37 por ciento, y para 1992 en adelante será de 35 por ciento.

Corporaciones de Estados Unidos–en general

Las corporaciones de Estados Unidos están sujetas a contribuciones estadounidenses sobre sus ingresos mundiales. Las contribuciones sobre ingresos pagadas a gobiernos extranjeros o acumuladas pueden abonarse en cuenta, con limitaciones, contra la responsabilidad contributiva estadounidense o, como alternativa, pueden deducirse al calcular los ingresos sujetos a contribuciones. Reglas especiales aplican a los ingresos devengados en posesiones de Estados Unidos por ciertas corporaciones domésticas.

Crédito contributivo en las posesiones (Sección 936)

En virtud de la ley actual, ciertas corporaciones domésticas con operaciones comerciales en posesiones de Estados Unidos (se incluyen, para estos propósitos, a Puerto Rico y las Islas Vírgenes Estadounidenses) pueden optar por acogerse a la Sección 936 para eliminar, en general, las contribuciones estadounidenses (incluso la contribución mínima alternativa) sobre ciertos ingresos de fuentes extranjeras relacionadas con sus operaciones en dichas posesiones. Actualmente, la mayoría de las corporaciones beneficiarias del crédito contributivo en las posesiones ha establecido operaciones en Puerto Rico. Los ingresos que no están sujetos a contribuciones estadounidenses según esta disposición de ley incluyen aquellos ingresos devengados, ya sea de la operación activa de una industria o negocio en una posesión de Estados Unidos, o de ciertas inversiones en las posesiones o en ciertos países de la Cuenca del Caribe, cuyas inversiones generen "ingresos elegibles de fuentes de inversión en las posesiones" ("QPSII", por sus siglas en inglés). El crédito que provee la Sección 936 exime a la corporación que así lo escoja de los impuestos estadounidenses, independientemente de si paga o no contribuciones sobre ingresos al gobierno de la posesión. Para tener derecho al crédito de la Sección 936, una corporación doméstica tendría que devengar al menos 75 por ciento de su ingreso bruto de la explotación activa de una industria o negocio en una posesión de Estados Unidos durante un período de tres años, y por lo menos 80 por ciento de los ingresos brutos de la corporación tendrían que originarse en una posesión durante el mismo período.

La ley dispone tres métodos alternativos para atribuir ingresos de propiedades intangibles entre una corporación que opta por acogerse a la Sección 936 y sus accionistas en Estados Unidos. Dichos métodos incluyen (1) una regla general que prohíbe que una corporación acogida a la Sección 936 devengue ganancia alguna de propiedades intangibles, (2) un método de compartir costos que requiere que la corporación acogida a la sección 936 reembolse a los demás miembros de su grupo afiliado de corporaciones una porción de los gastos actuales de investigación y desarrollo incurridos por el grupo, y (3) un sistema de división de ganancias que en general permite la asignación a la corporación acogida a la Sección 936 de no más del 50 por ciento de los ingresos combinados sujetos a contribuciones que un grupo afiliado de corporaciones estadounidenses derive de la venta de productos fabricados en una posesión de Estados Unidos. Para propósitos de computar la cantidad de la división de gastos bajo el método de compartir costos, la porción de los gastos de investigación y desarrollo que actualmente corresponde pagar a la corporación acogida a la Sección 936 es la suma que sea mayor entre la cantidad total de dichos gastos en el sector de productos de la corporación acogida a la Sección 936 multiplicada por el 110 por ciento de la proporción de sus ventas en comparación al sector total de ventas de productos del grupo; o la cantidad del pago de regalías o inclusión que se requeriría según las secciones 367(d) y 482 con respecto a los activos intangibles que se consideran propiedad de la corporación acogida a la sección 936 según el método de compartir costos, si dicha corporación fuese una corporación extranjera.

Los dividendos pagados a sus accionistas estadounidenses por una corporación acogida a los beneficios de la sección 936, pueden ser elegibles para la deducción concedida a dividendos obtenidos de una corporación doméstica (sección 243). En casos en que al menos 80 por ciento de las acciones de la corporación acogida a la sección 936 sea propiedad de una sola corporación doméstica, los ingresos de la corporación acogida a la sección 936 que se originen en una posesión de Estados Unidos pueden, por lo general, distribuirse sin contribuciones regulares sobre ingresos estadounidenses. Sin embargo, tal dividendo representa ganancias corrientes ajustadas del accionista para propósitos de computar la contribución mínima alternativa.

Impuestos estadounidenses sobre obligaciones del gobierno de Puerto Rico

La sección 103 del Código dispone que los intereses devengados de bonos emitidos por el gobierno del Estado Libre Asociado de Puerto Rico y sus municipios generalmente están exentos de contribuciones sobre ingresos de Estados Unidos de la misma manera que están los intereses devengados de bonos emitidos por un estado de la Unión. Dicha exención no aplica a ningún bono que sea bono no elegible de actividad privada (dentro del significado de la sección 141).

Crédito para viviendas de bajo costo

Se permitirá un crédito para viviendas de bajo costo contra

la obligación contributiva sobre ingresos estadounidenses. Se concede dicho crédito en plazos anuales durante lo años a los dueños de viviendas de bajo costo para alquiler que sean elegibles, incluso viviendas ubicadas en posesiones de Estados Unidos. Además de mantener los porcentajes requeridos de unidades de vivienda de bajo costo y de satisfacer otros requisitos, los dueños de los edificios tienen que recibir una asignación de crédito de la autoridad crediticia apropiada (tales como un estado o Puerto Rico), excepto en el caso de proyectos de vivienda financiados por bonos exentos de contribuciones. En general, la autoridad de las agencias de crédito sobre viviendas para emitir créditos para viviendas de bajo costo, vencerá el 31 de diciembre de 1990.

Arbitrios

Arbitrios de Estados Unidos sobre productos de Puerto Rico importados a Estados Unidos

En general, los arbitrios federales no aplican en Puerto Rico. Sin embargo, se imponen arbitrios federales a los artículos que entran a Estados Unidos de Puerto Rico equivalentes a las contribuciones impuestas a productos domésticos.

Reembolso de arbitrios sobre productos de Puerto Rico

Los ingresos por arbitrios impuestos a ciertos productos de Puerto Rico que Estados Unidos importa, generalmente son pagados al erario puertorriqueño. Respecto a los demás arbitrios impuestos a los artículos que no contienen espíritus destilados, los ingresos de los mismos se devuelven al gobierno de Puerto Rico sólo si el costo o valor de la materia producida en Puerto Rico añadido a los costos directos de la parte de la manufactura llevada a cabo en Puerto Rico son equivalentes a por lo menos 50 por ciento del valor del artículo al momento de su importación a Estados Unidos [sección 7652(d)(1)]. Por otra parte, no se permite la devolución de arbitrios sobre tales artículos si Puerto Rico provee un subsidio directo o indirecto en relación con dicho artículo que difiera de los subsidios que Puerto Rico generalmente ofrece a las industrias que producen artículos no sujetos a arbitrios federales [sección 7652(d) (2)].

Respecto a los arbitrios federales impuestos a los artículos producidos en Puerto Rico y embarcados a Estados Unidos que contienen espíritus destilados, las recaudaciones por los mismos revierten al gobierno de Puerto Rico sólo si al menos el 92 por ciento del contenido alcohólico de dichos artículos proviene del ron [sección 7652(c)]. El total del importe de arbitrios sobre tales artículos que revierten a Puerto Rico no podrá exceder los 10 dólares con 50 centavos por galón prueba [sección 7652(f)].[2]

También se aplica una regla especial de arbitrios cuando se envían a Puerto Rico artículos fabricados en Estados Unidos [sección 7653]. En estos casos, los artículos están exentos de arbitrios federales y, al entrar en Puerto Rico, están sujetos a un impuesto de igual tasa y cantidad que el arbitrio impuesto en Puerto Rico sobre artículos similares de fabricación puertorriqueña.

Devolución de arbitrios sobre ron importado de otros países

Una disposición que la Ley de Recuperación Económica de la Cuenca del Caribe (Caribbean Basin Initiative) añadió al Código, provee una regla especial para los arbitrios recaudados sobre ron importado a Estados Unidos de cualquier país. Se devuelven tales arbitrios a los erarios de Puerto Rico e Islas Vírgenes, según una fórmula establecida por el Departamento del Tesoro de Estados Unidos para repartir tales recaudaciones de arbitrios entre Puerto Rico e Islas Vírgenes [sección 7652(e)]. Actualmente, se devuelve a Puerto Rico, según esta fórmula,

---

[2] La tasa actual de arbitrios federales sobre espíritus destilados es de 12 dólares con 50 centavos por galón prueba.

aproximadamente 88 por ciento de los ingresos por concepto de arbitrios sobre ron importado y el balance de tales ingresos se devuelve a Islas Vírgenes.

Tratados contributivos

No existen tratados contributivos bilaterales entre Puerto Rico y ningún país extranjero. Además, los tratados estadounidenses típicamente no incluyen a Puerto Rico en la definición de "Estados Unidos" para efectos de los tratados. Además, aunque los individuos de Puerto Rico son típicamente ciudadanos estadounidenses, por lo general los tratados estadounidenses no extienden a los puertorriqueños las mismas reducciones sobre contribuciones que originan en un país extranjero a las cuales tendría derecho un residente de cualquiera de los 50 Estados o del Distrito Federal de Washington según un tratado contributivo estadounidense.

Cláusula de uniformidad

La Constitución de Estados Unidos concede al Congreso la facultad de imponer y recaudar "contribuciones, derechos, impuestos y arbitrios,... pero todos los derechos, impuestos y arbitrios serán uniformes en toda la Nación".[3] Según refleja la ausencia de la palabra "contribuciones" de la cláusula que establece la regla de uniformidad (la "cláusula de uniformidad"), la regla sólo aplica a la subclasificación de las contribuciones incluidas en los términos "derechos, impuestos y arbitrios". A juicio de la Comisión, podría bien argumentarse que la

---

[3] Constitución de Estados Unidos, artículo I, sección 8, cláusula 1. No existe una limitación equivalente sobre la facultad del Congreso de asignar fondos. Vea, e.g., *Helvering v. Davis,* 301 U.S. 619 (1937). (El Congreso tiene la discreción para determinar que un programa de gastos dirigido a resolver problemas locales es útil al bienestar general).

contribución federal sobre ingresos está sujeta a los requisitos de la cláusula de uniformidad.[4]

No se considera a Puerto Rico como parte de Estados Unidos para propósitos del ámbito de la cláusula de uniformidad.[5] Por consiguiente, bajo el status actual de Puerto Rico, el Congreso está en libertad de adoptar medidas contributivas (tales como la sección 936 del Código) que no son uniformes entre Puerto Rico, por un lado, y los 50 estados y el Distrito Federal de Washington, por otro. Sin embargo, a través del ejercicio de su facultad de admitir a Puerto Rico como un nuevo estado, el Congreso puede voluntariamente colocar a Puerto Rico dentro del ámbito del requisito de uniformidad.

Según el juez Story, el propósito de la cláusula de uniformidad

era eliminar toda preferencia indebida de un estado sobre otro en relación con la reglamentación de asuntos que afectan sus intereses comunes. A menos que los derechos, impuestos y arbitrios fuesen uniformes, podrían

---

[4] Compare *Pollock v. Farmers' Trust and Loan Co.*, 157 U.S. 429 (1895) (clasificó contribuciones sobre ingresos devengados de propiedad inmueble o de bienes personales invertidos a base de la fuente de dichos ingresos, y caracterizó tales contribuciones como equivalentes a las contribuciones sobre propiedad inmueble, que están fuera del ámbito de la cláusula de uniformidad), con *Flint v. Stone Tracy Co.*, 220 U.S. 107 (1911), (una contribución corporativa a base de ingresos representa un arbitrio sobre el privilegio de hacer negocio en forma de corporación y por ende está sujeta al requisito de uniformidad) y *Brushaber v. Union Pacific Railroad Co.*, 240 U.S. 1, 19 (1916) (la decimosexta enmienda prohíbe la clasificación de una contribución sobre ingresos a base de la fuente del ingreso, que podría "excluir una contribución sobre ingresos de la clasificación de arbitrios, derechos e impuestos").

[5] *Downes v. Bidwell*, 182 U.S. 245 (1901); vea también *Balzac v. Porto Rico*, 258 U.S. 298 (1922).

existir las desigualdades más crasas y opresivas que afectarían en forma vital los objetivos y empleos de las personas de los distintos estados. Podría fundamentarse la agricultura, comercio o manufactura de un estado sobre las ruinas de otro; y una combinación de unos pocos estados en el Congreso podría lograr para sí un monopolio sobre ciertas ramas de comercio y negocio, en perjuicio, o tal vez destrucción, de sus vecinos menos favorecidos.[6]

Otros expertos, estudiosos y jueces han concurrido con esta opinión.

La cláusula de uniformidad no requiere que toda contribución afectada recaiga con igual peso o en forma proporcional sobre cada Estado o región. La cláusula sólo requiere que una contribución opere "con la misma vigencia y consecuencia dondequiera que se encuentre el sujeto de la misma."[7] De igual manera, en el caso del requisito de uniformidad de la cláusula de quiebras,[8] "[l]a disposición sobre uniformidad no niega al Congreso la facultad de tomar en cuenta las diferencias que existen entre las diferentes partes del país, y de diseñar legislación para resolver problemas geográficamente aislados".[9]

En el caso más reciente, *United States v. Ptasynski*,[10] el Tribunal Supremo determinó que una excepción a la Ley de Contribuciones sobre Ganancias Inesperadas del Petróleo Crudo de 1980 para cierto petróleo crudo de Alaska no violó la

---

[6] J. Story, *Commentaries on the Constitution of the United States*, Sección 957 (T. Cooley ed. 1873), citado en *United States v. Ptasynski*, 462 U.S. 74, 81 (1983)

[7] *Head Money Cases*, 112 U.S. 580, 594 (1884) (sostiene que un impuesto sobre inmigrantes que entran por puertos marítimos sea uniforme, no así el que recae sobre los que entran por ciudades del interior).

[8] Constitución de Estados Unidos, artículo I, Sección 8, cláusula 4.

[9] *Regional Rail Reorganization Act Cases*, 419 U.S. 102, 159 (1974).

[10] 462 U.S. 74 (1983).

cláusula de uniformidad de impuestos. Dicha ley fue "diseñada para imponer tasas contributivas relativamente altas donde no es previsible que la producción responda en gran manera a aumentos adicionales en el precio, e imponer tasas contributivas relativamente bajas sobre petróleo cuya producción probablemente responderá a los precios".[11] A esos fines, el Congreso eximió del impuesto ciertas clases de petróleo, inclusive una subclasificación relativamente limitada del petróleo producido en Alaska, denominada "petróleo de Alaska exento". El petróleo de Alaska exento fue definido geográficamente, mediante referencia al Círculo Ártico a la Cordillera Alaskeña-Aleutiana.

Esta exención reflejó el juicio ponderado del Congreso de que condiciones climáticas y geográficas únicas requirieron que se tratara el petróleo producido en un área específica como una clase de petróleo aparte.[12] El Tribunal Supremo determinó que el Congreso tenía ante sí amplia prueba de las dificultades y los gastos desproporcionados asociados con la extracción de petróleo en esta región. El Tribunal declaró que no podía criticar la determinación del Congreso, basada en factores neutros, de que este tipo de petróleo requería un trato aparte.[13] Tampoco existía indicio alguno de que el Congreso pretendió beneficiar a Alaska por razones que ofendieran los propósitos de la cláusula de uniformidad (por ejemplo, tener la intención de concederle a Alaska preferencia indebida a costa de los demás Estados productores de petróleo), especialmente en vista del hecho de que el impuesto generalmente recayó en gran medida sobre el petróleo de Alaska.[14] Por consiguiente, se

---

[11] Informe de la Cámara de Representantes Número 96-304, 96to Congreso, 2da sesión 7 (1980), citado en *Ptasynski*, 462 U.S. 77.

[12] Informe de la Cámara de Representantes Número 96-817, 96to Congreso, 2da sesión 103 (1980).

[13] 462 U.S. 85.

[14] *Id.* 77 n. 5.

determinó que la exención no violó la cláusula de uniformidad.

El Tribunal Supremo, en Ptasynski, siguiendo el análisis del fallo en los Regional Rail Reorganization Act Cases, opinó que la cláusula de uniformidad le concede al Congreso un margen amplio de libertad para decidir a qué imponer contribuciones, y que dicha cláusula no impide que el Congreso considere problemas geográficamente aislados. Identificar al sujeto de un impuesto a base de sus límites geográficos no anula dicho impuesto, más bien impulsa un estudio detallado de tal clasificación para determinar si la misma puede contener un discrimen prohibido a la luz de los propósitos de la cláusula de uniformidad.[15]

La Comisión no conoce autoridad alguna que al amparo de la cláusula de uniformidad considere directamente si una falta de uniformidad temporera violaría dicha cláusula. Sin embargo, en *Coyle v. Smith*[16] el Tribunal Supremo declaró nula una disposición de transición en la ley habilitadora de 1906 mediante la cual se admitió a Oklahoma como Estado, cuya disposición hubiera impedido a Oklahoma trasladar su capital de la ciudad de Guthrie, Oklahoma, hasta el 1913. El Tribunal observó que la facultad de ubicar su propia sede de gobierno y la de determinar cuándo y cómo la misma se traslade de un lugar a otro son "esencial y particularmente facultades del estado" de las cuales no se hubiera podido privar a los 13 Estados originales mediante un acto posterior del Congreso.[17] El Tribunal determinó entonces que la autoridad de admitir un nuevo Estado a la Unión no concede al Congreso el derecho de imponer una condición a la admisión de un nuevo Estado que prive a dicho Estado de las facultades poseídas por Estados ya existentes. El Tribunal declaró nula la limitación estatutaria

---

[15] *Id.* 85.
[16] 221 U.S. 559 (1911).
[17] *Id.*, 565.

sobre el traslado de la capital del estado de Guthrie a pesar de la naturaleza transitoria de dicha limitación. La opinión del Tribunal no comenta sobre la naturaleza transitoria de esa limitación ni sobre la importancia (o insignificancia) de ese hecho.

2. Reglas de leyes de comercio

Según la ley actual, Puerto Rico forma parte del territorio de aduana de Estados Unidos. Por ende, el comercio entre Puerto Rico y los 50 Estados es de naturaleza doméstica y no está sujeto a los aranceles o a cualquier restricción o requisito aplicable al comercio con países extranjeros. Del mismo modo, el comercio entre Puerto Rico y países extranjeros generalmente se rige, con excepciones limitadas, por las mismas leyes estadounidenses sobre comercio que aplican al comercio entre Estados Unidos y países extranjeros. Las importaciones a Puerto Rico están sujetas a los aranceles y restricciones comerciales estadounidenses, y toda obligación de Estados Unidos bajo acuerdos bilaterales y multilaterales sobre comercio, incluso el tratado GATT, aplica al comercio de Puerto Rico.

Sin embargo, las leyes estadounidenses sobre comercio disponen un trato especial para Puerto Rico en tres aspectos. En primer lugar, todos los aranceles sobre importaciones recaudados en Puerto Rico, menos el costo al Servicio de la Aduana de Estados Unidos de recaudar dichos aranceles, se paga a Puerto Rico en vez de retenerse por el Tesoro federal. En segundo lugar, Puerto Rico queda autorizado por estatuto para imponer un arancel propio sobre el café, independientemente de si se importa el mismo directamente a Puerto Rico o a través de Estados Unidos. En tercer lugar, aunque Puerto Rico no puede acogerse a la Ley de Recuperación de la Cuenca del Caribe (CBERA, según sus siglas en inglés), la CBERA contiene disposiciones específicas respecto a la forma de tratar el contenido de Puerto Rico para determinar si el producto es elegible para exención de aranceles bajo la CBERA. Por ende, Puerto Rico recibe un beneficio indirecto de las preferencias comerciales que se conceden a los países del Caribe que son elegibles.

3. Reglas del Programa de Beneficios de la Ley de Seguro Social

Seguro para vejez, sobrevivientes e incapacidad (OASDI, por sus siglas en inglés)

Este programa básico de seguro social opera en Puerto Rico esencialmente según las mismas reglas y condiciones que aplican en otras partes de Estados Unidos.

Medicare

La elegibilidad y los beneficios del programa de Medicare en Puerto Rico son iguales que en los Estados. Sin embargo, se reembolsa a los hospitales mediante un plan de pago prospectivo por separado que resulta en un reembolso que, en general, es más bajo que el aplicable a un hospital en cualquiera de los Estados para el mismo tratamiento. Un proporción sustancial (un 35 por ciento) de la población elegible no ha optado por acogerse a los beneficios de la Parte B de Medicare.

Beneficios para desempleo

Para propósitos del programa federal-estatal de beneficios para desempleo, Puerto Rico es tratado como un Estado. Al igual que en los Estados, es el gobierno "estatal" el que determina los niveles de beneficios, y el costo de los beneficios regulares es sufragado por la contribución sobre nóminas impuesta a los patronos por el gobierno "estatal". Debido a la crónica y alta tasa de desempleo, Puerto Rico (a diferencia de casi todos los Estados) hace uso frecuentemente del programa de beneficios expandidos que provee 13 semanas adicionales de beneficios, la mitad de los cuales es financiada por la contribución sobre nóminas impuesta por el gobierno puertorriqueño y la otra mitad por la contribución federal para desempleo.

Asistencia a los envejecientes, ciegos e impedidos

En los Estados, los envejecientes, ciegos e impedidos indigentes reciben, mediante el programa de Ingresos Suplementarios del Seguro Social (SSI, por sus siglas en inglés), beneficios suficientes para mantener sus ingresos a un nivel de 386 dólares mensuales para individuos y 579 dólares para matrimonios. (Estos son niveles de 1990; dichas cantidades se aumentan anualmente para reflejar los efectos de la inflación). Varios Estados proveen niveles de beneficios más altos a través de pagos suplementarios financiados por los gobiernos estatales. Los beneficios del programa SSI no se extienden a residentes de Puerto Rico. En cambio, opera un programa de asistencia a envejecientes, ciegos e impedidos con fondos federales y del Estado Libre Asociado. Se aplica a este programa y al programa de Ayuda para Familias con Niños (AFDC, por sus siglas en inglés) un límite máximo anual de 82 millones de dólares en fondos federales combinados. Las escalas de beneficios son establecidas por el gobierno de Puerto Rico. El pago mensual para un individuo envejeciente, ciego o impedido, con gastos promedios para vivienda y sin ingresos adicionales, sería alrededor de 42 dólares. Además, tal individuo normalmente recibiría un pago mensual de aproximadamente 75 dólares del Programa de Asistencia Nutricional – que sustituye al Programa de Cupones para Alimentos.

Ayuda a familias con niños (AFDC)

Tanto en Puerto Rico como en los Estados, se proveen beneficios bajo un programa de Ayuda a Familias con Niños (AFDC), según el Título IV de la Ley de Seguro Social. La escala de beneficios la establece cada Estado, y el costo de dicha ayuda lo comparten los gobiernos federales y estatales. En los Estados, los fondos para este programa están disponibles a base de una escala flexible, con una porción de fondos federales pareados que oscila entre un 50 por ciento y un 83 por ciento, dependiendo del ingreso per cápita del Estado. En Puerto Rico, existe un máximo de 75 por ciento de fondos federales pareados, pero la cantidad de fondos federales se controla realmente por el tope de 82 millones de dólares que se aplica tanto a este programa como al programa de Asistencia para Envejecientes, Ciegos e Impedidos. En 1990, el pago máximo de AFDC a una familia de tres personas en Puerto Rico es de 90 dólares. Tal familia también recibiría, típicamente, un pago de aproximadamente 200 dólares al amparo del Programa de Asistencia Nutricional.

Medicaid

En Estados Unidos, los beneficiarios de los programas SSI y AFDC, junto a ciertos otros individuos elegibles, tienen derecho al pago de gastos médicos por programas de Medicaid establecidos mediante planes estatales según dispone el Título XIX de la Ley de Seguro Social. Se proveen fondos federales a base de una escala flexible a niveles que generalmente van de 50 por ciento a 83 por ciento, dependiendo del ingreso per cápita estatal. Generalmente, los beneficiarios pueden escoger al médico de su preferencia. El programa de Medicaid, según se entiende en los Estados, no existe en Puerto Rico. En cambio, el gobierno de Puerto Rico opera un sistema de instalaciones de salud pública que están disponibles al público en general. Mediante el programa de Medicaid, el gobierno federal reembolsa a Puerto Rico a un nivel teórico de 50 por ciento de fondos pareados. En la práctica, los fondos federales pareados son regidos por un tope anual global de fondos federales de 79 millones de dólares.

Programa de servicios sociales bajo el Título XX

Al amparo del Título XX de la Ley de Seguro Social, se provee a los Estados una subvención en bloque para ayudarles a suministrar una amplia gama de servicios sociales. Se concede a los Estados una gran flexibilidad para determinar qué servicios ofrecerán con estos fondos. El nivel nacional de fondos para este programa es de 2.8 mil millones de dólares anuales, y cada Estado recibe una porción de ese total en proporción a su población. Puerto Rico recibe fondos en virtud del Título XX a base de una fórmula distinta. Según la fórmula a base de población, Puerto Rico sería elegible para recibir unos 35 millones de dólares, en vez de los más o menos 15 millones de dólares que recibe la Isla según la fórmula actual.

Otros programas

En Puerto Rico, los programas de Servicios de Bienestar para Niños y de hacer cumplir las Pensiones Alimenticias para Hijos, operan por lo general de la misma forma que operan en los Estados. El programa de Hijos de Crianza y Asistencia para Adopción no se extiende a Puerto Rico. Puerto Rico es elegible para participar en este programa, pero no recibiría fondos adicionales algunos ya que el tope de 82 millones de dólares anuales en fondos federales que cubre los programas AFDC y Ayuda a los Envejecientes, Ciegos e Impedidos también se aplica a este programa. La ley actual aparenta requerir la participación de Puerto Rico en este programa, pero nunca se ha hecho cumplir esa disposición de la ley.

B. Las razones del cambio

En general

Se intenta que las enmiendas de la Comisión de Finanzas sean consecuentes con cinco principios generales.

En primer lugar, la Comisión entiende que, en lo posible, la selección que haga cada individuo entre las tres opciones del *status* político no debe estar matizada por las diferencias en las consecuencias económicas personales que resulten de las tres opciones. En cambio, la Comisión entiende que la selección hecha por cada votante debe ser, en lo posible, una expresión de su preferencia respecto a la naturaleza de las relaciones fundamentales entre Puerto Rico y Estados Unidos. En segundo lugar, la Comisión entiende que los cambios dispuestos por la enmienda deben llevarse a cabo gradualmente para evitar trastornos y para permitir un período de transición sin el cual podrían darse consecuencias económicas, sociales y políticas abruptas e indeseables. En tercer lugar, la Comisión quiere evitar un efecto negativo sobre el presupuesto federal de Estados Unidos como consecuencia de las disposiciones de la enmienda.

Hay dos criterios adicionales a los cuales la Comisión ha querido ceñirse. Se relacionan específicamente con las disposiciones que entrarían en vigor si el pueblo de Puerto Rico decidiera cambiar el status de Puerto Rico a independencia o estadidad. En primer lugar, la Comisión ha redactado la enmienda en forma tal que, de resultar victoriosa la estadidad, para todos los efectos se trataría a Puerto Rico, después de la fecha de admisión como Estado, de igual manera que a los demás Estados en todo aspecto relacionado con los asuntos bajo la jurisdicción de la Comisión de Finanzas. En segundo lugar, es la intención de la Comisión de Finanzas que, de resultar victoriosa la independencia, se consideraría detenidamente la naturaleza de las futuras relaciones entre Estados Unidos y un Puerto Rico independiente. Por ejemplo, la Comisión entiende que Estados Unidos debe mantener una relación de comercio abierto con un Puerto Rico independiente, y que, como mínimo, Puerto Rico debe recibir trato de nación más favorecida en cuanto al comercio se refiere. Además, la Comisión entiende que, de convertirse Puerto Rico en nación independiente, se debe considerar la designación de Puerto Rico como país beneficiario bajo las disposiciones de la Ley de Recuperación Económica de la Cuenca del Caribe, así como la negociación de un acuerdo de comercio libre entre Estados Unidos y Puerto Rico.

Juego parejo

Según la ley actual, los programas federales de bienestar social que dispone la Ley de Seguro Social tales como AFDC; Medicaid; Asistencia a los Envejecientes, Ciegos e Impedidos; Hijos de Crianza y Asistencia para Adopción; y las subvenciones en bloque de Servicios Sociales, operan en Puerto Rico en forma distinta que en Estados Unidos. En la estadidad, se aumentarían sustancialmente tanto la cantidad de los beneficios de bienestar público como el porcentaje de la población que los recibiría. A la Comisión le interesa asegurarse que la expectativa de mayores beneficios bajo la estadidad no sea un factor sustancial en cómo los individuos en Puerto Rico voten en el plebiscito.

La Comisión entiende que para alcanzar su meta de proveer un juego parejo en la decisión del pueblo entre las dos opciones que mantienen la participación de Puerto Rico en estos programas de fondos federales (estadidad y estado libre asociado), es necesario aumentar ciertos programas de gastos sociales en Puerto Rico si el electorado decide continuar el estado libre asociado. Así es que, respecto a los programas de bienestar social bajo la jurisdicción de la Comisión de Finanzas, la Comisión ha diseñado aumentos en dichos programas con el propósito de alcanzar un alto grado de paridad entre los beneficios disponibles en el estado libre asociado y los beneficios que estarían disponibles en la estadidad, tanto durante el período de transición como después de Puerto Rico convertirse en Estado de la Unión.

En relación con este proyecto de ley, la Comisión reexaminó las guías de los programas de SSI y Asistencia a Envejecientes, Ciegos e Impedidos que en general aplican en virtud de la ley actual. La Comisión entiende que es apropiado limitar los beneficios a los envejecientes, ciegos e impedidos según el programa de Ingresos Suplementarios de Seguro Social que dispone la Ley de Seguro Social a no más del 50 por ciento del ingreso per cápita del estado de residencia del beneficiario. El permitir que tales beneficios excedan dicha cantidad podría crear un incentivo económico desfavorable, y en general sería irrazonable en vista de los niveles de salarios y otros patrones de gastos públicos. Según la ley actual, los beneficios del SSI no exceden el 50 por ciento del ingreso per cápita en ningún estado. Sin embargo, de aplicarse la ley actual a un estado de Puerto Rico, el nivel de los beneficios del SSI a individuos resultaría ser aproximadamente 90 por ciento del ingreso per cápita de Puerto Rico. Tal grado de ayuda aumentaría grandemente el número de individuos dependientes de pagos de bienestar público en Puerto Rico y produciría los resultados indeseables antes mencionados. De modo que la Comisión entiende que es más apropiado limitar los beneficios disponibles en cualquier Estado a no más de una fracción fija del ingreso per cápita estatal.

Transición gradual

A base del récord ante sí, la Comisión entiende que los

---

[18] Vea en general *Joint Committee on Taxation, Tax Rules Relating to Puerto Rico Under Present Law and Under Statehood, Independence and Enhanced Commonwealth Status (S. 712, Puerto Rico Status Referendum Act)* (JC5-19-89) 14 de noviembre de 1989, páginas 32-33, en *Puerto Rico's Political Status: Hearings on S. 712 Before the*

incentivos contributivos provistos por la Sección 936 tienen un efecto de gran importancia sobre la economía de Puerto Rico.[18] En 1987, el empleo total en Puerto Rico fue de aproximadamente 834,000 y el producto bruto doméstico ascendió a 23.7 mil millones de dólares.[19] En 1987, se utilizaron casi 2.7 mil millones de dólares de beneficios contributivos en virtud de la Sección 936.[20] La gran mayoría de las corporaciones 936 se dedicaba a la manufactura.[21] Estas corporaciones manufactureras emplearon casi 89,000 trabajadores en 1983, aproximadamente el 68 por ciento del empleo total en la manufactura en Puerto Rico durante ese año.[22] En su ponencia ante la Comisión, el Departamento del Tesoro informó que durante ese año, las corporaciones 936 fueron responsables por el 12 por ciento del empleo total y 16 por ciento del total de los ingresos laborales en Puerto Rico.[23] Para el 27 de noviembre de 1989, las

---

Senate Comm. on Finance; Congress 101, lra Ses. 75, págs. 106-07 (1990).

[19] Junta de Planificación de Puerto Rico, *Informe Económico al Gobernador,* 1989, Tablas 1 y 29.

[20] *Source Book, Statistics of Income 1987, Corporation Income Tax Returns,* Departamento del Tesoro, Servicio de Rentas Internas, Publicación 1053 (Rev. 6-90).

[21] De un total de 22.2 mil millones de dólares de activos de las corporaciones 936, las corporaciones 936 que se dedicaban a la manufactura poseían 17.2 mil millones de dólares de activos. Vea *The Operation and Effect of the Possessions Corporations System of Taxation, Sixth Report,* Departamento del Tesoro de Estados Unidos, marzo de 1989, Tabla 4-1.

[22] *Ibid.,* Tabla 4-6, y *op. cit.,* Junta de Planificación de Puerto Rico, Tabla 30.

[23] Ponencia de Philip D. Morrison, Abogado de Contribuciones Internacionales, Departamento del Tesoro, ante la Comisión de Finanzas del Senado de Estados Unidos, Washington, D.C., 26 de abril de 1990, página 12.

[24] *Informe del Comisionado de Instituciones Financieras de Puerto Rico,* 2,7 de noviembre de 1989.

corporaciones 936 tenían depósitos de 10.2 mil millones de dólares en instituciones financieras en Puerto Rico.[24] Dada la importancia de los beneficios contributivos de la Sección 936 para los sectores manufactureros y financieros en Puerto Rico, y la magnitud de la actividad económica de las corporaciones 936 en relación con la economía total de Puerto Rico, la Comisión entiende que podrían ocurrir trastornos económicos significativos de retirar repentinamente los beneficios de la Sección 936 a las compañías estadounidenses que operan en Puerto Rico.

La Comisión también entiende que la decisión de los contribuyentes estadounidenses de ubicar sus actividades en Puerto Rico pudo haber dependido de los beneficios de la Sección 936. La Comisión entiende que es justo proveer a esas compañías un período de transición para adaptarse a la eliminación de ese beneficio contributivo.

Por estas razones, la Comisión entiende que es conveniente y necesario disponer la eliminación gradual de los beneficios de la Sección 936 durante un período de cinco años a partir de un voto a favor de la estadidad o de la independencia. La Comisión intenta que los créditos dispuestos por la Sección 936 durante el período de transición se concedan a corporaciones estadounidenses amparadas en estas reglas sólo si el contribuyente operaba previamente bajo dicho crédito y, en dicho caso, sólo por una cantidad basada en la utilización previa de dicho crédito por el contribuyente.

La Comisión también entiende que de resultar victoriosa la estadidad en el plebiscito, podría ser necesario que el pueblo y gobierno de Puerto Rico, el Servicio de Rentas Internas de Estados Unidos, y el Departamento de Salud y Servicios Humanos de Estados Unidos, hiciesen ajustes sustanciales al aplicar a Puerto Rico el sistema estadounidense de contribuciones sobre ingresos, los aumentos en los niveles de beneficios de programas de bienestar social de Puerto Rico, y los aumentos en subvenciones federales a Puerto Rico según dichos progra-mas. Por lo tanto, la Comisión considera conveniente imponer por etapas el pago de contribuciones estadounidenses a los residentes de Puerto Rico, de modo que el gobierno de Puerto Rico pueda adaptar sus propias leyes contributivas en la forma que estime más adecuado. Además, la Comisión considera con-veniente posponer el inicio de la imposición gradual de contribuciones estadounidenses a Puerto Rico, así como la extensión gradual a Puerto Rico de los aumentos en los beneficios de programas de bienestar social, por un período de un año después de la certificación del voto a favor de la estadidad en el plebiscito.

Otras disposiciones del proyecto van dirigidas a facilitar la transición a la estadidad o independencia. Por ejemplo, de seleccionar Puerto Rico la estadidad, la Comisión considera conveniente la eliminación gradual del arancel sobre el café durante un período de cuatro años empezando el segundo año después de la certificación de los resultados del plebiscito.

Efecto en el presupuesto

Según la ley actual, las compañías estadounidenses que operan en Puerto Rico reciben anualmente más de dos mil millones de dólares en beneficios contributivos en virtud del crédito contributivo concedido a las posesiones de Estados Unidos por la Sección 936. Además según la ley actual cientos de millones de dólares recaudados por el gobierno de Estados Unidos por concepto de arbitrios y aranceles de aduana son devueltos anualmente al gobierno del Estado Libre Asociado de Puerto Rico.

El aumento en gastos que representan para el gobierno de Estados Unidos los cambios bajo la opción de la estadidad, sería compensado, a juicio de la Comisión, por aumentos en las recaudaciones de contribuciones estadounidenses y por una disminución en los arbitrios y aranceles devueltos a Puerto Rico. Bajo la opción de la independencia, la Comisión entiende que aún cuando se continuaran las subvenciones en bloque luego de convertirse Puerto Rico en un país independiente, no habrá pérdida presupuestaria federal alguna, debido a la eliminación gradual del crédito bajo la Sección 936.

Bajo la opción de estado libre asociado, la Comisión considera conveniente compensar el costo de los aumentos en los gastos federales (dictados por las razones antes mencionadas en la sección titulada "Juego parejo") mediante una modificación en los beneficios contributivos concedidos bajo la Sección 936, y una reducción, según sea necesaria, de la devolución al gobierno de Puerto Rico de los arbitrios y aranceles estadounidenses. Así, el costo de cualquier aumento en beneficios bajo la opción de estado libre asociado será sufragada en su totalidad por el gobierno de Puerto Rico y las compañías estadounidenses que operan en Puerto Rico.

Cláusula de uniformidad

La Comisión de Finanzas entiende que la opción de la estadidad tiene que conllevar finalmente un trato contributivo de Puerto Rico y sus residentes que sea uniforme con el trato contributivo federal a los residentes de Estados Unidos, y a Estados Unidos en conjunto. Como se indica anteriormente, sin embargo, la Comisión de Finanzas entiende que la transición a un trato contributivo como Estado debe llevarse a cabo en forma razonablemente gradual. De darse el deseo de la Comisión de imponer una transición contributiva gradual acompañada por una concesión inmediata de la estadidad, tal como lo dispone el proyecto según fuera aprobado por la Comisión de Energía y Recursos Naturales, las contribuciones federales en Puerto Rico después de la estadidad serían temporeramente diferentes de las contribuciones federales en los demás Estados, y estas diferencias estarían sujetas a escrutinio en virtud de la cláusula de uniformidad contributiva de la Constitución de Estados Unidos.

Durante las vistas públicas que celebró la Comisión de Finanzas, ésta recibió testimonio que sugiere que tal diferencia en el trato contributivo confligiría con la cláusula de uniformidad según se ha interpretado dicha cláusula en la jurisprudencia actual. Se argumentó que la naturaleza temporera de tales diferencias contributivas no cambiaría dicha conclusión. Otro testimonio presentado ante la Comisión alegó que un trato contributivo especial para Puerto Rico no violaría la cláusula de uniformidad. Por otra parte, el Presidente de la Comisión de lo Jurídico del Senado ha informado a la Comisión de Finanzas que entiende que existen serias interrogantes en torno a la constitucionalidad del proyecto según el mismo fue aprobado por la Comisión de Energía y Recursos Naturales, por razón de la cláusula de uniformidad.[25]

Es probable que el asunto de si el proyecto violaría o no la Constitución no se resolvería por los tribunales hasta después de celebrarse el plebiscito. La Comisión entiende que la pendencia de la disputa minaría una transición ordenada. La Comisión consideraría como frustrados sus propósitos si un fallo judicial adverso después de la admisión de Puerto Rico como Estado, resultase, por ejemplo, en la eliminación inmediata y retroactiva del período de imposición gradual de contribuciones estadounidenses a residentes de Puerto Rico. Además, la Comisión no quiere poner en entredicho las consecuencias que podrían anticipar los votantes puertorriqueños de resultar la estadidad victoriosa en el plebiscito.

La Comisión de Finanzas no ha llegado a conclusión

---

[25] Carta de Joseph R. Biden, hijo, Presidente de la Comisión de lo Jurídico, a Lloyd Bentsen, Presidente de la Comisión de Finanzas, 13 de noviembre de 1989.

alguna sobre si las diferencias contributivas durante el período de transición serían o no declaradas inconstitucionales por los tribunales de convertirse Puerto Rico en Estado durante dicho período. Sin embargo, la Comisión entiende que las cuestiones constitucionales que se han planteado son significativas. Dado que la Comisión entiende que un período de transición gradual es esencial para que Puerto Rico se integre a Estados Unidos sin trastornos económicos excesivos y desorganización administrativa, y dado que la Comisión entiende que la mejor forma de asegurar en forma confiable tal período de transición gradual es aplazar la incorporación de Puerto Rico a Estados Unidos hasta tanto se completen las medidas de transición, la Comisión cree que es necesario aplazar la fecha de admisión de Puerto Rico como Estado (y posponer la incorporación de Puerto Rico a Estados Unidos para propósitos de la cláusula de uniformidad) hasta tanto concluya cualquier período necesario de transición, en vez de aplazar la imposición uniforme de contribuciones federales sobre ingresos a Puerto Rico por período alguno después de la admisión de Puerto Rico como Estado.

C. Descripción del P. del S. 712 y explicación de la enmienda

1. En General

El proyecto (P. del S. 712), según aprobado por la Comisión de Energía y Recursos Naturales, dispone que se celebrará un plebiscito el 4 de junio de 1991 (y, de ser necesario, una segunda ronda a celebrarse el 6 de agosto de 1991), o en la fecha (o fechas) del verano de 1991 que acuerden mutuamente los tres partidos políticos principales de Puerto Rico. El propósito del plebiscito será determinar si Puerto Rico se convertirá en un Estado de Estados Unidos, en un país independiente, o continuará en una relación con Estados Unidos como estado libre asociado. Los procedimientos para poner en vigor cualquiera de las opciones de status que reciba una mayoría de los votos emitidos (según lo certifique el Gobernador de Puerto Rico al Presidente y al Congreso de Estados Unidos) se detallan en el Título II (que aplica de ganar la estadidad), Título III (independencia) y Título IV (estado libre asociado) del proyecto de ley.

La enmienda que propone la Comisión ("la enmienda") sustituye aquellas disposiciones del proyecto que caen dentro de la jurisdicción de la Comisión de Finanzas. Además, en aquellos casos en donde una disposición del proyecto se refiera a asuntos tanto dentro como fuera de la jurisdicción de la Comisión, la enmienda dispone modificaciones respecto a los asuntos que son de la jurisdicción de la Comisión de Finanzas. Esta explicación describe las disposiciones del proyecto que se modifican pero no se eliminan, y también describe todas las disposiciones de la enmienda de la Comisión de Finanzas. La Comisión espera que el Presidente de la Comisión de Finanzas presente una enmienda al proyecto en el hemiciclo del Senado para reconciliarlo con la acción tomada por la Comisión de Agricultura, Nutrición y Silvicultura del Senado respecto al Programa de Cupones de Alimentos, para que sea consecuente con el enfoque adoptado por la Comisión de Finanzas.

2. Título II (Estadidad)

Descripción del Proyecto

De certificarse que la estadidad obtuvo la mayoría de los votos emitidos en el plebiscito, se admitiría al Estado Libre Asociado de Puerto Rico como Estado en igualdad de condición con los demás Estados (sección 201 del proyecto). Una vez admitido Puerto Rico a la Unión, todas las leyes locales en Puerto Rico continuarían vigentes (excepto según sean modificadas o cambiadas por el proyecto) sujetas a revocación o enmienda por la Asamblea Legislativa de Puerto Rico (sección 208 (a) del proyecto).

Explicación de la Enmienda

En general

Según la enmienda, de certificarse que la estadidad obtuvo la mayoría de los votos emitidos en el plebiscito, se ordenaría al Presidente emitir una proclama para informar los resultados de la elección. Después de emitirse dicha proclama, se admitirá al Estado Libre Asociado de Puerto Rico como Estado a partir del primer día de enero del quinto año natural que comience después de la certificación de los resultados del plebiscito a favor de la estadidad. Así, por ejemplo, de ocurrir la certificación del plebiscito a favor de la estadidad durante el 1991, Puerto Rico se convertiría en Estado a partir del primero de enero de 1996).

Elección de miembros del Congreso

La enmienda dispone además que, no más tarde del primero de enero del cuarto año natural después del año natural en que se certifique la estadidad, el Gobernador de Puerto Rico emitirá una proclama para la elección de los miembros de Puerto Rico del Senado y Cámara de Representantes federal. Tales elecciones se llevarán a cabo, ya sea, el primer martes de noviembre del cuarto año natural después del año natural en que se certifique el plebiscito, o en cualquier otra fecha durante el otoño de dicho año, según lo disponga el Gobierno de Puerto Rico mediante legislación al efecto. Según la enmienda, las personas electas para representar a Puerto Rico como senadores o miembros de la Cámara de Representantes estadounidenses tendrían derecho a sus escaños en el Congreso y a todos los derechos y privilegios que tienen los senadores y representantes de los demás Estados, a partir de la fecha en que entre en vigor la estadidad para Puerto Rico.

Vigencia de las leyes contributivas estadounidenses en Puerto Rico

La enmienda añade al proyecto la nueva Sección 214, la

cual incluye reglas relativas a la imposición a Puerto Rico de las leyes estadounidenses de rentas internas y a ciertas transferencias de ingresos entre los gobiernos de Estados Unidos y Puerto Rico. Como regla general, las disposiciones del Código de Rentas Internas se aplicarán plenamente al Estado de Puerto Rico y sus residentes de igual forma que a los demás Estados y residentes de éstos, a partir de la fecha en que Puerto Rico se convierta en Estado. Además, sujeto a las reglas de transición, las disposiciones del Código de Rentas Internas que actualmente aplican a Puerto Rico (según éstas pudieran enmendarse de tiempo en tiempo) continuarán en vigor hasta la fecha en que entre en vigor la estadidad.

Período de transición para las contribuciones sobre ingresos

En general

Como regla general, la aplicación a Puerto Rico de las leyes federales de contribuciones sobre ingresos entraría en vigor gradual y proporcionalmente durante un período de transición de cuatro años. La transición para contribuciones sobre ingresos se inicia en el segundo año contributivo del contribuyente que comience después de la certificación del plebiscito, y generalmente termina en el año contributivo que incluya la fecha en que Puerto Rico se convierta en Estado. Por ejemplo, si la certificación del plebiscito ocurriese el 15 de octubre de 1991, la transición respecto a un contribuyente cuyo año contributivo es el año natural comenzaría en 1993 y terminaría en 1996. Para un contribuyente cuyo año contributivo termina el 30 de septiembre, el período de transición comenzaría en el año contributivo de dicho contribuyente que comience el primero de octubre de 1993 y terminaría en el año contributivo que comience el primero de octubre de 1996. Sin embargo, como se explica detalladamente a continuación, el contribuyente del último ejemplo estaría sujeto a reglas especiales sobre la introducción progresiva de las contribuciones sobre ingresos estadounidenses ya que una porción de su tercer año contributivo de transición transcurriría después de Puerto Rico convertirse en Estado.

La Comisión entiende que esta transición es esencial para poder integrar a Puerto Rico a Estados Unidos sin trastornos económicos excesivos ni desorganización administrativa. La enmienda dispone que, para efectos de la cláusula de uniformidad, el período de transición se lleve a cabo *antes*, no *después*, de la admisión de Puerto Rico como Estado con el propósito específico de demorar la incorporación de Puerto Rico a Estados Unidos hasta tanto se completen las medidas de transición.

Durante el período de transición, las leyes federales de contribuciones sobre ingresos se aplicarán a toda persona como si Puerto Rico fuera un Estado de la Unión, y sin tomar en consideración la Sección 933 del Código. Sin embargo, la diferencia entre la responsabilidad contributiva estadounidense real en cualquier año del período de transición, y lo que hubiera sido la responsabilidad contributiva federal en dicho año según el trato actual de posesión (i.e., considerar a Puerto Rico como posesión de Estados Unidos y la aplicación de la Sección 933 del Código), se limitará al porcentaje aplicable para la introducción progresiva de las contribuciones sobre ingresos. Es decir, que dicho porcentaje se aplicará sólo a la diferencia entre dos responsabilidades contributivas hipotéticas: la responsabilidad que existiría si Puerto Rico fuese Estado en paridad con los demás Estados respecto a las leyes contributivas, y la responsabilidad que existiría si Puerto Rico y sus residentes permanecieran sujetos al trato contributivo como posesión tal como dispone la ley actual. En general, el porcentaje aplicable para la introducción progresiva de las contribuciones sobre ingresos es de 25 por ciento en el primer año de transición, 50 por ciento en el segundo año, 75 por ciento en el tercer año, y 100 por ciento en el cuarto año (si alguno).

Durante el primer año de transición, se trataría a Puerto Rico y sus residentes igual que a Estados Unidos y sus residentes hasta el 25 por ciento de la diferencia entre la responsabilidad contributiva federal actual y la hipotética responsabilidad contributiva federal plena. Por ejemplo, si un residente de Estados Unidos gana 100 dólares en ingresos sujetos a contribuciones durante un año contributivo, tendría que pagar 28 dólares en contribuciones estadounidenses. Según la enmienda, un residente de Puerto Rico con los mismos ingresos ganados en Puerto Rico sujetos a contribuciones sin responsabilidad contributiva estadounidense sobre dichos ingresos a tenor con la ley actual, tendría que pagar 7 dólares en contribuciones estadounidenses bajo la enmienda. En general, el porcentaje antes mencionado aumentará a 50 por ciento en el segundo año de transición, 75 por ciento en el tercer año, y a 100 por ciento el cuarto año del período de transición y de ahí en adelante. Así, suponiendo que los hechos del último ejemplo se apliquen a cada año de transición, el residente de Puerto Rico tendría que pagar 14 dólares en contribuciones estadounidenses en el segundo año del período de transición, 21 dólares en el tercer año, y la totalidad de la contribución estadounidense (i.e., 28 dólares) en el cuarto año.

En otro caso, en un año contributivo durante el período de transición el contribuyente tiene, hipotéticamente, una responsabilidad contributiva estadounidense de 100 dólares a tenor con las reglas la ley actual, y una responsabilidad contributiva estadounidense de 150 dólares computada como si Puerto Rico fuese un Estado en paridad con los demás Estados para propósitos contributivos. Según la enmienda, la responsabilidad contributiva real sería de 100 dólares más un porcentaje de los 50 dólares (la diferencia entre 150 dólares y 100 dólares). Durante el primer año de transición, la responsabilidad real del contribuyente según la enmienda sería de 112 dólares con 50 centavos; o sea, 12 dólares con 50 centavos (25 por ciento de 50 dólares) más 100 dólares (la cantidad de contribuciones estadounidenses que hubiese tenido que pagar en ausencia de la enmienda).

Como un tercer ejemplo: durante un año contributivo del período de transición, el contribuyente tiene hipotéticamente una responsabilidad contributiva estadounidense de 150 dólares a tenor con la ley actual, y una responsabilidad contributiva estadounidense de 100 dólares computada como si Puerto Rico fuese un Estado en paridad con los demás Estados para propósitos contributivos. En este caso, para determinar la responsabilidad contributiva estadounidense del contribuyente, a la responsabilidad contributiva federal de $150, calculada según las reglas actuales, se le reduciría el producto de 50 dólares multiplicados por el porcentaje de la introducción progresiva de contribuciones estadounidenses aplicable en ese año. Si el año de referencia fuera el segundo año contributivo del contribuyente durante el período de transición, entonces la responsabilidad contributiva estadounidense total para ese año sería de 125 dólares.

Si al amparo del Código de Rentas Internas un contribuyente sufre una pérdida neta operacional en un año contributivo del período de transición, es la intención de la Comisión que la cantidad total de dicha pérdida neta operacional pueda arrastrarse o retrotraerse, según sea el caso, a base de las reglas de la ley actual aplicables a la utilización de pérdidas netas operacionales. Es decir, no se reduciría el porcentaje de la introducción progresiva de contribuciones estadounidenses aplicable al año de transición en que se sufriese dicha pérdida de la pérdida neta operacional. Por ejemplo, si una corporación de Puerto Rico incurriese en una pérdida neta operacional de 1,000 dólares atribuible a sus operaciones en Puerto Rico durante el segundo año contributivo del período de transición, la intención de la Comisión es que la cantidad total de dicha pérdida podría arrastrarse al tercer año del período de transición (o retrotraerse al primer año del período de transición, según el caso). Si en el tercer año de transición dicha compañía tuviese una responsabilidad contributiva estadounidense hipotética de cero, calculada según las reglas de la ley actual, y hubiera generado 5,000 dólares de ingresos tributables como producto de sus operaciones en Puerto Rico, entonces sus ingresos tributables en dicho año serían 4,000 dólares (5,000 dólares menos los 1,000 dólares de pérdidas netas operacionales arrastradas). La responsabilidad del contribuyente sobre los 4,000 dólares de ingresos tributables, computada según la sección 11 del Código, estaría sujeta al porcentaje aplicable de la introducción progresiva de contribuciones estadounidenses para el tercer año del período de transición (i.e., 75 por ciento).

Durante el período de transición para contribuciones sobre ingresos que dispone la enmienda, se aplicaría una regla especial si el primero de enero del año en que Puerto Rico se convirtiese en Estado cae en el tercer año contributivo del período de transición del contribuyente. Según esta regla especial, la limitación del 75 por ciento–que de otra manera aplicaría a toda la diferencia que se produzca durante ese tercer año entre la responsabilidad contributiva estadounidense hipotética computada según las reglas de la ley actual y la responsabilidad contributiva estadounidense hipotética computada como si Puerto Rico fuera Estado en igual condición que los demás Estados para propósitos contributivos– aplica solamente a una porción a prorrata de dicha diferencia. La porción de la diferencia a la cual aplica la limitación se basa en la relación entre el número de meses del año contributivo antes de entrar en vigor la estadidad y el número total de meses en dicho año contributivo. Esta regla especial afectaría sólo a aquellos contribuyentes cuyos años contributivos terminan entre el primero de enero y el día del año en que se certifiquen los resultados del plebiscito.

Para ilustrar la antes mencionada regla especial, suponga

que un contribuyente sujeto al año fiscal utilice un año contributivo que termina el 30 de junio y que los resultados del plebiscito a favor de la estadidad se certifican el 15 de octubre de 1991. En este caso, Puerto Rico se convertiría en Estado a partir del primero de enero de 1996. El tercer año contributivo del período de transición de dicho contribuyente sería el año contributivo que comienza el primero de julio de 1995 y termina el 30 de junio de 1996. La mitad del tercer año contributivo del período de transición de este contribuyente caería antes de la fecha en que entre en vigor la estadidad y la otra mitad caería después de esa fecha. Suponga que este contribuyente tiene una responsabilidad contributiva estadounidense hipotética de cero computada bajo las reglas de la ley actual, y una responsabilidad contributiva estadounidense hipotética de 100 dólares computada como si Puerto Rico fuera Estado. Según la enmienda, la mitad de la diferencia entre dichas cantidades (la mitad de 100 dólares; o sea, 50 dólares) es elegible para una reducción del porcentaje normal aplicable en el tercer año (i.e., 75 por ciento); o sea de 37 dólares y 50 centavos. Los 50 dólares restantes no son elegibles para reducción alguna. Entonces, la responsabilidad contributiva estadounidense real para el año completo es de 87 dólares con 50 centavos (i.e., cero [responsabilidad contributiva bajo la ley actual] más el 87.5 por ciento de la diferencia entre la responsabilidad contributiva bajo la ley actual y la plena responsabilidad contributiva bajo la estadidad).

Reglas semejantes para la introducción progresiva de las contribuciones estadounidenses sobre ingresos aplican durante el período de transición a los créditos contributivos reembolsables, tales como el crédito contributivo sobre ingresos devengados. Por ejemplo, si, según la aplicación plena de la ley federal, un individuo de Puerto Rico tuviese derecho a un reembolso de 100 dólares en cada uno de los cuatro años del período de transición por concepto del crédito contributivo sobre ingresos devengados, y si en cada uno de dichos años el contribuyente tuviese una responsabilidad contributiva estadounidense hipotética de cero computada según las reglas de la ley actual; entonces dicho individuo recibiría un reembolso de 25 dólares en el primer año del período de transición, de 50 dólares en el segundo año, de 75 dólares en el tercer año, y un reembolso total de los 100 dólares en el cuarto año de la transición.

Según la enmienda, para propósitos de administrar las reglas sobre la imposición progresiva de contribuciones estadounidenses durante el período de transición, se tratará al contribuyente cuyo primer año contributivo comience después de la fecha de certificación del plebiscito como si dicho contribuyente tuviera un año contributivo en progreso a la fecha de la certificación y en todo momento a partir de entonces. Por ejemplo, si la certificación a favor de la estadidad fuese el 15 de octubre de 1991 y el primer año contributivo de un contribuyente es el año fiscal que termina el 30 de junio de 1995; entonces, para efectos de la aplicación de las reglas de transición de la enmienda, se considera como si el contribuyente hubiera existido durante los años fiscales que terminan el 30 de junio de 1992, 1993 y 1994. Por ende, se considerará al año fiscal que termina el 30 de junio de 1994 como el primer año tributable del contribuyente durante el período de transición, y el primer año tributable real de dicho período (el año fiscal que termina el 30 de junio de 1995) se tratará como el segundo año contributivo del período de transición. Además para estos efectos, el primer año contributivo real del contribuyente se considerará como que incluye los 12 meses completos, aun cuando de hecho éste pudiera haber sido un año corto.

Trato de Puerto Rico como Estado para propósitos contributivos

La enmienda dispone que a partir del primer año del

período de transición se considere a Puerto Rico, en términos generales, como un Estado según el Código de Rentas Internas para efectos de la aplicación de las reglas sobre la imposición progresiva de las contribuciones estadounidenses sobre ingresos. De modo que, por ejemplo, una corporación organizada según las leyes de Puerto Rico se consideraría como corporación estadounidense y estaría sujeta a contribuciones estadounidenses (al nivel adecuado de imposición progresiva de dichas contribuciones) sobre todos sus ingresos mundiales.

Sin embargo, si uno o más estadounidenses poseyera acciones de una corporación de Puerto Rico, la porción de los ingresos originados en el extranjero de dicha corporación que no estuviesen sujetos a contribuciones estadounidenses debido a las reglas de la imposición progresiva de dichas contribuciones, estarían aún sujetos a los diversos estatutos del Código que impiden diferir la responsabilidad contributiva, tales como las reglas aplicables a los ingresos del subpárrafo F, compañías extranjeras de inversiones pasivas, compañías matrices personales, compañías matrices personales extranjeras, y la contribución sobre ingresos acumulados.

Según la enmienda, la imposición progresiva de las contribuciones estadounidenses durante el período de transición a personas residentes de Puerto Rico no aplica a las corporaciones extranjeras de ventas (FSC, por sus siglas en inglés) creadas u organizadas en virtud de las leyes de Puerto Rico. De modo que una FSC de Puerto Rico se seguiría considerando como una corporación extranjera, y tal corporación seguirá siendo elegible para el trato regular como FSC (por ejemplo, todos sus ingresos exentos por concepto de comercio extranjero continuarían tratándose en su totalidad como ingresos provenientes de fuentes extranjeras no relacionadas realmente) hasta tanto Puerto Rico se convierte en Estado.

Determinación de la fuente de ingresos

Los ingresos provenientes de fuentes dentro de Puerto Rico

generalmente se consideran como ingresos de fuentes estadounidenses para propósitos de la responsabilidad contributiva
estadounidense que se impondrá progresivamente (excepto en
aquellos casos en que sea necesario para instrumentar adecuadamente la eliminación gradual del crédito contributivo de
las posesiones, según se explica más adelante). Por ejemplo,
esta regla hace que los ingresos devengados por no residentes
de Estados Unidos originados en Puerto Rico se conviertan por
lo general en ingresos sujetos a la jurisdicción estadounidense
para efectos de las contribuciones (aunque la responsabilidad
contributiva estadounidense general sobre tales ingresos estaría
limitada por la regla de la imposición progresiva de contribuciones
estadounidenses).

Trato de las contribuciones pagadas al Gobierno de Puerto Rico

Es la intención de la Comisión que las contribuciones
pagadas al gobierno de Puerto Rico durante el período de
transición sean tratadas como contribuciones pagadas a un
Estado para efectos de la imposición progresiva de la
responsabilidad contributiva estadounidense. De modo que no
se concede crédito de contribuciones extranjeras a tales
contribuciones cuando se determina la responsabilidad contributiva estadounidense según los porcentajes de la imposición
progresiva de dichas contribuciones. Sin embargo, generalmente
se permite para estos propósitos una deducción por la suma de
tales contribuciones en la medida que dispone la sección 164
del Código.

Período de transición para la Sección 936

La enmienda dispone un conjunto específico de reglas de
transición aplicables al crédito por contribuciones sobre ingresos que concede la Sección 936 contra las contribuciones
federales sobre ingresos generados en Puerto Rico, cuyas reglas

cubren el mismo período de transición que las reglas de transición generales para contribuciones sobre ingresos y utilizan porcentajes similares para su imposición gradual. La transición hacia la plena imposición de contribuciones federales sobre ingresos descrita anteriormente impide que las corporaciones creadas u organizadas en virtud de las leyes de Puerto Rico utilicen los créditos concedidos bajo la Sección 936 en los años que comiencen durante o después del período de transición. Sin embargo, las corporaciones creadas u organizadas en virtud de leyes estadounidenses (o las de los estados actuales o del Distrito Federal de Columbia), pueden, en algunos casos, utilizar los créditos de contribuciones sobre ingresos de la Sección 936 hasta el máximo permisible por las restricciones que establecen las reglas especiales de transición de la Sección 936.

En virtud de esta disposición de la enmienda, el crédito de la Sección 936, por lo general, se elimina gradual y proporcionalmente durante un período de cuatro años, cuyo período se inicia en el segundo año contributivo de la corporación 936 que comience después de la certificación de los resultados del plebiscito. Esto es, el monto del crédito disponible que concede la sección 936 respecto a ingresos o inversiones provenientes de actividades en Puerto Rico, se reduce a 75 por ciento del total del crédito al que tendría derecho de no existir las reglas de eliminación gradual para el segundo año contributivo de la corporación 936, que comience después de tal certificación. Para el tercer año contributivo el porcentaje aplicable es 50 por ciento, y, por lo general, el 25 por ciento para el cuarto año contributivo que comience después de tal fecha. A partir del quinto año contributivo que comience después de la certificación de los resultados del plebiscito, no se concederá el crédito de la Sección 936 para tales ingresos o inversiones. Al igual que en el caso de la regla general de transición para contribuciones sobre ingresos, la enmienda contiene una regla especial que aplicaría si el primero de enero en el cual Puerto Rico se convierta en Estado cayese en el tercer año contributivo del período de transición del contribuyente. En virtud de esta regla especial, una porción a prorrata del crédito de la Sección 936 que de otra forma hubiese estado disponible ese año, no estará disponible en lo absoluto para operaciones en Puerto Rico. Así que, para un contribuyente que opera a base del año fiscal cuyo año contributivo termina el 30 de junio, sólo estaría disponible el 25 por ciento de la mitad del crédito que de otra forma le hubiese correspondido (sin la eliminación gradual) en el tercer año del período de transición, presumiendo que dicho año terminó después de entrar en vigor la estadidad. Esta regla especial afecta sólo a aquellos contribuyentes cuyos años contributivos terminan entre el primero de enero y el día del año en que se certifiquen los resultados del plebiscito.

Es la intención de la Comisión que los créditos de la Sección 936 estén disponibles en virtud de estas reglas para corporaciones estadounidenses, durante el período de transición, sólo si el contribuyente operaba anteriormente bajo tal crédito y, en dicho caso, solamente en cantidades basadas en la utilización previa del crédito por parte de dicho contribuyente. Así es que, durante el período de transición, el crédito de la Sección 936 estaría disponible sólo para aquellas corporaciones que hayan optado por reclamar el crédito en virtud de la Sección 936 para el año contributivo que incluye la fecha de la certificación de los resultados del plebiscito. Además, el total de los créditos 936 permisibles a una corporación elegible en cualquier año del período de transición (antes de reducirse los mismos por el porcentaje correspondiente de la eliminación gradual), se limita al 130 por ciento del monto promedio de créditos 936 reclamados por el contribuyente (o sus sucesores) durante los tres años contributivos más recientes que terminen antes del primero de agosto de 1990 (sin tomar en cuenta los años en que ni el contribuyente ni ningún sucesor suyo existieron).

Si ni la corporación ni su sucesor, si alguno, tuvieron un año contributivo que terminara antes del primero de agosto de 1990, el límite sobre el total de créditos 936 que puede reclamar la corporación en cualquier año del período de transición (antes de reducirse los mismos por el porcentaje correspondiente de la eliminación gradual), es igual al total de créditos 936 reclamados por la corporación (o sucesores suyos, si algunos) para el primer año contributivo que termine en o después del primero de agosto de 1990. Es la intención de la Comisión que si el primer año contributivo de tal corporación es un año de menos de doce meses, entonces el Secretario puede permitir (mediante reglamento u otro modo) que dicha corporación ajuste la cantidad de sus créditos del primer año a una tasa a base del año completo para propósitos de determinar el límite sobre la misma.

El período de transición para contribuciones sobre nóminas y arbitrios

La enmienda provee un período de transición para las contribuciones sobre nóminas cubiertas por la Sección 24 del Código de Rentas Internas y para los arbitrios impuestos según el Código, durante el cual se tratará a Puerto Rico como Estado para propósitos de dichas contribuciones. En general, el período de transición para estas contribuciones comienza con el segundo año natural que comience después de la certificación de los resultados del plebiscito. Así es que, por ejemplo, de ocurrir la certificación del plebiscito a favor de la estadidad el 15 de octubre de 1991, el período de transición para las contribuciones sobre nóminas y arbitrios se iniciaría en el año natural 1993. Según este ejemplo, a partir del primer día del año 1993, se impondrían los arbitrios estadounidenses en Puerto Rico de la misma manera que se imponen en Estados Unidos (sujetos a ciertas reglas de transición).

Durante el período de transición, las contribuciones sobre nóminas y arbitrios que se pagarían como resultado de tratar a

Puerto Rico como Estado según la enmienda, entrarían en vigor gradual y proporcionalmente durante un período de cuatro años. El porcentaje de la imposición gradual es de 25 por ciento en el primer año del período de transición, 50 por ciento en el segundo año y 75 por ciento en el tercer año. Del cuarto año del período de transición en adelante, se recaudará el monto total de las contribuciones sobre nóminas y arbitrios estadounidenses.

Las reglas de transición para arbitrios no aplican respecto a los arbitrios impuestos a patronos, que están vigentes actualmente en Puerto Rico (i.e., los impuestos sobre el seguro de la vejez, sobrevivientes e incapacidad [sección 3111] y las contribuciones federales para desempleo [sección 3301]). Se requerirá que durante el período de transición los patronos en Puerto Rico continúen pagando estos impuestos al máximo dispuesto por la ley.

Una regla especial aplica respecto a la imposición de arbitrios estadounidenses a productos que se retienen para su venta en Puerto Rico a partir del primer día del segundo, tercero, cuarto o quinto año natural que comience después de la certificación de los resultados del plebiscito, y que se retienen en cualquier fecha posterior al momento en que, de otro modo, se hubiesen impuesto arbitrios según las disposiciones pertinentes del Código. La enmienda impone un arbitrio sobre tales productos equivalente al exceso entre el monto del arbitrio que se hubiese impuesto según la tasa de imposición gradual para el año en cuestión, y el monto del arbitrio que dichos productos hubiesen pagado según la tasa de imposición gradual aplicable (si alguna) para el año anterior inmediato. Dado que las tasas de imposición gradual aumentan en un 25 por ciento en virtud de la enmienda, los productos sujetos a arbitrios que estén en venta el primero de enero de cualquier año del período de transición después del momento en el cual, por lo general, el arbitrio pertinente se hubiese impuesto, estarían sujetos a un arbitrio equivalente al 25 por ciento del monto total del arbitrio que de otro modo se hubiera prescrito para tales productos en virtud del Código. En tal caso, la persona en posesión de tales productos es responsable del pago del arbitrio, que se vence y es pagadero el 15 de febrero del año natural en que se impone, de la misma manera que el arbitrio que se hubiese impuesto en virtud del Código durante ese año sobre productos similares.

Como ilustración de la regla antes mencionada, presuma que la certificación de los resultados del plebiscito a favor de la estadidad ocurre el 15 de octubre de 1991, de modo que el período de transición para arbitrios se iniciaría en el 1993. Si el primero de enero de 1993 un residente de Puerto Rico mantuviese productos para la venta que estuvieran sujetos a arbitrios estadounidenses durante el período de transición, pero mantiene dichos productos más allá del momento en que se impondrían tales arbitrios en virtud del Código; entonces dicha persona sería responsable por los arbitrios sobre esos productos en 1993 a la tasa correspondiente al primer año del período de imposición gradual de las contribuciones (i.e., 25 por ciento de la plena responsabilidad en 1993. Si el primero de enero de 1994, dicha persona mantuviese productos similares para la venta, entonces el contribuyente sería responsable de pagar arbitrios esta-dounidenses respecto a dichos productos el 15 de febrero de 1994. El monto del arbitrio sería equivalente al total del arbitrio dispuesto por el Código para productos similares, multiplicado por el 25 por ciento (i.e., la diferencia de entre la tasa del 50 por ciento para el segundo año del período de la imposición gradual y la tasa de 25 por ciento para el primer año de dicho período).

Arbitrios sobre productos enviados de Puerto Rico a Estados Unidos

En virtud de la enmienda, la imposición gradual de los arbitrios según las reglas del período de transición no aplica a productos enviados de Puerto Rico a Estados Unidos que actualmente están sujetos a arbitrios estadounidenses bajo la sección 7652(a) del Código. Dichos productos estarán sujetos a la totalidad de los arbitrios estadounidenses durante el período de transición. Además, la enmienda elimina, a partir del inicio del período de transición, la aplicación a Puerto Rico de las reglas especiales dispuestas por la sección 5314 (que eximen de arbitrios estadounidenses los espíritus destilados producidos en Puerto Rico y que se envían a Estados Unidos para ciertos propósitos que no incluyen las bebidas).

Arbitrios sobre productos enviados a Puerto Rico de Estados Unidos

La enmienda también termina la aplicación a Puerto Rico de las reglas especiales dispuestas por la sección 7653 del Código relativas a la imposición de arbitrios sobre productos enviados a Puerto Rico de Estados Unidos. Esta disposición de la enmienda entra en vigor a partir del inicio del período de transición para arbitrios. De modo que, por ejemplo, productos fabricados en Estados Unidos y enviados a Puerto Rico luego de comenzar el período de transición no serían elegibles para la exención de los arbitrios estadounidenses que actualmente provee la sección 7653 (b) del Código.

Contribuciones sobre herencias y donaciones

Para la aplicación a residentes de Puerto Rico de las contribuciones estadounidenses sobre herencias y donaciones, no hay período de transición bajo la enmienda. Así es que se impondrían contribuciones sobre herencias y donaciones respecto a todo difunto que haya fallecido en o después del día primero de enero del quinto año natural que comience después de la certificación de los resultados del plebiscito, o a donaciones hechas en o después de esa fecha. Si, por ejemplo, se certifican los resultados del plebiscito a favor de la estadidad el 15 de octubre de 1991, entonces las contribuciones estadounidenses sobre herencias y donaciones se aplicarían por primer vez a residentes de Puerto Rico respecto a difuntos que hayan fallecido en o después del primero de enero de 1996, o a donaciones hechas en o después de esa fecha. La enmienda también dispone reglas dirigidas a impedir la evasión de contribuciones estadounidenses sobre herencias y donaciones mediante transferencias hechas entre la fecha de presentación de la enmienda y la fecha en que Puerto Rico se convierta en Estado. Según las reglas para evitar la evasión contributiva, se toma en cuenta todo donativo hecho durante ese período para determinar las tasas marginales adecuadas y el crédito unificado aplicables a transferencias tributables después de la fecha de entrar en vigor la estadidad. Además, el caudal relicto bruto de difunto que haya fallecido en o después de la fecha de entrar en vigor la estadidad incluiría cualquier propiedad transferida por el difunto durante dicho período si el difunto o su cónyuge retuvo, directa o indirectamente, cualquier grado de propiedad o control sobre un interés beneficioso (incluyendo un usufructo vitalicio) sobre dicha propiedad hasta el momento del fallecimiento, o dispuso de o cedió tal propiedad o control dentro de los tres años próximos a la fecha del fallecimiento.

Devolución de arbitrios a Puerto Rico

La enmienda dispone que la devolución a Puerto Rico de arbitrios y derechos de aduana por el Tesoro de Estados Unidos provista por la ley actual, continuaría durante los años previos a la conversión de Puerto Rico en Estado. La enmienda también dispone que durante los períodos de transición para la imposición de contribuciones estadounidenses sobre ingresos y nóminas, y arbitrios, cualquier contribución que se imponga por primer vez como resultado de la imposición gradual durante tales períodos de transición correspondientes a años (o fracciones de años) previos a la fecha de conversión de Puerto Rico en Estado, serán devueltos al gobierno de Puerto Rico. Además, una parte de los ingresos del Tesoro estadounidense generados durante el período de transición de la Sección 936 como consecuencia de la eliminación gradual de la Sección 936, se devolvería a Puerto Rico en la medida necesaria para neutralizar el efecto de las disposiciones del proyecto en torno a la estadidad sobre el Tesoro de Estados Unidos durante dicho año.

Autoridad para establecer reglas adicionales de transición

Además de las reglas especiales que se especifican anteriormente, la enmienda reconoce específicamente la autoridad del Congreso de aprobar cualesquiera reglas de transición apropiadas que estime necesarias para implantar adecuadamente la imposición gradual del sistema contributivo estadounidense en Puerto Rico y la eliminación gradual del crédito contributivo de la Sección 936. La Comisión entiende que para ese propósito podría requerirse legislación adicional para perfeccionar el proyecto. Más aún, la enmienda autoriza al Tesoro a promulgar los reglamentos que sean necesarios o convenientes para lograr los propósitos de las disposiciones de transición y para llevar a cabo la transición hacia la estadidad.

Enmiendas a las leyes de comercio

Bajo la opción de la estadidad, se eliminarían los arreglos especiales de comercio para Puerto Rico; eso es, se trataría a Puerto Rico de igual manera que a los demás estados. La enmienda revoca la autoridad concedida a la Asamblea Legislativa de Puerto Rico de imponer aranceles al café importado (sección 215(a) del proyecto). En armonía con la política del proyecto de proveer un período de transición previo a la fecha de entrar en vigor la estadidad, la enmienda requiere que se eliminen gradualmente los aranceles sobre el café durante un período de cuatro años, que comienza en el segundo año a partir de la certificación de los resultados del plebiscito.

La enmienda dispone que se prohibiría a la Asamblea Legislativa de Puerto Rico imponer aranceles adicionales después de la fecha de certificación de los resultados del plebiscito. La enmienda también incluye enmiendas necesarias a varios otros estatutos para armonizarlos con el proyecto.

La enmienda elimina el trato especial concedido a Puerto Rico por la Ley de Recuperación Económica de la Cuenca del Caribe (sección 215(b) del proyecto). A partir de la fecha de entrar en vigor la estadidad, ni el costo ni el valor de materiales producidos en Puerto Rico, ni el costo de las operaciones de fabricación realizadas en Puerto Rico, se considerarán para efectos de determinar si un artículo importado es elegible para la exención de aranceles bajo la Ley de Recuperación Económica de la Cuenca del Caribe.

Enmiendas a programas de transferencias bajo la estadidad

Período de transición — En general

En virtud de la enmienda, se establecería un período de transición de cinco años para los programas de beneficios de bienestar social, que entraña la eliminación de los topes actuales en dichos programas respecto a Puerto Rico y conduce a la concesión de los beneficios completos de bienestar social en Puerto Rico, conmensurables con el status de estadidad cuando Puerto Rico se convierta en Estado. Para dar tiempo para planificar y desarrollar la estructura administrativa necesaria, no se introduciría cambio alguno en los programas de beneficios de bienestar social durante el primer año natural después de la certificación de los resultados del plebiscito a favor de la estadidad. Se iniciarían los aumentos en el segundo año después de dicha certificación, a niveles que representan 25 por ciento del aumento completo en los beneficios que corresponderían a Puerto Rico al final del período de transición. En el tercer año después de la certificación, se implantaría 50 por ciento del aumento en los beneficios, y 75 por ciento en el cuarto año. A partir del primero de enero del quinto año después del año de dicha certificación, se aplicarán los beneficios completos conmensurables con el status de la estadidad, como se describe más adelante. Durante el período de transición, el gobierno federal podría compensar el costo adicional correspondiente al incremento en los programas federales que se describen más adelante, limitando, según se ha explicado, los aumentos en las contribuciones federales recaudadas durante el período de transición que se devuelven a Puerto Rico. Además, como se describe más adelante, la enmienda establece nuevos topes para ciertos programas federales de transferencias durante un período previo a la admisión de Puerto Rico como Estado de la Unión.

Programas de ingresos suplementarios del seguro social y de asistencia a los envejecientes, ciegos e impedidos

El programa federal de Ingresos Suplementarios del Seguro Social (SSI, por sus siglas en inglés) se aplicará a Puerto Rico comenzando, en forma parcial, en el segundo año natural después de la certificación de los resultados del plebiscito a favor de la estadidad. Así es que, de ganar la estadidad y certificarse los resultados en el 1991, el programa federal de Ingresos Suplementarios del Seguro Social se aplicará en forma parcial y por primera vez a Puerto Rico, en 1993. Las reglas del programa SSI se aplicarán en Puerto Rico exactamente de la misma manera que se aplican en los demás Estados. La enmienda modificaría las reglas generales del programa SSI, tal como se aplican a todos los estados, para disponer que se establezcan límites en la medida de los beneficios de manera tal que la cantidad que pudiera recibir un individuo sin ingresos adicionales no exceda el 50 por ciento del ingreso per cápita (según las cifras más recientes disponibles) en el Estado de residencia. Los beneficios para una pareja serían, al igual que en la ley actual, el 150 por ciento de los beneficios para individuos. Según esta regla, la tasa mensual de beneficios en Puerto Rico sería de aproximadamente $215 según los niveles actuales de beneficios (i.e., sin tomar en cuenta el efecto de ajustes futuros para el costo de la vida [COLA, por sus siglas en inglés]) y los niveles actuales de ingresos per cápita. Durante el período de transición, los niveles de beneficios SSI se establecerían en el segundo año natural a partir de la certificación de los resultados del plebiscito, al 25 por ciento de los beneficios plenos bajo la estadidad; en el tercer año, al 50 por ciento; y en el cuarto año, al 75 por ciento.

Con el objetivo de asegurar tiempo suficiente adelantado para la administración adecuada del programa, la enmienda permitiría al gobierno de Puerto Rico firmar un acuerdo con el Departamento de Salud y Servicios Humanos con el propósito de posponer la introducción del programa SSI a una fecha posterior al comienzo del segundo año después de la certificación de los resultados del plebiscito – pero no más tarde de la fecha de admisión de Puerto Rico como Estado. En virtud de un acuerdo de este tipo, el gobierno de Puerto Rico continuaría administrando el programa de asistencia a los envejecientes, ciegos e impedidos, pero con beneficios establecidos a los niveles que hubiesen prevalecido de haberse implantado el programa SSI como se describe más arriba.

Tanto durante el período de transición como después de entrar en vigor la estadidad, el gobierno federal proveería el total de los fondos para dicho programa (excepto que el gobierno de Puerto Rico asumiría el costo de cualquier beneficio adicional que optará por conceder más allá de los límites máximos federales). Ya no se aplicaría el tope actual de los fondos federales.

Ayuda para familias con niños (AFDC, por sus siglas en inglés)

Tal como en la ley actual, el gobierno de Puerto Rico establecería el nivel de beneficios para el programa AFDC. La tasa para fondos pareados se aumentaría al máximo de los fondos pareados de Medicaid. A los niveles actuales de ingresos per cápita, ello resultaría en una aportación de 83 por ciento del gobierno federal y 17 por ciento de fondos pareados por parte del gobierno de Puerto Rico. Ya no se aplicaría el tope actual sobre dichos fondos.

Medicaid

Una vez Puerto Rico se convierta en Estado, el programa de Medicaid operaría bajo las mismas reglas y requisitos aplicables al programa de Medicaid en los demás Estados. Bajo la alternativa de la estadidad, la fórmula para los fondos pareados seguiría las reglas usuales de Medicaid, lo que resultaría en una tasa de fondos pareados federal de 83 por ciento según los niveles actuales de ingresos per cápita.

Durante el período de transición, según la enmienda, el Gobierno de Puerto Rico podría continuar operando el programa actual de Medicaid con las modificaciones que pudieran ser convenientes para la introducción gradual del programa regular de Medicaid una vez aplique a cabalidad. La aportación federal de los fondos pareados que comienza en el segundo año después de la certificación de los resultados del plebiscito, sería a la tasa de 83 por ciento de fondos pareados de Medicaid, sujeto a un tope que limitaría los gastos nuevos del gobierno federal a 79 millones de dólares más el 25 por ciento de la cantidad que de otra forma el gobierno federal hubiera pagado según las disposiciones regulares de fondos pareados para Medicaid. Durante los dos años siguientes, se aumentaría dicho porcentaje a 50 por ciento y 75 por ciento, respectivamente.

Medicare

Según la enmienda, se ordenaría a la Comisión para la Tasación de Pagos Futuros que examine los niveles actuales de reembolso del programa de Seguro Hospitalario y que informe al Secretario de Salud y Servicios Humanos si el sistema actual refleja adecuadamente las diferencias en costos entre Puerto Rico y Estados Unidos. Si dicho estudio determinase que el sistema actual no está diseñado para lograr dicho propósito, se ordenaría al Secretario a someter al Congreso las enmiendas convenientes. El sistema actual se mantendría operante hasta tanto se aprueben tales enmiendas.

Programas para servicios sociales según el Título XX

Al convertirse Puerto Rico en Estado, se trataría a la Isla igual que a los otros estados respecto a la asignación de fondos bajo el programa de transferencias en bloque para servicios sociales. Ello no resultaría en gastos adicionales ya que se trata de un programa de beneficios sujeto a un tope con un nivel general de gastos fijo. El resultado neto sería que la asignación para Puerto Rico más o menos se duplicaría. Al igual que en los demás estados, este programa operaría en Puerto Rico con un 100 por ciento de fondos federales. Este programa no se modificaría durante el período de transición.

Ausencia de efecto sobre el déficit

Según ya se ha explicado, la decisión del pueblo de Puerto Rico de optar por la estadidad conlleva tratar a Puerto Rico como Estado para propósitos de la imposición a la isla de las leyes federales de rentas internas. Además, la estadidad implica la eliminación del Crédito Contributivo para las Posesiones de Estados Unidos concedido a compañías que operan en Puerto Rico. La enmienda provee aumentos en los gastos federales para transferencias al gobierno de Puerto Rico o a residentes de Puerto Rico en virtud de diferentes programas de la Ley de Seguro Social. En la actualidad, dichos programas están sujetos a topes que en suma limitan los gastos federales de dichos programas a 161 millones de dólares.

La enmienda dispone además que los arbitrios y derechos de aduana que actualmente el gobierno federal tiene que devolver a Puerto Rico, se seguirán devolviendo al gobierno de Puerto Rico hasta la fecha en que éste se convierte en Estado.

Además, la enmienda dispone que se devuelvan al gobierno de Puerto Rico todos los ingresos federales provenientes de la imposición a la isla y a sus residentes de contribuciones federales sobre ingresos y nóminas, y sobre arbitrios federales durante los períodos de transición respectivos y en la proporción establecida para los años (o fracciones de años) correspondientes que antecedan la fecha de admisión de Puerto Rico como Estado. Para asegurarse que no haya un efecto sobre el déficit estadounidense antes de la estadidad, la enmienda dispone que también se devolverá al gobierno de Puerto Rico una parte de los ingresos federales provenientes de la eliminación gradual de la aplicación a Puerto Rico de la Sección 936.

Según la enmienda, la cantidad que se devolvería es igual a la cantidad de los ingresos correspondientes a un año fiscal (o fracción de año fiscal) antes de la estadidad que exceda el total de los aumentos en los programas federales de transferencias (Medicaid, SSI y AFDC) y la cantidad de créditos por contribuciones sobre ingresos ganados que los residentes de Puerto Rico reclamen y el Gobierno Federal reembolse correspondientes a dicho año (o fracción de dicho año).

La Comisión entiende que los ingresos federales anticipados como resultado de la eliminación gradual de la Sección 936 serán más que suficientes para costear cualquier aumento en beneficios bajo la opción de la estadidad, pero para prever la eventualidad poco probable de que dichos ingresos no sean suficientes y para asegurar que no haya efecto alguno sobre el déficit, la enmienda dispone un tope para ciertos programas federales de transferencias durante el período que incluye cualquier año fiscal que termine después que finalice el primer año natural que comience después de la fecha de certificación de los resultados del plebiscito y antes de la fecha de la admisión de Puerto Rico como Estado. Durante dicho período, Estados Unidos reducirá las cantidades que de otra manera se hubieran pagado a Puerto Rico bajo el AFDC (y otros programas bajo el Título IV de la Ley de Seguro Social), ayuda a los envejecientes, ciegos e impedidos y Medicaid en la medida que la suma de dichas cantidades más cualesquiera desembolsos a residentes de Puerto Rico en virtud del programa SSI, exceda la cantidad de 161 millones de dólares, más cualquier aumento en los ingresos federales como resultado de la eliminación gradual de la vigencia de la Sección 936 en Puerto Rico.

Para propósitos de cómputos según la fórmula antes mencionada, el Secretario del Tesoro determinará anualmente las cantidades de ingresos federales generados por la eliminación gradual de la Sección 936. Las cantidades así determinadas se ajustarán según sea necesario para reflejar las cifras reales en años subsiguientes.

3. Título III (Independencia)

Descripción del proyecto

De certificarse la independencia como el status que haya obtenido la mayoría de los votos emitidos en el plebiscito, Puerto Rico convocaría a una asamblea constituyente con el propósito de redactar un anteproyecto de constitución para Puerto Rico a partir de la independencia (que se conocerá como "la República de Puerto Rico") (sección 301 del proyecto). Luego de que el pueblo de Puerto Rico ratifique dicho anteproyecto, y se elija cualesquiera oficiales que dicha constitución pudiera disponer, el presidente de Estados Unidos emitiría una proclama retirando la soberanía estadounidense sobre el territorio y el pueblo de Puerto Rico, que entraría en vigor al emitirse por la República de Puerto Rico una Proclama de Independencia (sección 307 del proyecto). Al emitirse esta Proclama de Independencia, Puerto Rico se convertiría en país soberano.

Al certificarse los resultados del plebiscito a favor de la independencia, ya no se trataría a Puerto Rico como parte de

Estados Unidos para efectos de adquirir la ciudadanía estadounidense por razón de lugar de nacimiento bajo la Ley Jones y la Ley de Inmigración y Nacionalidad (sección 3ll(b) del proyecto). Además, un individuo nacido fuera de Estados Unidos no adquiriría la ciudadanía estadounidense al momento de nacer si los padres de dicho individuo adquirieron la ciudadanía estadounidense sólo en virtud de haber nacido en Puerto Rico antes de la Proclama de Independencia según las disposiciones de la Ley Jones y la Ley de Inmigración y Nacionalidad (sección 3ll(c) del proyecto).

Explicación de la enmienda

Trato contributivo general

La enmienda en general trata a la República de Puerto Rico como país extranjero y no como parte de Estados Unidos para todo propósito contributivo, a partir de la Proclama de Independencia, excepto como se dispone específicamente. Es la intención de la Comisión que, en términos generales, se excluya a Puerto Rico del trato contributivo que actualmente el Código aplica específicamente a Puerto Rico o los demás territorios estadounidenses. La Comisión anticipa que se requerirá legislación adicional de naturaleza técnica para lograr plenamente este efecto general.

La eliminación gradual de la Sección 936

Según la enmienda, el crédito de la Sección 936 para ingresos de operaciones e inversiones en Puerto Rico se eliminará gradualmente durante un período de transición de cuatro años. Dicho período de transición se iniciará en el segundo año contributivo del contribuyente que comience después de la certificación de los resultados del plebiscito a favor de la independencia. Por ejemplo, de certificarse los resultados a favor de la independencia durante el año natural 1991, la cantidad del crédito contributivo permitido a un contribuyente de año fiscal natural, se reduciría en 25 por ciento durante 1993, en 50 por ciento durante 1994, en 75 por ciento durante 1995, y se eliminaría totalmente a partir del 1996. Según la enmienda, el crédito concedido por la Sección 936, así reducido, estará disponible en dichos años del período de transición aun cuando la Proclama de Independencia ocurra antes de finalizar dicho período de transición.

Es la intención de la Comisión que el crédito según la Sección 936 sea extendido por estas reglas a corporaciones estadounidenses durante el período de transición sólo si dicho contribuyente operaba previamente bajo la Sección 936 y, en tal caso, sólo por una cantidad basada en la utilización previa de dicho crédito por el contribuyente. Por lo tanto, durante el período de transición, el crédito bajo la Sección 936 se extiende solamente a aquellas corporaciones que tienen derecho a los beneficios del crédito 936 en el año contributivo que incluye la fecha de certificación de los resultados del plebiscito. Más aún, la cantidad del crédito 936 permisible (antes de reducirse por el porcentaje aplicable según la eliminación gradual) se limita al 130 por ciento de la cantidad promedio del crédito 936 reclamado por el contribuyente (o sus antecesores) durante los tres años contributivos más recientes que hayan terminado antes del primero de agosto de 1990 (sin tomar en cuenta los años en que ni el contribuyente ni cualquier sucesor suyo existiesen). Si ni el contribuyente ni sus sucesores (si algunos) tuvieron un año contributivo que terminara en o después del primero de agosto de 1990, la cantidad del crédito 936 permisible (antes de reducirse por el porcentaje aplicable según la eliminación gradual de dichos créditos) se limitaría a la cantidad del crédito 936 reclamada por la corporación (o su sucesor, si alguno) en su primer año contributivo que termine en o después del primero de agosto de 1990. La Comisión entiende que si el primer año contributivo de tal corporación fuese un año que consiste de menos de doce meses, entonces el Secretario (mediante reglamento o de otra manera) podrá permitirle a tal corporación ajustar la cantidad del crédito correspondiente al primer año para reflejar una tasa a base del año completo, para efectos de determinar el máximo de tal crédito.

La Comisión reconoce que la inclusión de contribuciones puertorriqueñas bajo las disposiciones del Código referentes a créditos por contribuciones extranjeras, podría incrementar en importancia después de la independencia y la consiguiente eliminación de los créditos en virtud de la Sección 936 para las operaciones en Puerto Rico de corporaciones estadounidenses. Las corporaciones estadounidenses que continúen sus operaciones en Puerto Rico después de la independencia tendrían derecho a los créditos por contribuciones extranjeras sobre las contribuciones pagadas a la República de Puerto Rico, siempre y cuando dichas contribuciones cumplan con los requisitos para tal crédito según el Código. La Comisión entiende que contribuciones puertorriqueñas impuestas en el pasado fueron consideradas por el Negociado de Rentas Internas como elegibles para el crédito, por lo menos en algunos casos (vea, e.g., Rev. Rul 59-101, 1959-1 C.B. 189). La Comisión no asume posición alguna en cuanto a si las contribuciones actualmente impuestas en Puerto Rico, o contribuciones que podrían imponerse por Puerto Rico en el futuro, son o no elegibles según las reglas correspondientes de crédito por contribuciones extranjeras. Sin embargo, la Comisión entiende que tales contribuciones según fuesen impuestas por Puerto Rico en el futuro, podrían muy bien diseñarse de forma que fuesen elegibles para el crédito estadounidense por contribuciones extranjeras. La Comisión quiere recalcar que, para que las contribuciones extranjeras sean elegibles para el crédito por contribuciones extranjeras bajo la Sección 936, dichas contribuciones deben de satisfacer las reglas estadounidenses que puedan estar vigentes, las cuales se rigen actualmente por las secciones 901-907 del Código, los reglamentos a las mismas, y los fallos y sentencias judiciales aplicables. Según dichas reglas, por ejemplo, la contribución no puede reembolsarse ni de cualquier modo usarse para proveer un subsidio al contribuyente, o a cualquier persona relacionada con éste, o a cualquier participante en la transacción o en una transacción relacionada.

El trato de ciertos ciudadanos estadounidenses residentes en Puerto Rico

Según la enmienda, cualquier individuo residente *bona fide* de la República de Puerto Rico continuaría, después de la independencia, teniendo derecho, bajo ciertas circunstancias, a la exclusión que dispone actualmente la Sección 933 del Código respecto a ingresos provenientes de fuentes dentro de Puerto Rico. Se extienden los beneficios de la Sección 933 por un año contributivo sólo a aquellos residentes de la República de Puerto Rico que cumplan con dos requisitos. Primero, dicho individuo tiene que ser ciudadano estadounidense solamente en virtud de haber nacido en Puerto Rico según disponen la Ley Jones y la Ley de Inmigración y Nacionalidad, o de haber nacido de padres ciudadanos de Estados Unidos que a su vez lo son solamente en virtud de haber nacido en Puerto Rico según las disposiciones de la Ley Jones y la Ley de Inmigración y Nacionalidad, o ambos casos. Segundo, el individuo no puede tener durante dicho año ni ingresos ganados montantes a una cantidad que exceda el límite de la exclusión sobre ingresos ganados en el extranjero aplicable para dicho año, ni ingresos no ganados montantes a una cantidad que exceda a la suma de la deducción estándar aplicable más la exención o exenciones personales aplicables. Un residente de Puerto Rico no tendrá derecho a acogerse a la Sección 933 en aquellos años contributivos después de la Proclama de la Independencia en que no se cumpla con cualquiera de los dos requisitos. Además, en el caso de un individuo que pudiese ampararse en la Sección 933, pero cuyo cónyuge no, el primero podría acogerse siempre y cuando ambos esposos sometan planillas por separado. En virtud del proyecto según fue informado por la Comisión de Energía y Recursos Naturales, por lo general, los individuos nacidos en Puerto Rico después de la fecha de la Proclama de la Independencia no serán ciudadanos estadounidenses y, por ende, no serán afectados ni por la Sección 933, ni por la enmienda de la Comisión de Finanzas a dicha Sección 933.

Para propósitos de contribuciones sobre herencias y donaciones, todo ciudadano estadounidense residente en la República de Puerto Rico será tratado igual que los ciudadanos estadounidenses residentes en cualquier otro país extranjero.

La enmienda también dispone reglas dirigidas a impedir la evasión de contribuciones estadounidenses sobre herencias y donaciones mediante transferencias hechas entre la fecha de la presentación de la enmienda y la fecha en que entre en vigor la independencia. Según las reglas contra la evasión contributiva, se tomará en cuenta toda donación hecha durante este período interino para determinar las tasas marginales correspondientes y el crédito unificado aplicable a transferencias sujetas a contribuciones después de entrar en vigor la independencia. Además, el caudal relicto bruto de un difunto que fallece en o después de entrar en vigor la independencia incluiría cualquier propiedad transferida por el difunto durante dicho período, si el difunto o su cónyuge, mantiene, directa o indirectamente, cualquier grado de propiedad o control de un interés beneficioso (incluyendo el usufructo vitalicio) sobre dicha propiedad para la fecha del fallecimiento; o dispone de o cede tal propiedad o control durante los tres años antes del fallecimiento.

Vigencia de arbitrios estadounidenses

Según la enmienda, el reembolso al Tesoro de Puerto Rico de arbitrios y derechos de aduana recaudados por Estados Unidos sobre artículos que entran a Estados Unidos de Puerto Rico y sobre el ron importado a Estados Unidos, se eliminará gradualmente durante cinco años (los primeros cinco años naturales a partir de la certificación de los resultados del plebiscito). Por ejemplo, si se certifican los resultados del plebiscito a favor de la independencia durante el 1991, entonces el total de los arbitrios y derechos de aduana reembolsados a Puerto Rico en el 1992 sería el 80 por ciento del total al que de otra forma Puerto Rico hubiera tenido derecho, en 1993 sería el 60 por ciento; en 1994, el 40 por ciento; en 1995, el 20 por ciento; y a partir de 1996, cero.

Vigencia del crédito para vivienda de bajo costo

Generalmente, la enmienda elimina el crédito para viviendas de bajo costo para los años siguientes al año en que ocurra la certificación de los resultados del plebiscito. La enmienda no afecta el crédito para vivienda de bajo costo correspondiente a aquellos edificios ubicados en Puerto Rico que reciben una asignación de crédito del tope del crédito estatal para viviendas aplicable a Puerto Rico antes de finalizar el año natural en que se certifiquen los resultados del plebiscito. De igual manera, dicha enmienda no afecta el crédito para viviendas de bajo costo correspondiente a edificios ubicados en Puerto Rico que hubiesen recibido una asignación de crédito de no haber sido financiados por bonos calificados exentos de contribuciones antes de finalizar el año natural en el cual se certifiquen los resultados del plebiscito. Ya que la enmienda también deja en vigor las reglas de crédito, los edificios que llenen los requisitos pero que no hayan sido puestos en servicio para el fin del año natural en que ocurra dicha certificación, pueden tener derecho al crédito de ser puestos en servicio durante los dos años naturales que comienzan a partir de la certificación.

No obstante cualquier extensión futura del crédito para viviendas de bajo costo, ningún fondo del crédito para viviendas de bajo costo ubicados en Puerto Rico, excepto el remanente de créditos de años anteriores que llenen los requisitos, estarán disponibles para los años naturales que comiencen a partir de la fecha en que se certifiquen los resultados del plebiscito.

Trato de bonos exentos de contribuciones emitidos por el gobierno de Puerto Rico

La enmienda dispone que los intereses provenientes de bonos exentos de contribuciones emitidos por el gobierno de Puerto Rico y sus dependencias políticas antes de la fecha de la certificación de los resultados del plebiscito, y que no hayan vencido a la fecha de la certificación de los resultados del plebiscito, continuarán exentos de contribuciones tal como si Puerto Rico fuera Estado o Estado libre asociado.

Además, la enmienda permite al gobierno de Puerto Rico y sus dependencias políticas que continúen emitiendo bonos exentos de contribuciones (tanto del gobierno como de actividades privadas elegibles) según dispone la ley actual, hasta el último día del quinto año natural que comience a partir de la fecha de la certificación de los resultados del plebiscito. Por ejemplo, si se certifican los resultados del plebiscito a favor de la independencia durante el año natural 1991, se permitiría al gobierno de Puerto Rico emitir bonos exentos de contribuciones hasta el 31 de diciembre de 1996.

Asuntos de comercio internacional

Como país independiente, Puerto Rico ya no formará parte del territorio de aduana de Estados Unidos y por ende, la Sección 308(a) (2) del proyecto derogaría específicamente toda ley especial estadounidense de comercio y derechos de aduana relacionada a Puerto Rico. La enmienda provee para que en el futuro se preste consideración a las relaciones comerciales entre Estados Unidos y un Puerto Rico independiente (Sección 315 del proyecto). La enmienda recoge el sentir del Congreso a los efectos de que Estados Unidos debe mantener relaciones comerciales abiertas con Puerto Rico, tanto hasta el momento de su independencia como después de la misma, y que el Presidente debe animar a los demás países a mantener relaciones comerciales abiertas con Puerto Rico y a considerar favorablemente la inclusión de Puerto Rico en cualquier arreglo comercial preferente que establezcan (Sección 315(a) del proyecto). A fines de ayudar en el estudio de las relaciones comerciales entre Estados Unidos y un Puerto Rico independiente, la enmienda requiere que la Comisión Conjunta de Transición, establezca un Grupo Especial de Trabajo sobre Comercio para estudiar cómo se regiría el comercio entre Estados Unidos y Puerto Rico después de la independencia y someter sus recomendaciones respecto a las relaciones comerciales futuras al Presidente y a la Comisión de Medios y Arbitrios de la Cámara (Sección 315(b) del proyecto).

La enmienda modifica el Plan Armonizado de Aranceles de Estados Unidos para proveerle a Puerto Rico independiente un trato incondicional de país más favorecido (Sección 315[c] del proyecto). La enmienda también faculta al Presidente para designar a Puerto Rico independiente como país beneficiario bajo la Ley de Recuperación Económica de la Cuenca del Caribe (Sección 315[d] del proyecto). Por último, la enmienda le confiere al Presidente la autoridad específica para negociar un acuerdo de comercio libre con la República de Puerto Rico y dispone la consideración rápida por el Congreso de las medidas de implantación de tal acuerdo durante el período de cinco años después de entrar en vigor la independencia (Sección 315 (e)-(h) del proyecto).

Programas federales de transferencias

Enfoque general

De escoger el pueblo de Puerto Rico la independencia en el plebiscito, los programas de bienestar social bajo la jurisdicción de la Comisión de Finanzas continuarían bajo los términos y condiciones actuales hasta el fin del año fiscal en que se proclame la independencia y cesarían a partir de entonces. (La enmienda no modifica las disposiciones del proyecto de la Comisión de Energía y Recursos Naturales respecto a las subvenciones de transición que se concederían a Puerto Rico durante un período después de terminados los programas federales).

Beneficios del seguro por desempleo

Se transferirían al Tesoro de Puerto Rico las sumas en la cuenta "estatal" de Puerto Rico del fideicomiso de desempleo, y Puerto Rico ya no se trataría como estado para efectos del Programa Contra el Desempleo. No se requerirá a las compañías estadounidenses que operan en Puerto Rico el pago de contribuciones federales de desempleo (FUTA, por sus siglas en inglés) respecto a residentes *bona fide* de Puerto Rico que no sean ciudadanos estadounidenses o que sean ciudadanos estadounidenses sólo en virtud de la Ley Jones por razón de haber nacido en Puerto Rico y/o tener padres puertorriqueños, o ambos.

Seguro Social

Como excepción, continuaría en vigor el programa de seguro social de seguro para los envejecientes, sobrevivientes e impedidos, así como las contribuciones de seguro social correspondientes a dicho programa, hasta el fin del quinto año natural que comience después de la fecha de certificación, o hasta una fecha que acuerden mutuamente el gobierno puertorriqueño y el estadounidense. Los individuos que para esa fecha ya hubiesen solicitado beneficios y que reuniesen los requisitos para beneficios, continuarían recibiendo beneficios según los términos y condiciones aplicables a todo beneficiario de seguro social estadounidense. Tales individuos también retendrían su elegibilidad para los beneficios de Medicare cuando se encuentren en Estados Unidos. Los gobiernos de Puerto Rico y Estados Unidos crearían un Grupo Conjunto de Trabajo para tratar de llegar a un acuerdo sobre la coordinación de los sistemas de seguro social estadounidense y puertorriqueño. Dicho Grupo Conjunto de Trabajo determinaría los detalles específicos del acuerdo. Estados Unidos tiene actualmente acuerdos parecidos con varios países mediante los cuales cada país paga un beneficio proporcional bajo su programa a individuos que hayan trabajado en ambos sistemas.

4. Título IV (Estado Libre Asociado)

Descripción del Proyecto

El proyecto, en términos generales, enmendaría las reglas, tanto de la Cámara como del Senado, para facilitar la revisión de ciertas recomendaciones del gobierno de Puerto Rico en torno a que ciertas leyes federales no apliquen a Puerto Rico (en casos donde tales recomendaciones sean aprobadas por la Asamblea Legislativa de Puerto Rico y tal aprobación sea certificada y remitida por el Gobernador de Puerto Rico a los presidentes de la Cámara de Representantes y del Senado estadounidenses) (secciones 403(a) y (b) del proyecto).

Estas disposiciones no aplicarían, sin embargo, a cualquier estatuto federal que (1) provea subvenciones o servicios a individuos ciudadanos de Estados Unidos, (2) tenga que ver con la ciudadanía, o (3) tenga que ver con relaciones extranjeras, defensa o seguridad nacional (sección 403(c) del proyecto).

El proyecto también establece un mecanismo según el cual el Gobernador de Puerto Rico podría exigir la revisión administrativa y la revisión judicial de reglamentos federales que aplican a Puerto Rico pero que el Gobernador entiende no son consecuentes con la política, que se establece en el proyecto, de mejorar las relaciones bajo el Estado Libre Asociado de modo que el pueblo de Puerto Rico pueda acelerar su desarrollo económico y social, lograr el máximo de autonomía cultural y, en materia de asuntos gubernamentales, tomar en cuenta condiciones locales en Puerto Rico (Secciones 402(b) y 404 del proyecto).

El proyecto dispone que el Gobernador de Puerto Rico puede establecer acuerdos internacionales para promover los intereses internacionales de Puerto Rico, según lo autorice el Presidente de Estados Unidos y en tanto y en cuanto éstos sean consecuentes con las leyes y obligaciones internacionales de Estados Unidos (Sección 403(d) del proyecto).

El proyecto también dispone que las agencias federales pueden consolidar las subvenciones asignadas a Puerto Rico bajo las mismas disposiciones de consolidación aplicables a las Islas Vírgenes y las demás posesiones estadounidenses (Sección 407 del proyecto).

Explicación de la Enmienda

En general

La enmienda provee que las disposiciones en cuanto a la revisión acelerada por parte del Congreso (Sección 403(a) y (b) del proyecto) y las disposiciones respecto a los acuerdos internacionales hechos por Puerto Rico (Sección 403(d) del proyecto), no aplicarían a ninguna ley federal o disposición de ley alguna relacionada con asuntos dentro de la jurisdicción de la Comisión de Finanzas del Senado. Es la intención de la Comisión que el proyecto, según enmendado por la Comisión de Finanzas no afecte el proceso de negociar y entrar en acuerdos internacionales relacionados a tales asuntos (por ejemplo, tratados contributivos). Según la enmienda, las disposiciones del proyecto relativas a la revisión de reglamentos (Sección 404 del proyecto) no aplicarían a ninguna acción por parte de una agencia en relación con asuntos dentro de la jurisdicción de la Comisión de Finanzas del Senado (según se definan tales asuntos en las Reglas del Senado para la fecha de aprobación del proyecto), si dichas acciones estuvieran sujetas a legislación. Según la enmienda, la disposición del proyecto que permite la consolidación de subvenciones (Sección 407 del proyecto), no aplicaría a subvenciones para Puerto Rico respecto a programas establecidos u operados bajo la Ley de Seguro Social.

Disposiciones relacionadas con contribuciones y reembolsos

La enmienda cambia el requisito de que, para poder tener derecho al crédito de Sección 936, una corporación doméstica tiene que devengar al menos 75 por ciento de sus ingresos brutos de la explotación activa de una industria o comercio dentro de una posesión de Estados Unidos durante un período de tres años (Sección 936(a) (2) (B) del Código). Para el cuarto año contributivo de la corporación que comience después de certificarse los resultados del plebiscito a favor del estado libre asociado, el porcentaje que aplicaría en virtud de la enmienda es de 80 por ciento. Para los años contributivos subsiguientes, el porcentaje aplicable según la enmienda sería de 85 por ciento. En el caso de un contribuyente cuyo primer año contributivo comience después de la fecha de certificación, las mencionadas reglas aplicarían como si dicho contribuyente también tuviera un año contributivo vigente en (y después) de la fecha de certificación que termina el mismo mes.

La enmienda también dispone que los reembolsos por Estados Unidos a Puerto Rico de arbitrios recaudados por Estados Unidos sobre artículos que entren a Estados Unidos de Puerto Rico, y sobre el ron importado a Estados Unidos, según dispone la ley actual, así como los reembolsos de parte de Estados Unidos a Puerto Rico por derechos de aduana, se reducirían gradualmente durante un período que comienza después de la certificación del plebiscito. Como se describe más adelante, el monto de dicha reducción tiene que ver con los aumentos en los programas de bienestar social cubiertos por la enmienda, menos las sumas relacionadas a aumentos proyectados en los ingresos federales de contribuciones debido al cambio en el requisito de la sección 936 sobre la explotación activa a un negocio, según se describe anteriormente. Además, la enmienda dispone que cualquier reducción en el reembolso tiene que ser no menos de una cantidad fija de dólares (o una cantidad fija de dólares según se modifique mediante una fórmula). Estas reglas se describen más adelante, después de la descripción de los cambios dispuestos por la enmienda en los programas federales de transferencias.

Asuntos relacionados al comercio internacional

En virtud de la opción de status de estado libre asociado, la enmienda generalmente retiene la ley actual respecto a los arreglos comerciales especiales para Puerto Rico relacionados con el café y el trato en torno a la Iniciativa de la Cuenca del Caribe. Sin embargo, la enmienda modifica los reembolsos de derechos de aduana, según se describe más adelante.

Enmiendas a los programas de transferencias en la alternativa de estado libre asociado

En general

Según la enmienda, se aumentarían gradualmente los beneficios de ciertos programas de bienestar social durante un período de transición, hasta alcanzar la instrumentación plena de dichos aumentos a partir, por lo general, del inicio del quinto año natural después de la certificación de los resultados del plebiscito a favor de estado libre asociado. En general, la enmienda requeriría aumentos en los niveles de beneficios en los programas para los envejecientes, ciegos e impedidos, y aumentaría los fondos federales disponibles para Puerto Rico según dichos programas, así como en los programas de Medicaid y de Ayuda para familias con niños (AFDC). Como se describe más adelante, dichos cambios tienden a aumentar la paridad entre los beneficios disponibles en el estado libre asociado y los beneficios disponibles en la estadidad, tanto como en el período de transición como luego de la vigencia plena de la estadidad. Sin embargo, el costo de dichos beneficios se compartiría de manera distinta en estado libre asociado y en la estadidad, en reconocimiento de las diferencias entre las relaciones fiscales que existirían entre el gobierno federal y el gobierno de Puerto Rico y los residentes de la Isla según las dos opciones de status. En el estado libre asociado, se compartiría el costo de los programas de bienestar social generalmente a base de 50 por ciento del gobierno federal y 50 por ciento del gobierno del Estado Libre Asociado de Puerto Rico.

Por último, la enmienda sustituye el tope fijo en fondos federales para los programas creados por la Ley de Seguro Social que dispone la ley actual, por una nueva estructura que permite el crecimiento de dichos fondos, sujeta a sólo un requisito relacionado con las preocupaciones de que el proyecto no tenga efecto alguno sobre el déficit. Este nuevo mecanismo provee un nuevo tope para las subvenciones para Puerto Rico, que se relaciona con los cambios en el crédito contributivo disponible en virtud de la Sección 936 del Código de Rentas Internas antes descritos, y a los cambios en el reembolso de las recaudaciones de arbitrios y derechos de aduana federales. La Comisión espera, a base de los estimados de costos que se le han suministrado, que no se llegará al tope establecido por ley, y que los ingresos provenientes de la modificación de la sección 936 y la reducción de los reembolsos serán adecuados para cubrir el aumento en transferencias federales para programas de bienestar social.

Período de transición

Para proveer tiempo para planificación y desarrollo, no se haría cambio alguno en los programas de beneficios de bienestar social durante el primer año después de la certificación de los resultados del plebiscito a favor del estado libre asociado. A partir del segundo año después de la certificación, se iniciarían cambios que, por lo general, representarían 25 por ciento del cambio total que entraría en vigor después de la transición. En el tercer año después de la certificación, generalmente entraría en vigor el 50 por ciento del total del cambio; y el 75 por ciento en el cuarto año. Ya para el quinto año natural después del año de la certificación, por lo general se implantaría la totalidad de los cambios, según se describe más adelante.

Asistencia a los envejecientes, ciegos e impedidos

Se mantiene el programa actual de asistencia a los envejecientes, ciegos e impedidos, pero se establecen niveles mínimos de beneficios a partir del segundo año natural que comience a partir de la certificación de los resultados del plebiscito a favor de la estadidad [sic]. De modo que si se retiene el status de estado libre asociado y se certifican los resultados en el 1991, los niveles mínimos mandatorios de beneficios entrarían en vigor por primera vez en el 1993. Estos niveles mínimos de beneficios serían los mismos que los niveles de beneficios aplicables según el programa SSI tal como se aplicaría el mismo bajo la opción de la estadidad que se describe en la Parte II anterior. Al igual que en la estadidad, los niveles de beneficios en el estado libre asociado asegurarían que el beneficio básico del individuo no exceda el 50 por ciento del ingreso per cápita. Durante el período de transición, se establecerían los niveles de beneficios en el segundo año natural después de la certificación de los resultados del plebiscito al 25 por ciento del nivel total vigente al final de dicho período de transición, al 50 por ciento en el tercer año tal, y al 75 por ciento en el cuarto año. Se compartirían los costos de dicho programa a base de 50 por ciento del gobierno federal y 50 por ciento del gobierno del Estado Libre Asociado de Puerto Rico, a partir del segundo año natural después de la certificación de los resultados del plebiscito. El tope en dólares de los fondos federales que dispone la ley actual dejaría de aplicarse. Sin embargo, sí se aplicaría el límite global que se explica más adelante bajo el título, "Ausencia de Efecto sobre el Déficit".

Asistencia para Familias con Niños

Al igual que en la ley actual, en la opción de estado libre asociado, el gobierno de Puerto Rico continuaría estableciendo el nivel de beneficios bajo el programa de AFDC (como sería también el caso según la estadidad). A partir del primero de enero del segundo año natural que comience a partir de la certificación de los resultados del plebiscito a favor de estado libre asociado, la tasa de fondos pareados se establecería a razón de 50 por ciento federal, 50 por ciento estado libre asociado. También a partir de esa fecha, el tope en dólares sobre fondos federales que dispone la ley actual dejaría de aplicarse. Sin embargo, sí se aplicaría el límite global que se explica más adelante bajo el título, "Ausencia de Impacto sobre el Déficit".

Medicaid

Según la alternativa de estado libre asociado, se eliminaría el tope actual de 79 millones de dólares de fondos federales para el programa de Medicaid a partir del cuarto año fiscal que comience luego del fin del año natural en que se certifiquen los resultados del plebiscito. Se proveerían los fondos federales pareados a base de una fórmula de 50 por ciento federal, 50 por ciento del estado libre asociado. Durante el período de transición, se establecería un tope de 79 millones de dólares, más un porcentaje del total de fondos federales que estarían disponibles a base de una tasa abierta de fondos pareados de 50 por ciento. Dicho porcentaje consistiría de 25 por ciento en el primer año fiscal que comience luego del fin del año natural en que se certifiquen los resultados del plebiscito, 50 por ciento en el año fiscal subsiguiente, y el 75 por ciento en el año fiscal subsiguiente.

La Comisión prevé que el Estado Libre Asociado de Puerto Rico continuaría operando un programa de Medicaid generalmente según el modelo del sistema de Medicaid que opera actualmente en esa jurisdicción. Sin embargo, los fondos adicionales permitirán que Puerto Rico provea servicios a través de dicho sistema que serían comparables a los que de otra forma hubieran estado disponibles en la opción de la estadidad. Las disposiciones para evitar un efecto sobre el déficit que se describen más adelante incluirían los fondos del programa de Medicaid.

Medicare

Se le ordenaría a la Comisión para la Tasación de Pagos Futuros estudiar los niveles actuales de reembolso según el programa de Seguro Hospitalario e informar al Secretario de Salud y Servicios Humanos si el sistema actual refleja adecuadamente las diferencias en costos entre Puerto Rico y Estados Unidos. Se le ordenaría al Secretario someter al Congreso los cambios legislativos pertinentes de determinarse por dicho estudio que el sistema actual no está diseñado para lograr ese propósito. Se mantendría en vigor el sistema actual hasta que tal legislación fuera aprobada.

Ausencia de efecto sobre el déficit

Como se explicó previamente, la selección de estado libre asociado por el pueblo de Puerto Rico conllevaría aumentos en los gastos federales para subvenciones a Puerto Rico según los distintos programas de la Ley de Seguro Social. Dichos programas están sujetos actualmente a topes que en conjunto limitan a 161 millones de dólares las asignaciones federales para dichos programas. La enmienda también aumentaría los ingresos federales mediante una modificación de la Sección 936 del Código, que también se explicó anteriormente.

Por último, las disposiciones de la ley actual que requieren que el Tesoro de Estados Unidos devuelva al Tesoro de Puerto Rico ciertas recaudaciones de arbitrios federales y derechos de aduana, se modificarían para reducir dichos reembolsos. Al grado que permitan las recaudaciones de arbitrios y derechos de aduana, la cantidad de la reducción del reembolso tiene que ser al menos igual al exceso entre (1) los pagos a Puerto Rico según los programas de AFDC, asistencia para hijos de crianza y adopción, asistencia a los envejecientes, ciegos e impedidos que no provengan del programa SSI, y Medicaid; y (2) 161 millones de dólares más una cantidad adicional en dólares. Como se indicó antes, la cantidad adicional en dólares se relaciona con los aumentos en los ingresos federales que podrían resultar de la enmienda al requisito de la explotación activa de un negocio según la Sección 936 del Código.

Para propósitos de cómputos bajo la mencionada fórmula, las cantidades que pagará el gobierno federal a Puerto Rico al amparo de los programas antes mencionados se determinarán a base de los estimados preliminares del Secretario del Tesoro en consulta con el Secretario de Salud y Servicios Humanos durante el año fiscal en cuestión. Dichos estimados preliminares se ajustarán según sea necesario a tenor con las cifras reales antes del fin del año fiscal subsiguiente. La cantidad adicional en dólares que habrá de sumarse a la cifra de 161 millones de dólares es cero para los primeros dos años fiscales que comiencen en un año natural que comience luego de la fecha de certificación de los resultados del plebiscito, 30 millones de dólares para el tercer año fiscal, y 80 millones de dólares para el cuarto año fiscal. Para los años fiscales a partir de entonces, la cantidad adicional en dólares es de 101 millones de dólares multiplicados por la proporción aplicable. La proporción aplicable para cualquier año fiscal es la proporción entre el producto bruto nacional para el último año natural que termine antes del inicio de dicho año fiscal, y el producto bruto nacional para el segundo año natural que comience después de la certificación de los resultados del plebiscito.

No obstante las mencionadas reglas, en cada año fiscal la cantidad de la reducción de los reembolsos (al grado que permiten las recaudaciones de arbitrios y derechos de aduana) tiene que ser no menos que el proyectado crecimiento en los gastos federales para beneficios, menos la cantidad adicional en dólares relacionada a la Sección 936. Dichas cantidades mínimas de reducciones se determinarán a base de una fórmula que el proyecto determina.

La Comisión tiene la plena esperanza de que el total de las cantidades asociadas con las modificaciones a la Sección 936 y las recaudaciones de arbitrios y derechos de aduana sujetas a reembolsos reducidos, serán suficientes para cubrir el total del aumento en el costo de la porción federal de los fondos pareados para los programas de bienestar social afectados, presumiendo una porción federal de fondos pareados de 50 por ciento sin tope en dólares. Sin embargo, como medida de reserva para asegurar que el proyecto no tenga efecto alguno sobre el déficit, se ha incluido una disposición que impone un límite global sobre los fondos federales para los programas de AFDC, asistencia para hijos de crianza y adopción, y asistencia a los envejecientes, ciegos e impedidos, y de Medicaid. Dicho límite es igual al nivel actual de fondos federales (161 millones de dólares) más la cantidad adicional en dólares antes mencionada, más las recaudaciones de arbitrios y derechos de aduana que serían objetos de reembolso según la ley actual. Aunque la Comisión no espera que se alcance dicho límite ni en los años próximos ni en el futuro, de ocurrir tal eventualidad, la Comisión estaría dispuesta a reexaminar el asunto del financiamiento adecuado para dichos programas.

III. LOS EFECTOS PRESUPUESTARIOS DE LA ENMIENDA DE LA COMISION

Conforme al párrafo ll(a) de la Regla XXVI de las Reglas

128

Permanentes del Senado, se hace la siguiente declaración respecto a los proyectados efectos presupuestarios del P. del S. 712, según enmendado e informado por la Comisión de Finanzas.

Los proyectados efectos presupuestarios del P. del S. 712, según enmendado, para los años fiscales 1992-1995 se proveen en la declaración de la Oficina de Presupuesto del Congreso (CBO, por sus siglas en inglés). La declaración de la CBO, que se incluye en la Parte IV.B de este informe, contiene estimados de los efectos sobre ingresos y gastos de las opciones de estadidad, independencia y estado libre asociado como se definen en el proyecto según enmendado. Los efectos estimados sobre ingresos contenidos en la declaración de la CBO provienen de la Comisión Conjunta sobre Contribuciones.

IV. EFECTO REGLAMENTARIO Y OTROS ASUNTOS QUE SE TRATARAN SEGUN LAS REGLAS DEL SENADO

A. Efecto reglamentario

Conforme al párrafo 11(b) de la Regla XXVI de las Reglas Permanentes del Senado, la Comisión hace la siguiente declaración en torno al efecto sobre las reglas que pudiera ocurrir al poner en vigor el proyecto (P. del S. 712) según enmendado y aprobado por la Comisión de Finanzas.

Efecto sobre individuos y negocios, intimidad y trámites por escrito

El propósito del P. del S. 712 es proveer para el ejercicio de la autodeterminación por parte del pueblo de Puerto Rico mediante un plebiscito (a celebrarse el 4 de junio de 1991) sobre el futuro status político de la isla. El Título I establece la base legal y fecha del plebiscito. Los Títulos II, III y IV establecen descripciones detalladas de las tres opciones del status, respectivamente: estadidad (título II), independencia (título

III) y estado libre asociado (título IV). La opción que obtenga el voto mayoritario en el plebiscito se pondría en vigor conforme al título pertinente del P. del S. 712, según enmendado por la Comisión de Finanzas. Así es que el proyecto según aprobado por la Comisión de Finanzas, enmendaría las leyes estadounidenses que actualmente afectan a Puerto Rico, según la opción seleccionada en el plebiscito. Las leyes que enmendarían el proyecto incluyen las que caen dentro de la jurisdicción de la Comisión de Finanzas (por ejemplo, leyes sobre contribuciones, comercio y seguro social).

Las enmiendas de la Comisión de Finanzas a los títulos II, III y IV del proyecto disponen una imposición gradual de los efectos de las leyes sobre contribuciones, comercio y seguro social sobre individuos y negocios en Puerto Rico según las tres opciones del plebiscito. (Vea la Parte II.C de este informe.)

B. Otros asuntos

Votación de la Comisión

Conforme al párrafo 7(c) de la Regla XXVI de las Reglas Permanentes del Senado, se hace la siguiente declaración respecto a la votación de la Comisión de Finanzas en torno a la moción para aprobar el informe del proyecto. El informe del proyecto (P. del S. 712), según enmendado, **se aprobó por votación en alta voz.** La Comisión de Finanzas no hace recomendación alguna sobre si el proyecto según enmendado debe aprobarse o no por el Senado en pleno.

El cambio de estrategia y su razón: los costos económicos

Juan M. García Passalacqua

El proceso de negociación y consulta sobre el status de Puerto Rico iniciado en 1989, sufrió una fuerte sacudida y un dramático cambio de estrategia en su timoneo en abril de 1990.

El cambio de estrategia fue el resultado de las conclusiones y la publicación por el Congressional Budget Office (CBO) de su informe "Los posibles efectos económicos de los cambios en el status político de Puerto Rico en virtud del Proyecto del Senado 712", cuya traducción completa se incluye a continuación de este ensayo.

El Comité de Finanzas del Senado de los Estados Unidos tuvo primero ante su consideración el Informe del Comité Conjunto sobre Impuestos ("Joint Committee on Taxation") del Congreso, referente a las tres fórmulas de status propuestas para el plebiscito de 1991. Veamos algunas de sus conclusiones.

Como principio general se reafirma la *neutralidad presupuestaria,* es decir, que ninguna fórmula que se implante en la Isla puede costarle a los Estados Unidos más de lo que hoy le cuesta. Este principio crea un problema a la fórmula estadista, porque, según se señala habría que balancear (*offset*) el enorme aumento en beneficios de bienestar social con más altos niveles de ingresos federales provenientes de Puerto Rico.

Sobre la fórmula de la **estadidad,** se plantea lo siguiente:

- La posposición por dos años de la aplicabilidad a Puerto Rico de las contribuciones federales es innecesaria, o inapropiada, en razón de las limitaciones constitucionales.

- La adición de un impuesto federal a los impuestos locales aumentaría la carga contributiva del contribuyente en Puerto Rico.

- La Ley que permite reintegros de créditos contributivos federales podría resultar en reintegros en exceso de la carga contributiva de muchos puertorriqueños, en mayor proporción que en todos los demás estados.

- La eligibilidad a programas de bienestar junto con la imposición de impuestos federales operaría como un desincentivo al empleo luego de la estadidad. Ese "desincentivo" sería de mayor importancia en la Isla que en cualquier otro estado.

- Muchas firmas comerciales y de negocios tendrían mayores compromisos contributivos en la estadidad que al presente.

- La eliminación de la sección 936 del Código de Rentas Internas Federal en su aplicación a Puerto Rico necesita una clarificación adicional. El Departamento del Tesoro insiste en que dichas corporaciones no son tan beneficiosas al empleo en la Isla como ellas alegan.

- El efecto de la eliminación de las 936 sobre la economía depende de la reacción de esas corporaciones, que no han dado su opinión. Sin embargo, el efecto sobre el empleo y salarios en la Isla sería de un impacto limitado.

- La eliminación de la 936 tendría un efecto adverso en las instituciones financieras, pues limitaría el subsidio que hasta ahora han recibido al tener acceso a tasas de interés más bajas.

- La aplicación de los impuestos federales sobre consumo (*excises*) tendría el efecto de aumentar los precios de ciertos artículos en la Isla.
- La cláusula de uniformidad de la Constitución puede que sea aplicable a los impuestos federales, y por tanto no permita ningún trato distinto al de todos los demás estados para el Estado de Puerto Rico.
- En vez de diferir la imposición de los impuestos – y ésta es la principal recomendación del estudio al Comité de Finanzas– debe diferirse la concesión de la estadidad y la admisión a la Unión, imponiendo los impuestos, de antemano, a Puerto Rico.

Sobre la **independencia,** el estudio señala lo siguiente:

- Hay que clarificar si los que nacen entre la fecha de certificación del plebiscito y la fecha de proclamación de la República nacen o no ciudadanos norteamericanos, que no está claro.
- Los que deseen retener la ciudadanía norteamericana después de la independencia tendrán que pagar impuestos a los Estados Unidos, incluyendo los que gravan herencias y regalías, pero esas personas podrían deducir el ingreso obtenido en un país extranjero, o los créditos impositivos extranjeros.
- La eliminación de la sección 936 en la independencia no sería tan severa como en otras fórmulas de status, ya que esas corporaciones se podrían acoger a un crédito contributivo extranjero (*foreign tax credit*) por los impuestos que pagarían en Puerto Rico, y que la Isla podría devolverles en subsidios de salarios y en otros.
- Deben clarificarse los procedimientos mediante los cuales se negociarían los tratados contributivos entre la Isla y los Estados Unidos.
- Los bonos del gobierno de Puerto Rico cesarían de estar

exentos de contribuciones en el mercado de los Estados Unidos.

- Los artículos manufacturados en Puerto Rico tendrían que pagar aduanas al entrar a los Estados Unidos y esos dineros no se devolverían al tesoro de Puerto Rico. Sin embargo, el informe señala –y ésta es su conclusión principal sobre la independencia– que la República podría acogerse a los beneficios de mercado libre de la Iniciativa de la Cuenca del Caribe.

Las conclusiones sobre el **ELA mejorado,** son las siguientes:

- El informe levanta de salida la cuestión de que el proyecto ni siquiera menciona la cuestión de las 936 en el ELA, presumiendo que no habría cambios o que el Congreso podría cambiarlas cuando desee.
- Se objeta la cláusula que le permite a Puerto Rico entrar en tratados internacionales, y se pide que se precise el procedimiento mediante el cual se autorizarían. El informe plantea dudas sobre tratados que conlleven acuerdos de exención contributiva (*tax sparing*) bajo el ELA.
- El interés del ELA en revocar legislación federal no es, para los redactores del informe, una necesidad de alto nivel. Es objetado porque la propuesta aumentaría el poder del Gobernador de Puerto Rico a expensas del Congreso de los Estados Unidos.
- La propuesta del ELA de poder revocar decisiones administrativas de agencias federales mediante casos en los tribunales es objetada por suscitar interrogantes administrativas y constitucionales que se resolverían mejor fuera del ámbito de la rama judicial.

El Comité de Finanzas del Senado tuvo ante sí, además, el mencionado Informe del Congressional Budget Office (CBO).

Filtraciones extraoficiales dijeron que el Informe insistiría en la *neutralidad presupuestaria* de las tres fórmulas que se ofrezcan a Puerto Rico. En palabras más simples, que no le cueste ninguna de las fórmulas NI UN CHAVO MAS a los Estados Unidos. Y su conclusión principal en el borrador circulado entre los partidos era que la estadidad para Puerto Rico causaría *significant to severe dislocation* a las economías de Puerto Rico y Estados Unidos. Una conclusión histórica.

El borrador final del Informe del Congressional Budget Office (CBO), usando datos de Peat Marwick (estudio comisionado por el PPD), hacía claro que la estadidad no es posible en un futuro previsible. Advertía de un desempleo de 30 por ciento y de una migración masiva hacia los Estados Unidos. Hacía claro también que las propuestas de transición hacia la estadidad (que la harían posible), están impedidas por la cláusula de uniformidad de la Constitución de los Estados Unidos que exige que los impuestos sean iguales en todos los estados.

El informe del CBO pintaba la estadidad como "una combinación de Hiroshima y Bangladesh" (en palabras de miembros republicanos del Comité de la Cámara). Benny Frankie Cerezo, a nombre del Partido Nuevo Progresista, cabildeó y tuvo éxito en eliminar el uso del informe de Peat Marwick, realizado para el PPD, como base de este informe. Sin embargo, el borrador final todavía favoreció al ELA y atacó la estadidad como destructiva para la manufactura, reductora del sector financiero, creadora de desempleo, y promotora de migración, entre otras lindezas; y concluía que el CBO "permanece sin convencer" por los argumentos del movimiento estadista.

Finalmente, es importante entender el "Informe sobre los posibles efectos económicos de los cambios en el status político de Puerto Rico en virtud del Proyecto del Senado 712", que se diera a la publicidad en Washington el jueves 5 abril de 1990. Veamos un apretado resumen de la traducción literal de su texto.

Resumen de conclusiones. La estadidad traería una reducción importante en el crecimiento de la economía de

Puerto Rico. Ese crecimiento sería menor que bajo el Estado Libre Asociado porque la estadidad reduciría el crecimiento de la inversión, de la producción y del empleo en el sector de la manufactura (en términos sencillos, las fábricas). Esa reducción se produciría porque bajo la estadidad las corporaciones norteamericanas en Puerto Rico no recibirían las ventajas de exención contributiva que provee la Sección 936 del Código de Rentas Internas de los Estados Unidos. El crecimiento económico bajo la estadidad sería 1 ó 2 por ciento menor al año. (En términos más claros, cada puertorriqueño obtendría 15 centavos menos de cada dólar que tiene ahora bajo el ELA.)

Si Puerto Rico se hiciese independiente habría una reducción en el crecimiento real de 0.3 del uno por ciento. (En otros términos, a cada puertorriqueño se le reduciría en menos de 1 centavo cada dólar que tiene bajo el ELA actual.

Así de sencilla es la sección en que se resumen las conclusiones del estudio; sección que ocupa solamente una página y media. Todas las otras 27 páginas de texto y 32 páginas de apéndices son elaboraciones y explicaciones de estos dos datos básicos, y claros. La estadidad nos crearía problemas, la independencia nos dejaría igual. Tan sencillo como todo eso.

Introducción. En esta sección se resume el proceso del plebiscito y el proyecto de ley S. 712.

Establece que las mejoras al ELA en el proyecto inevitablemente aumentarían la habilidad de Puerto Rico de competir económicamente con otros países. Pero señala que no hay garantía alguna de que la sección 936 se ha de mantener en vigor, pues constituye un subsidio ineficiente para una región en desarrollo con un exceso de fuerza trabajadora.

La estadidad implicaría la pérdida de los beneficios de la Sección 936, que ha producido el desarrollo de los últimos 40 años. La independencia podría compensar esa pérdida con otros incentivos. El análisis es poco certero, porque nadie sabe cómo se han de comportar esas corporaciones si cambiaran sus ventajas. (En consecuencia, hay que obligarlas a que digan claramente qué harían en la estadidad o en la independencia.)

El rol de las exenciones contributivas. El desarrollo económico desde 1948 se debe en parte a la exención contributiva de las corporaciones. (La sección 936 también se aplica en las Repúblicas Asociadas del Pacífico, dice una nota al calce. A partir de 1970, la economía redujo su crecimiento a causa de cambios contributivos, aumento en salarios y el costo del petróleo. Hoy tenemos progreso con problemas. Ello ha creado un alto nivel del "dependencia" en los puertorriqueños 31 centavos de cada dólar que tienen los boricuas viene de dineros enviados por los Estados Unidos; en la estadidad subirían a 35 centavos. Muchas fábricas se han ido, y las que se han quedado lo han hecho gracias a la 936, pues pueden adscribir a la Isla ganancias en patentes obtenidas en otros sitios. Dicho de otro modo, nuestra economía actual depende de una ventajería de los contables de las corporaciones 936 que no le gusta al Tesoro de los Estados Unidos, porque le resta fondos para el gobierno de allá). Otra vez, la "respuesta" que den las 936 (si se quedarían o no) haría el cuadro de la estadidad o la independencia mucho más claro.

Efectos de remover las 936. El CBO confiesa que no sabe si las corporaciones 936 se irían a invertir o localizarse en otro lado, pero advierte que países extranjeros con impuestos bajos (como podría ser la misma República aquí) serían preferibles al estado boricua. La situación de las corporaciones 936 fue elevada a condición *sine qua non* de una solución del status.

Implicaciones económicas de la estadidad. El informe hace una lista de ocho consecuencias. Destaca la reducción en inversiones resultante de la pérdida de los beneficios de las 936 y en el incremento de las transferencias de fondos federales, lo que equivale a $3 millones más en sellos de alimento, ayuda a niños, seguro social suplementario a ancianos, ciegos e impedidos. También hace claro que habría que pagar impuestos en Puerto Rico y en los Estados Unidos, en ambos.

Esos aumentos en beneficios sociales causarían una reducción en los incentivos para trabajar (es decir, la estadidad multiplicaría los vagos). Los pagos de beneficios sociales serían mayores que los impuestos que Puerto Rico pagaría a los Estados Unidos. Y otras vez (por tercera vez) el informe dice que necesita saber mucho más de las 936 antes de poder decir cuál sería la respuesta de inversión a la pérdida de sus beneficios.

Concluye el informe que la estadidad reduciría el ritmo de crecimiento de la economía, llegando hasta 100,000 desempleados adicionales para el año 2000 en Puerto Rico.

Implicaciones económicas de la independencia. El informe señala también ocho efectos de la independencia en la economía, que ya han sido reseñados por la prensa. Pone de relieve que las transferencias de fondos federales se mantendrían iguales que ahora durante el período de transición de nueve años, pero que luego se reducirían notablemente. Señala que la República podría crear incentivos parecidos a los de la sección 936 para retener a esas corporaciones mediante tratados. Añade que Puerto Rico tiene hoy en el ELA un problema de balanza de pagos; (es decir, sale más dinero del que entra) que seguiría en la independencia, como su único problema.

Conclusiones. El S. 712 abre la posibilidad de un cambio mayor político y económico para Puerto Rico. La estadidad aumentaría los costos para los Estados Unidos y la independencia los reduciría. La venida de más fondos federales favorece a la estadidad sobre las otras dos, pero la ida de las 936 hace a la estadidad peor que las otras dos. La pérdida de inversiones (o dicho claramente, el dinero puesto a funcionar aquí) sería grande en la estadidad. La independencia, por el contrario, podría diseñar otros incentivos que la harían atractiva. Y una vez más (por cuarta vez) señala el informe que la pérdida de las 936 es el asunto más importante. La última oración, concluyendo todo el informe, hay que reproducirla completa en inglés:

As with any major political change, changes in the status of the island will require consideration of many factors beyond the strictly economic, and ultimately will be based on a leap of faith.

Esta conclusión principal causó un irrisorio debate en la Isla. El issue principal de la discusión pública sobre la misma fue la traducción de esa última frase del informe: "leap of faith". El Gobernador Rafael Hernández Colón la tradujo en una conferencia de prensa como "salto al vacío". Otros le dimos su traducción correcta: "un acto de fe". En una visita oficial a Puerto Rico, los autores del Informe confirmaron la adecuación de la traducción como "acto de fe".

El Informe centró la discusión sobre la estadidad en las vistas públicas del Comité de Finanzas sobre el plebiscito. El liderato del Senado obligó a la Casa Blanca a comprometerse a encontrar los $3 billones (con b) adicionales que costaría la estadidad, antes de ofrecerla. Mientras tanto, durante tres horas, se discutió únicamente la estadidad para Puerto Rico, y se abrió el récord congresional a los siguientes nueve problemas con la oferta de estadidad:

- la autoejecutabilidad del proyecto;
- de dónde vendrán el doble de fondos adicionales de *welfare;*
- la constitucionalidad de retener la exención 936;
- la posibilidad de secesión después de la estadidad;
- el requisito de supermayoría;
- la estabilidad del crecimiento económico en la estadidad (la mitad del crecimiento bajo el ELA o la independencia);
- la supervivencia del español como idioma oficial;
- la derogación de la soberanía olímpica;
- la "irresponsabilidad" de la Cámara de Representantes.

El *issue* era uno solo: si Puerto Rico está o no listo para la estadidad. La Casa Blanca ofreció, durante la vista, en la segunda página de su testimonio escrito, una solución al dilema: que siga la negociación del status, con la participación de los tres partidos, aunque haya ganado la estadidad. En otras palabras, abandonó la exigencia de autoejecutabilidad ante el devastador cuadro de los efectos económciso de la estadidad en Puerto Rico.

Por esa grave razón, se inició un proceso en el que cambiaría el debate en el Congreso de si se puede admitir a Puerto Rico, a si se puede siquiera *ofrecerle* la estadidad. La oferta sería, en palabras de fuentes de Washington "un acto de suprema insensibilidad", una "irresponsabilidad". "No es por motivos racistas –dijeron–, es por motivos de costos al fisco de ambos." Lo dijo el Congresista Richard Lehman, de California, en su discurso en el hemiciclo de la Cámara luego de regresar de Puerto Rico: "No podemos permitir que las expectativas en Puerto Rico crezcan a un nivel irreal si no estamos realmente preparados para endosar la estadidad".

Hubo un resultado más importante aún. Las vistas terminaron, para todos los efectos, la negociación de 1990 a nivel del Senado entre los tres partidos políticos de Puerto Rico y los Estados Unidos. Luego de que hablasen los representantes de Casa Blanca y el CBO, junto al Presidente del Comité Lloyd Bentsen, se ausentaron los otros cuatro senadores que habían hecho acto de presencia, y lo dejaron todo en manos de Daniel Patrick Moynihan, quien escuchó solo a los partidos políticos de Puerto Rico.

Desapercibida, pero decisiva, fue una frase del mismísimo Senador Daniel Patrick Moynihan (D., N.Y.) en esas vistas del Comité de Finanzas del Senado de los Estados Unidos el viernes 27 de abril de 1990, evidenciando los designios "del gobierno permanente" de los Estados Unidos sobre el status de Puerto Rico. Es sobre esos designios que hemos estado escribiendo en este libro. Una figura de la talla de este ex-embajador en las Naciones Unidas, reconoció el hecho. Y llamó la atención a la necesidad de que se "moviese" el "gobierno permanente" para asegurar que vote el pueblo de Puerto Rico.

La frase *gobierno permanente* se usa entre los iniciados en Washington para describir a los funcionarios no sujetos a elección que hacen verdaderamente la política norteamericana. Es la burocracia ejecutiva, congresional, y de inteligencia, que no cambia cuando cambian las administraciones de los partidos. Ese gobierno permanente es el que ha estado a cargo de timonear el asunto de Puerto Rico en los últimos trece años, y es en su seno donde se discuten las decisiones fundamentales del curso a seguir. Los eventos forzaron a actuar a ese gobierno.

El Senador Bentsen y el Senador Moynihan hicieron claro que el Senado de los Estados Unidos cumpliría con su deber de aprobar legislación sobre el plebiscito para Puerto Rico. Y en ese preciso momento acusaron a la Cámara de Representantes de ser "irresponsable" sobre Puerto Rico. Ron de Lugo, el Presidente del Comité de la Cámara, respondió echando la culpa al Senado de su tardanza. Tuvo que hacerse cargo de la situación el gobierno permanente. Era obvio que ese gobierno se oponía a la estadidad para Puerto Rico. Y era obvio que el Partido Popular todavía no había aceptado su oferta de dirigirse a la libre asociación. Por esas dos razones, la situación del gobierno permanente era difícil. Pero la dificultad no detuvo la obligación de actuar.

Un timoneo norteamericano sobre el status político hubiese tenido tres etapas: desacreditar al Estado Libre Asociado como está; detener la estadidad; y promover la libre asociación, hacia la independencia eventual. Aun los que rechazan de plano la teoría del timoneo, tienen que admitir, sin reservas que esas tres etapas se estuvieron dando, sin prisa pero sin tregua, en todos los meses de 1989 y 1990. La destrucción del ELA como está ya había sido consumada al iniciarse el 1990. En marzo de ese año entramos en la etapa de detención (*styming*) de la estadidad. Y en su día, podría llegarle a la tercera etapa final, que producirá una alternativa viable: la libre asociación.

Enfrentado a la nueva realidad del imperativo de los graves costos económicos del trato autoejecutable, el gobierno permanente se preparó, en ese mismo mes de abril de 1990, para implementar, a nivel de la Cámara de Representantes, una nueva estrategia procesal a largo plazo para resolver el problema del status de Puerto Rico. La analizaremos en el próximo ensayo.

Documento
Informe de la Oficina Congresional de Presupuesto

Los posibles efectos económicos de los cambios
en el *status* político de Puerto Rico en virtud del
Proyecto del Senado 712

Abril 1990

Oficina Congresional del Presupuesto
Second and D Streets, S.W.
Washington, D.C. 20515

[Nota de los editores:
No se incluirán las gráficas ni los apéndices.]

Notas

El año fiscal del gobierno de Puerto Rico comienza el
primero de julio del año natural anterior. El año fiscal del
gobierno de Estados Unidos comienza el primero de octubre del
año natural anterior. Es posible que algunos detalles en el texto

y las tablas no sumen a los totales indicados debido al uso de números redondeados. Se hace referencia al producto bruto de Puerto Rico como un producto bruto nacional (PBN).

Las disposiciones del Proyecto del Senado 712 tratadas en este informe son aquellas contenidas en el proyecto según fuera aprobado por la Comisión de Energía y Recursos Naturales del Senado. Las corporaciones en Puerto Rico que, de permanecer el status político actual, serían elegibles para créditos contributivos en virtud de la Sección 936 del Código de Rentas Internas se denominan, a lo largo de este informe, como "corporaciones de la Sección 936" o "corporaciones 936". Se utiliza esta denominación como cuestión de conveniencia, aunque el P. del S. 712 dispone que bajo la estadidad se eliminarían gradualmente los beneficios de la Sección 936 para dichas corporaciones, y bajo la independencia se eliminarían totalmente.

Prólogo

Un plebiscito sobre el futuro de Puerto Rico como entidad política está señalado a celebrarse en el verano del 1991; los ciudadanos votarán para determinar si Puerto Rico continuará como estado libre asociado como parte de Estados Unidos, o si se convertirá en estado de la Unión o nación independiente. Un proyecto de ley que se encuentra actualmente ante la consideración del Congreso, el P. del S. 712, haría obligatorios los resultados de dicho plebiscito según los términos legales y financieros específicos estipulados en el referido proyecto.

La Comisión de Finanzas del Senado ha solicitado que la Oficina Congresional del Presupuesto (CBO, por sus siglas en inglés) estudie las consecuencias de importancia que podría tener para la economía de Puerto Rico cualquiera de las tres "opciones del *status*". Este informe presenta los resultados del análisis hecho por la CBO. El informe fue preparado por Matthew Salomon y John Sturrock de la División de Análisis

Fiscal de la CBO, bajo la dirección de Frederick Ribe y Robert Dennis. Mark Booth redactó el Apéndice A, y aportó, junto a Trevor Alleyne, contribuciones de importancia a lo largo de toda la etapa de análisis. Nick Dugan contribuyó con su ayuda experta en investigación. Otros individuos, dentro y fuera de la CBO, que aportaron comentarios valiosos son: James Blum, Joseph Cordes, Harry Grubert, Robert Hartman, Hoe Ee Khor, Cory Leach, Rosemary Marcuss, Chuck Seagrave, James Tobin y Bernard Wasow.

Al preparar este informe, la CBO consultó con los representantes de los partidos políticos que apoyan el estado libre asociado, la estadidad y la independencia. Se consultó con los representantes del Partido Popular Democrático, José Berrocal, William Ocasio y Jaime Capellá, así como con representantes de la compañía asesora de dicho partido, KPMG Peat Marwick; con el representante del Partido Nuevo Progresista, Benny Frankie Cerezo, así como con representantes de la compañía asesora del partido, Quick, Finan and Associates; y con los representantes del Partido Independentista Puertorriqueño, Manuel Rodríguez Orellana, Francisco Catalá, Erick Negrón y Pedro Parrilla.

El informe fue corregido por Sherry Snyder, y los muchos borradores fueron mecanografiados por Dorothy Kornegay y Verlinda Lewis. La versión final la produjo la señora Kornegay.

Abril de 1990

Robert D. Reischauer
Director

Resumen de conclusiones

Un proyecto de ley que se encuentra actualmente ante la consideración del Congreso dispone que se celebre un plebiscito en Puerto Rico, señalado para el 1991, para determinar el status político de la Isla. En dicho plebiscito, los electores de Puerto Rico decidirían si la Isla se convertiría en Estado o en una república independiente, o si continuaría como Estado Libre Asociado como parte de Estados Unidos (aunque con aumento en los beneficios y poderes). Se ha pedido a la Oficina Congresional del Presupuesto (CBO, por sus siglas en inglés) que haga una proyección de cómo se afectaría la economía de la isla en lo que resta de la década actual si se produjese un cambio en el status político de Puerto Rico como resultado de las disposiciones actuales del P. del S. 712.

Tal como se definen en el P. del S. 712, las distintas opciones del *status* podrían tener implicaciones importantes para la economía de Puerto Rico, aunque los resultados son difíciles de predecir con certeza. Muchas de las más importantes consecuencias económicas de los cambios en el status no se pueden cuantificar por medio de los métodos económicos usuales, y por ende este informe no intenta hacerlo.

Aquellos aspectos de la estadidad según el P. del S. 712 que la CBO puede cuantificar podrían provocar eventualmente una reducción significativa en el crecimiento de la economía puertorriqueña. Un aumento en los fondos federales (menos las contribuciones nuevas) serviría inicialmente de estímulo a la economía. Sin embargo, más adelante, la estadidad podría conducir a un crecimiento económico más lento que lo que se podría esperar en el estado libre asociado dado que la estadidad podría reducir el aumento en la inversión, la producción y los empleos en el sector manufacturero. Esta reducción se iniciaría porque, bajo la estadidad, las corporaciones estadounidenses con operaciones en Puerto Rico ya no gozarían de los beneficios contributivos dispuestos por la Sección 936 del Código de Rentas Internas.

Los resultados dependerían, en parte, del grado y rapidez con que dichas corporaciones estadounidenses redujesen el ritmo de sus inversiones en la isla. También dependerían de cómo compara el tamaño del sector acogido a la Sección 936 con el resto de la economía puertorriqueña. El panorama investigado por la CBO indica que, de 1992 al 2000, el crecimiento anual del producto bruto nacional real de Puerto Rico que se proyecta (ajustado por inflación) bajo la estadidad podría reducirse en alrededor de uno o dos puntos porcentuales en comparación con el crecimiento proyectado para dichos años bajo el actual status de estado libre asociado. Dichas reducciones en el crecimiento son consecuentes con una reducción de entre 10 por ciento y 15 por ciento en el nivel del producto bruto nacional (PBN) de Puerto Rico para el año 2000, y los niveles que, de otra forma, se hubieran proyectado para ese año. Estas reducciones en el crecimiento del PBN real traerían consigo un crecimiento anual de empleos de alrededor de medio punto a un punto porcentual menos que el que se proyecta bajo el status de estado libre asociado.

Estas cifras deben considerarse como un cálculo aproximado de las magnitudes involucradas, y no como proyecciones precisas del comportamiento de la economía puertorriqueña bajo la estadidad. Las mismas no pueden tomar en cuenta los beneficios no cuantificables que resultarían de la estadidad, tales como el impacto de una disminución de la incertidumbre en torno al futuro *status* político de Puerto Rico, así como una percepción mayor de las ventajas que ofrece la estadidad. Estos impactos, que generalmente tendrían el efecto de mejorar el pronóstico económico bajo la estadidad, podrían ser significativos, aunque la CBO no puede estimar su magnitud.

De convertirse Puerto Rico en nación independiente, los cambios económicos que se producirían podrían ser muy distintos, pero son más difíciles aún de pronosticar. La CBO no ha intentado prejuzgar la cantidad de inversión directa que la república de Puerto Rico podría atraer. Si la inversión directa de fuentes fuera de Puerto Rico se mantuviera al mismo nivel que se proyecta bajo la continuación del estado libre asociado, la reducción y eventual eliminación de los fondos federales para Puerto Rico de los niveles básicos dispuestos por el P. del

S. 712 probablemente causaría reducciones relativamente pequeñas en el crecimiento del PBN real, algo como 0.2 a 0.3 puntos porcentuales al año durante el período del 1992 a 2000. Además, la república de Puerto Rico se enfrentaría a, tasas de interés sobre dinero prestado del exterior que serían por lo menos dos puntos porcentuales más altas que las tasas de interés que tendría que pagar según las demás opciones de *status*. Estos cambios podrían venir acompañados por otros, positivos o negativos, que potencialmente podrían ser mayores, pero la CBO no ha podido cuantificarlos. Estos posibles cambios incluyen una ampliación de las inversiones directas en Puerto Rico por otros países que no sean Estados Unidos, una reducción en la dependencia económica del pueblo puertorriqueño, y complicaciones en la obtención de financiación exterior para la balanza de pagos.

Introducción

El Congreso tiene actualmente bajo su consideración un proyecto de ley del Senado, el P. del S. 712, que dispone la celebración de un plebiscito en Puerto Rico, señalado para el 1991, para decidir sobre el *status* político de la Isla, y que reconocería los resultados de dicho plebiscito. En el plebiscito, los electores en Puerto Rico escogerían entre formar parte de la Unión como Estado, convertir a Puerto Rico en una nación independiente o continuar como estado libre asociado formando parte de los Estados Unidos pero con poderes más amplios. Si ninguna de las tres opciones obtuviese mayoría de votos, aún después de celebrarse una votación de desempate, la Isla permanecería bajo el actual status de estado libre asociado. El P. del S. 712 reconocería como obligatorios los resultados del plebiscito, y especifica en parte las disposiciones legales y financieras según las cuales se implantaría cualquiera de las tres opciones de *status*: estadidad, independencia o una versión del estado libre asociado con poderes más amplios. Se ha solicitado de la Oficina Congresional del Presupuesto (CBO, por sus siglas en inglés) que haga un estimado de cómo se afectaría la economía de la Isla durante el resto de la década si se hiciera un cambio de *status* político de Puerto Rico siguiendo las disposiciones de la versión actual del P. del S. 712.

Según las define el P. del S. 712, las distintas opciones del *status* podrían tener implicaciones importantes para la economía de Puerto Rico, aunque es difícil predecir con certeza los resultados de las mismas. El estado libre asociado desarrollado establecería unos procedimientos según los cuales se podría modificar, en forma selectiva, las leyes y los reglamentos federales que aplican a la Isla para estimular el crecimiento de la economía. Actualmente, muchas de las leyes y reglamentos federales imponen una carga reglamentaria onerosa; algunas de dichas leyes y reglamentos son inadecuadas al aplicarse a una región en desarrollo ubicada dentro de un marco tropical e insular. Según el P. del S. 712, se requeriría que las agencias federales se guíen por una nueva política federal para acelerar el desarrollo económico de la Isla, que tomen en cuenta las circunstancias locales. Los proponentes del estado libre asociado desarrollado argumentan que dichos cambios podrían mejorar el programa actual de desarrollo económico de la Isla, que se centra mayormente en la expansión del turismo y de la manufactura. Estas actividades actualmente son fomentadas por disposiciones de las leyes contributivas, tanto de Puerto Rico como federales, éstas últimas mediante las disposiciones de la Sección 936 del Código de Rentas Internas, que en efecto exime de contribuciones una parte sustancial de las ganancias que las corporaciones estadounidenses derivan de las operaciones en Puerto Rico.

El estado libre asociado desarrollado también podría conllevar un trato preferente para las exportaciones e importaciones de Puerto Rico. Se estimularía a los demás países a dar un trato preferente a las exportaciones de la Isla, mientras que se concedería a Puerto Rico poderes limitados para establecer aranceles sobre sus importaciones de modo que se fomente el crecimiento de industrias locales específicas.

Los promotores del estado libre asociado desarrollado argumentan además que dicho status conduciría a una expansión adicional de las inversiones directas en la industria manufacturera de Puerto Rico. Señalan especialmente la posibilidad de un aumento en las inversiones por corporaciones fuera de Estados Unidos que podrían invertir en la Isla como extensiones de sus operaciones en el continente al amparo de las disposiciones de la Sección 936, mediante la intercesión de un tercer país, o mediante acuerdos directos con Puerto Rico en virtud de la ampliación de poderes para conceder "alivios contributivos" que podrían facilitarse mediante las disposiciones del P. del S. 712. Otros argumentan, sin embargo, que no existe garantía alguna de que la Sección 936 permanecerá en vigor ya que se han hecho esfuerzos en el pasado para derogarla o enmendarla[1].

Aunque es difícil medir los efectos de estos incrementos en poderes del estado libre asociado, los mismos inevitablemente aumentarían la capacidad de Puerto Rico de competir en términos económicos con los demás países en desarrollo con ingresos medianos.

Según el P. del S. 712, la estadidad podría traer a la Isla unos cambios económicos más abarcadores, algunos favorables y otros potencialmente restrictivos. La estadidad conllevaría la pérdida de los beneficios de las disposiciones contributivas de

---

[1] Desde las conversaciones preliminares que condujeron a la aprobación de la Ley de Reforma Contributiva de 1976, el Departamento del Tesoro ha propuesto en repetidas ocasiones que se reduzcan los beneficios de la Sección 936 o que se sustituya por un crédito parcial de nóminas, argumentando que la misma constituye un subsidio ineficaz para una región en desarrollo con exceso de mano de obra.

la Sección 936 que, según la opinión general, han sido básicos para el desarrollo acelerado de la Isla como economía manufacturera durante los últimos cuarenta años. Tal como en los demás estados, las contribuciones corporativas estadounidenses tendrían pleno vigor en Puerto Rico. Además, los residentes de Puerto Rico y las compañías establecidas en la Isla, estarían sujetos a contribuciones federales, a la vez que se ampliarían sustancialmente ciertos programas de transferencia de fondos federales. Las consecuencias económicas de estos aspectos de la estadidad según el P. del S. 712 pueden cuantificarse, por lo menos aproximadamente, y este informe presenta estimados de los efectos de las mismas.

La estadidad también podría tener consecuencias económicas incuantificables pero que, no obstante, podrían ser de gran importancia. Los proponentes argumentan que la estadidad traería cambios fundamentales en las perspectivas económicas de Puerto Rico, en parte porque la misma pondría fin a la incertidumbre sobre posibles cambios en el status político que ellos entienden ha demorado el progreso de la Isla. Argumentan, además, que la estadidad podría poner fin a la ambigüedad con que se percibe a Puerto Rico en Estados Unidos continentales, donde comúnmente se considera a la Isla como país extranjero a pesar de que forma parte de Estados Unidos. Como resultado, los partidarios de la estadidad argumentan que la misma traería un reconocimiento mayor por parte de personas en el exterior de las oportunidades de inversión y turismo que la Isla ofrece. Los proponentes de la estadidad sugieren que estas consecuencias aumentarían con un programa de desarrollo económico enfocado en el turismo, el desarrollo agrícola y la ampliación de la base manufacturera de la Isla.

La independencia para Puerto Rico también conllevaría tanto restricciones al progreso económico de la isla como mejoras fundamentales al mismo. La independencia sacaría forzosamente a Puerto Rico del alcance de la Sección 936. Más aún, el P. del S. 712 implica una disminución gradual de los fondos federales para la Isla de los niveles que de otra forma hubieran existido (y después del año 2000, la eliminación de los mismos), hecho que trae algunas implicaciones inquietantes para la economía de la isla. Además, algunos analistas están preocupados porque, al igual que otros países en desarrollo en América Latina y otros lugares, la Isla pudiese sufrir por escasez de capital externo.

Como país independiente, sin embargo, Puerto Rico podría compensar, total o parcialmente, la pérdida de incentivos contributivos para las inversiones directas de compañías estadounidenses y, además, podría estar más capacitado que en el pasado para atraer inversiones directas de otros países. Por otra parte, los proponentes argumentan que la independencia ofrece una oportunidad única para desprender a la Isla de los efectos debilitantes de su dependencia de las subvenciones y transferencias de fondos federales, y despertar en el pueblo puertorriqueño un nuevo espíritu económico.

En el presente informe, la CBO compara los efectos de la estadidad y la independencia con los de la continuación del actual *status* del estado libre asociado y los beneficios asociados con el mismo. El informe no entra en detalles sobre los efectos económicos de la opción del estado libre asociado desarrollado. Aunque las disposiciones para el estado libre asociado desarrollado podrían ser beneficiosas a la Isla, la CBO no puede cuantificar el efecto de las mismas. En todo caso, es probable que la diferencia económica general entre el estado libre asociado desarrollado y el status actual sería relativamente pequeña. El impacto económico y el grado de incertidumbre que se asocian con la estadidad o la independencia son a todas luces mucho mayores que aquellos que se asocian con los cambios relativamente menores en el status actual.

Al considerar la estadidad y la independencia, la CBO ha podido estimar la magnitud de sólo unos pocos de los efectos económicos potenciales ya descritos: los posibles cambios en la inversión en la manufactura bajo la estadidad y las consecuencias de los cambios fiscales que se especifican en el P. del S. 712 para cualquiera de las dos opciones. Las demás consecuencias económicas de dichas opciones son mayormente en el ámbito de beneficios que no se pueden cuantificar mediante los métodos usuales de análisis económico.

Debido al alto grado de incertidumbre en la naturaleza de los acontecimientos económicos futuros en Puerto Rico, la CBO sólo puede trazar algunas posibilidades razonables de entre las muchas situaciones que pudieran surgir en la estadidad o la independencia. El análisis es incierto en particular porque los datos son limitados y porque ningún modelo económico representa adecuadamente el comportamiento potencial de las corporaciones estadounidenses en Puerto Rico que se afectarían por los complicados cambios en las disposiciones contributivas ya sea en la estadidad o la independencia. La CBO intenta analizar las respuestas cuantificables por parte de corporaciones estadounidenses y compañías locales e individuos, a un cambio en el status político de Puerto Rico, como también ofrecer algunos estimados verosímiles de dichas reacciones y luego explicar qué implicaciones a corto plazo podrían tener estas reacciones para la economía de la Isla.

El desarrollo económico de Puerto Rico y el papel de los incentivos contributivos

Desde el 1948, Puerto Rico ha crecido y se ha industrializado rápidamente. Entre otros factores, dicho crecimiento se atribuye a ventajas contributivas ofrecidas tanto por el gobierno federal como por el gobierno de Puerto Rico para las inversiones fijas, especialmente en el sector manufacturero, que han estado en vigor conjuntamente desde ese año.[2] En el 1921, el gobierno federal aprobó una exención contributiva para los ingresos elegibles de las "corporaciones de las posesiones", las corporaciones estadounidenses con operaciones en posesiones territoriales de Estados Unidos. Dicha disposición se conoce ahora, en forma enmendada, como la Sección 936 del Código de Rentas Internas. En el 1948, Puerto Rico aprobó una legislación complementaria, la Ley de Incentivos Industriales, que entre sus disposiciones eximió de contribuciones gran parte las ganancias de los manufactureros.

La legislación federal fue enmendada más recientemente por la Ley de Reforma Contributiva de 1986. En su forma actual, la Sección 936 en efecto exime de contribuciones estadounidenses casi la mitad de los ingresos provenientes de la explotación activa de una industria o negocio de corporaciones de la Sección 936, corporaciones estadounidenses que devengan 80 por ciento o más de los ingresos activos de sus operaciones en Puerto Rico y no más del 25 por ciento de sus ingresos de inversiones financieras y otras inversiones pasivas en la isla.[3] Además, todo ingreso pasivo devengado de inversiones elegibles está exento de contribuciones federales.

La Sección 936 es esencialmente un ejemplo de "alivios

---

[2] El desarrollo económico de Puerto Rico se trata en detalle en Department of the Treasury, *Operation and Effect of the Possessions Corporation System of Taxation: Sixth Report* (marzo de 1989, procesado); Puerto Rico Economic Development Association, Office of Economic Research, "An Analysis of the President's Tax Proposal to Repeal the Possessions Tax Credit in Section 936 of the U.S. Internal Revenue Code" (30 de septiembre de 1985, procesado); y The Committee to Study Puerto Rico's Finances, "Report to the Governor" (11 de diciembre de 1975, procesado).

[3] Dichas corporaciones casi siempre están organizadas como compañías estadounidenses subsidiarias cuya casa matriz estadounidense posee el 100 por ciento de sus acciones. Formalmente, los ingresos de estas subsidiarias están sujetos a contribuciones, pero se les concede un crédito por la cantidad de contribuciones que adeudan. El efecto del crédito es

contributivos", la exención de contribuciones de todo o parte del ingreso devengado de operaciones en el exterior que normalmente está sujeto a contribuciones, sin tomar en cuenta las contribuciones que se hubiesen pagado en el exterior sobre dichos ingresos. Muchos países desarrollados firman acuerdos de exención contributiva con otros países (normalmente con países de menor desarrollo) para que las corporaciones del primer país paguen contribuciones al primer país sobre ingresos devengados de operaciones en el segundo país. Como cuestión de política pública, Estados Unidos no firma tales acuerdos con otros países y ha prohibido que las posesiones estadounidenses lo hagan.

La Ley de Incentivos Industriales de Puerto Rico también dispone un trato contributivo generoso, y el gobierno de la Isla ofrece incentivos no contributivos. Nominalmente, bajo la Ley de Contribuciones de Puerto Rico se imponen contribuciones a todo ingreso corporativo a una tasa máxima marginal de 42 por ciento (se calcula que baje a 35 por ciento en el 1993), aunque una disposición de "depreciación flexible" reduce la cantidad real de contribuciones para aquellas industrias elegibles, incluso la de manufactura. Además, la Ley de Incentivos Industriales permite que las compañías manufactureras y de servicios de exportación sean elegibles para una exención contributiva de hasta un 90 por ciento de sus ingresos de operaciones durante un período de 10 a 25 años, que depende del lugar donde estén ubicadas. Dicha ley exime totalmente de contribuciones sobre ingresos los intereses devengados de activos financieros específicos en Puerto Rico. Las ganancias

---

igual a si dichos ingresos estuvieran exentos de contribuciones. Los beneficios de la Sección 936 también se extienden a corporaciones estadounidenses elegibles para los mismos que operen en otras jurisdicciones — Samoa Americana, Guam, el Estado Libre Asociado de las Marianas del Norte, los Estados Federados de Micronesia, las Islas Marshall y las Islas Vírgenes Estadounidenses.

de las manufactureras generalmente están sujetas a una contribución de repatriación (*tollgate*) de 10 por ciento al momento de repatriarse, a menos que cumplan con ciertas condiciones respecto al tiempo en que se mantengan dichas ganancias en Puerto Rico, en cuyo caso se reduce la contribución de repatriación al 5 por ciento. En años recientes, las disposiciones de la Ley de Incentivos Industriales ha dado lugar a que las corporaciones 936 paguen contribuciones puertorriqueñas a tasas reales del 5 por ciento o menos, sin incluir la responsabilidad contributiva en virtud de la contribución de repatriación. (Las disposiciones contributivas federales y puertorriqueñas que rigen las inversiones de las compañías afectadas, se describen en detalle en el Apéndice A). Los incentivos contributivos se han complementado con la promoción enérgica del desarrollo económico mediante la facilitación de infraestructura, instalaciones, y educación y adiestramiento de la fuerza laboral.

Al regir conjuntamente los incentivos contributivos federales y puertorriqueños, la economía de Puerto Rico experimentó un cambio dramático. Aunque inicialmente hubo un crecimiento rápido del PBN per capita real, las condiciones de exceso de mano de obra han persistido y la migración neta de la isla ha continuado (Vea Tabla 1). La economía de la isla se transformó de una basada en la agricultura a una basada en la manufactura, así como en el gobierno y las industrias de construcción y servicios. (Vea Tabla 2). Aunque los sectores de uso intensivo de mano de obra, tales como alimentos, textiles, ropa y productos de cuero, dominaban inicialmente el sector manufacturero, el patrón de expansión se inclinó gradualmente hacia actividades de tecnología relativamente alta y de uso intensivo de capital, tales como las industrias de químicos (incluso farmacéuticas), maquinaria, electrónica, equipo eléctrico y equipo científico (Vea Tabla 3). En el sector manufacturero, tanto el producto bruto como la compensación a empleados, aumentaron sustancialmente como porciones de sus respectivos totales en la economía total; sin embargo, en el sector laboral advino una reducción en la porción relativa a los ingresos de la manufactura. El alza concomitante en la porción de ingresos de ganancias en la industria manufacturera, reflejó en gran parte el hecho de que las empresas de alta tecnología devengan cantidades sustanciales de sus ingresos de activos intangibles, tales como patentes, marcas registradas o nombres comerciales.

El crecimiento se redujo durante la década de los años setenta y principios de la década de los años ochenta como consecuencia de una variedad de acontecimientos adversos. La legislación contributiva federal redujo el valor de las disposiciones de la Sección 936, ya indirectamente al reducir la tasa contributiva real sobre inversiones en el continente o directamente al imponer contribuciones sobre parte de los ingresos provenientes de activos intangibles de las corporaciones 936. Tal legislación incluyó créditos de depreciación más liberales en 1971; una reducción drástica de contribuciones sobre ingresos de capital, durante la década de los años ochenta; así como disposiciones en la Ley de Equidad Contributiva y Responsabilidad Fiscal de 1982 (TEFRA, por sus siglas en inglés) y La Ley de Reforma Contributiva de 1986 (TRA, por sus siglas en inglés) que expusieron a los ingresos intangibles al pago de contribuciones.[4]

También retrasaron el crecimiento factores no relacionados con contribuciones. Ya para la década de los años cincuenta, los salarios en Puerto Rico habían comenzado a subir respecto

---

[4] La primera ley contributiva importante de la década de los ochenta, la Ley de Contribuciones de Recuperación Económica de 1981 (ERTA, por sus siglas en inglés), liberalizó aún más el crédito por depreciación, pero sus disposiciones fueron derogadas en parte por la TEFRA en 1982. La TRA limitó aún más el crédito por depreciación, pero también bajó la tasa estatutaria de la contribución corporativa. El efecto neto en la mayoría de casos era aumentar levemente la tasa contributiva real sobre ingresos de capital más allá de la tasa en vigor en virtud de la TEFRA.

a los salarios en Estados Unidos y en otras partes, con el resultado de que Puerto Rico gradualmente perdía su ventaja para suministrar mano de obra no diestra a salarios bajos. Las negociaciones para reducir los aranceles estadounidenses (y los de Puerto Rico) durante la década de los años sesenta ayudaron a reducir otra ventaja ya que productos de países extranjeros que ofrecían ventajas en costos comparativas a las de Puerto Rico, podían ahora entrar al mercado estadounidense a precios más bajos. Durante la década de los años setenta y a principio de la de los ochenta, el precio mundial del petróleo subió súbitamente, y la economía de Estados Unidos continentales se vio plagada por la recesión y las altas y reales tasas de interés.[5] Los altos precios del petróleo representan una desventaja para Puerto Rico, tanto porque la isla importa todos sus productos petroleros como porque usa petróleo para generar virtualmente toda su energía eléctrica, lo que implica precios por energía eléctrica más altos para los usuarios industriales.

En tiempos más recientes, la economía de Puerto Rico ha presentado un cuadro mixto de progreso y problemas. Luego de una década de crecimiento lento, el PBN per cápita ha registrado un crecimiento a razón de 3.6 por ciento desde el 1985, mientras que la tasa de desempleo ha bajado de 23.5 por ciento, su punto más alto en el 1983. No obstante, el ingreso per cápita –aunque muy por encima de los niveles típicos del Caribe y de América Latina– es sustancialmente más bajo que el de Mississippi, el estado de menor ingreso per cápita en Estados Unidos; y la tasa de desempleo de alrededor de 14 por ciento es muy alta según las normas del continente. Además, muchos

---

[5] En marzo de 1979, la Commonwealth Oil Refining Company (CORCO) se acogió a las leyes federales de quiebra. La CORCO había sido la corporación privada más grande de Puerto Rico, pero perdió su ventaja en cuanto a costos cuando el gobierno federal abolió el sistema de cuotas sobre las importaciones de petróleo.

puertorriqueños no figuran en la tasa de desempleo oficial ya que la tasa de participación en la fuerza laboral es de sólo un 45 por ciento, muy por debajo del nivel para Estados Unidos continentales. La tasa de desempleo oficial de la isla también se afecta por una tasa relativamente alta de emigración. Aunque la emigración neta varía de año en año, los que salen de la Isla anualmente representan alrededor del 1 por ciento de la población.

Algunos observadores han interpretado el papel prominente del gobierno federal y el puertorriqueño en la vida económica de la Isla como evidencia de un grado alto de dependencia entre los puertorriqueños. Según demuestra la Tabla 2, los empleos en el gobierno han estado en aumento continuo desde la década de los años cuarenta. Dicho crecimiento se financiaba en parte por fondos federales concedidos al gobierno del estado libre asociado, y también por déficits cada vez mayores en el presupuesto de gastos ordinarios del gobierno de Puerto Rico. Además, el porcentaje de fondos federales como parte del ingreso personal en la isla, que actualmente monta a 31 por ciento, es más del doble que el promedio en el continente, y 50 por ciento más alto que en los cinco estados de mayor porcentaje combinado. De concederse a los puertorriqueños participación máxima en todos los programas federales de bienestar público, dicho porcentaje subiría aún más, alrededor de 35 por ciento.

Muchas empresas en sectores de uso intensivo de mano de obra, tales como los de manufactura de ropa y zapatos, han estado abandonando la Isla para países donde los salarios son más bajos. Las restantes empresas manufactureras se concentran en los sectores de uso intensivo de capital. Los economistas interpretan en parte esa concentración como un reflejo de los incentivos para tales métodos de producción incorporados en las dos disposiciones contributivas de la Sección 936 que aplican a ingresos corporativos tangibles, que los economistas ven como un subsidio al ingreso de capital y también como reflejo de los niveles de salarios en Puerto Rico, que son altos en comparación a los que prevalecen en los demás países del Caribe y de América Latina.

Sin embargo, aún más que su incentivo para emplear métodos a base del uso intensivo de capital, la Sección 936 también ofrece una oportunidad única para las operaciones que generan ingresos mediante activos intangibles, tales como patentes o marcas registradas. Al transferir dichos activos intangibles a subsidiarias ubicadas en jurisdicciones de contribuciones bajas, las empresas buscan que el costo de producir los activos intangibles aparezca en los libros de la casa matriz estadounidense, donde la deducción contributiva es considerable; mientras que los ingresos aparecen en los libros de la subsidiaria, donde la tasa contributiva es baja.

Algunas clases de productores pueden en especial aprovechar tales oportunidades para proteger sus ingresos de contribuciones. Estas empresas normalmente tienen altos costos de mercadeo (que generan intangibles de mercadeo) o altos gastos de investigación y desarrollo (que generan intangibles manufactureros), y fabrican un producto fácil de transportar y que requiere una etapa de producción en masa en la industria ligera. Por esta razón, en la actividad de corporaciones 936 en Puerto Rico predominan las empresas de industrias tales como las farmacéuticas, de equipo eléctrico y electrónico, y de instrumentos científicos. Muchas de esas empresas tienen subsidiarias en varios lugares del extranjero. Determinar la reacción de dichas empresas a la pérdida de las ventajas contributivas de la Sección 936 es uno de los principales temas de análisis que plantea la posibilidad de la estadidad o la independencia.

Los efectos potenciales de la eliminación de los beneficios contributivos de la Sección 936

Aunque los datos necesarios para determinar la reacción a

la pérdida de la Sección 936 no están disponibles públicamente, la teoría y los datos acumulativos sugieren el alcance del problema. La teoría indica que las empresas invertirán en todo sitio factible hasta que las tasas de rendimiento después del pago de impuestos de la última inversión en cada sitio sean iguales. Esta teoría presume que las contribuciones se tratan igual que cualquier otro costo, permitiendo que las ventajas contributivas en un sitio dado puedan compensar las desventajas de costos no contributivos. Al eliminar estas ventajas contributivas, el sitio quedaría en desventaja en cuanto a costos se refiere para inversiones marginales. Entonces, se paralizaría la inversión en dicho sitio o se trasladarían los activos hasta tanto las tasas de rendimiento después del pago de impuestos en todos los sitios vuelvan a ser iguales para la última inversión.

El primer paso al aplicar dicha teoría es determinar la diferencia cuantitativa en las tasas de rendimiento después del pago de impuestos que implicaría tanto la estadidad como la independencia, en comparación con las tasas en otros sitios disponibles a la empresa. La CBO ha hecho un cálculo aproximado del cambio en la tasa de rendimiento después del pago de impuestos para las inversiones si Puerto Rico fuese Estado de la Unión, utilizando los rendimientos informados después del pago de impuestos que aparecen en la Tabla 4.[6]

Dado el hecho de que en el Estado Libre Asociado aproximadamente la mitad de las ganancias informadas en Puerto Rico están exentas de contribuciones estadounidenses pero que de Puerto Rico ser estado estarían sujetas al pago total de

---

[6] Como se describe a continuación, los niveles de las tasas de rendimiento informadas no reflejan correctamente la productividad del capital tangible en Puerto Rico; en cambio, reflejan en gran medida el incentivo para que las corporaciones asignen ganancias a sus subsidiarias de la Sección 936, especialmente mediante la transferencia de activos intangibles. Sin embargo, los cambios en las tasas de rendimiento informadas pueden utilizarse estrictamente para propósitos de comparación.

contribuciones para el 1998, la tasa informada de rendimiento después de tributar bajaría en alrededor de 9 puntos porcentuales para el manufacturero promedio al amparo de la Sección 936 y en alrededor de 11 puntos porcentuales para las empresas en los sectores de químicos, equipo electrónico e instrumentos científicos, el grupo de industrias que representa alrededor del tres cuartas partes de los activos de la Sección 936.[7]

Como punto de referencia, las reducciones en las tasas de rendimiento después del pago de impuestos son aproximadamente iguales a los niveles de las tasas de rendimiento actuales en el continente, las cuales se consideran representativas del costo de la oportunidad de retener capital. En principio, de mantenerse iguales los demás factores, sería lucrativo simplemente abandonar los activos en Puerto Rico si en otro lugar un alto rendimiento después del pago de impuestos fuese más que suficiente para cubrir dicho costo de oportunidad. Pero no hay relocalización sin gastos, y no hay garantía de que en otros lugares se produzcan ganancias postributación más altas.

La pregunta pertinente es si las empresas 936 podrían mitigar sus pérdidas bajo la estadidad mediante inversión o

---

[7] En los cálculos se presupone que: la tasa contributiva real de Puerto Rico es de 5 por ciento; la tasa contributiva federal es de 34 por ciento; la empresa no incurre en gastos por intereses (las corporaciones de la Sección 936 hacen pocos préstamos ya que el grupo afiliado se beneficia de tomar prestado en el continente, donde el crédito contributivo por gastos de intereses es considerable); la empresa emplea el método de "división de ganancias", como se espera que la mayoría de las empresas hagan al amparo de las disposiciones de la Ley de Reforma Contributiva de 1986. Dicho método permite que el grupo afiliado divida sus ganancias por actividades en virtud de la Sección 936 en partes aproximadamente iguales entre la subsidiaria (que no paga contribuciones estadounidenses) y la casa matriz (que paga la totalidad de las contribuciones estadounidenses). Vea Department of the Treasury, *Operation and Effect of the Possessions Corporation System of Taxation: Sixth Report* págs. 8-10, para una explicación detallada de dicho método.

reubicación en otro lugar. La CBO no tiene ni los datos ni los recursos para responder con precisión a tal pregunta. Sin embargo, la teoría sugiere que ubicarse en el continente podría volver a ser competitivo porque ubicarse en Puerto Rico ya no ofrecería las ventajas contributivas que pudiesen superar cualquier desventaja en costos. Lo que es más, lugares en el extranjero de baja tributación podrían ofrecer alternativas atractivas. El trato contributivo estadounidense para ingresos provenientes de un lugar extranjero es más favorable que el concedido a los ingresos domésticos. En general, se imponen contribuciones estadounidenses a ganancias provenientes de fuentes extranjeras no cuando se produce la ganancia, sino cuando las mismas se devuelven a la casa matriz estadounidense, además se concede un crédito por el monto de las contribuciones extranjeras pagadas sobre dichas ganancias. El diferir el pago de la contribución tiene el efecto de reducir la tasa real de contribuciones estadounidenses sobre tales ingresos: mientras más tiempo las ganancias permanezcan en el exterior, más baja será la tasa contributiva real estadounidense. Dado dicho aplazamiento, la tasa contributiva real será menor que la tasa estadounidense en tanto y en cuanto la tasa contributiva extranjera sea menor que la tasa estadounidense.

En principio, los ingresos intangibles están sujetos a contribuciones corrientes en vez de a las diferidas, pero se espera que las empresas estadounidenses en el exterior puedan proteger una fracción significativa de sus ingresos intangibles de las contribuciones corrientes.[8] Es especulativo calcular hasta

---

[8] En términos más formales, la ley exige que la subsidiaria extranjera haga pagos a la casa matriz que reflejen el valor en el mercado del uso de los activos intangibles durante el año. Dichos pagos aparecen como ingresos en los libros de la casa matriz, donde están sujetos a contribuciones federales corrientes. La capacidad de proteger los ingresos intangibles depende en parte de poder alegar que el activo intangible pertenece propiamente a la subsidiaria y no a la casa matriz. Es más fácil sostener

que grado ello sea posible, ya que depende de reglamentos que aún no han sido promulgados, pero la mayoría de los expertos entiende que prevalecerán oportunidades significativas de proteger tales ingresos de las contribuciones corrientes.

Dado el trato concedido a los ingresos provenientes de fuentes extranjeras, los lugares en el extranjero con tasas contributivas bajas podrían ofrecer mejores ventajas contributivas que el estado de Puerto Rico. No se puede precisar la magnitud de dicha ventaja, pero cálculos aproximados indican que, si todos los demás factores se mantienen igual, más de la mitad de la pérdida en ventajas contributivas que conllevaría la estadidad podría evitarse trasladando la empresa a una jurisdicción extranjera con tasas de contribuciones bajas. Ya que la república de Puerto Rico podría servir como jurisdicción con tasas contributivas bajas, se deduce que la independencia para Puerto Rico no conllevaría los mismos costos contributivos que la estadidad.

Debido a la pérdida de todos los beneficios de la Sección 936 bajo la estadidad o la independencia, las empresas podrían optar por reducir sus inversiones en la Isla o trasladar la totalidad de sus operaciones a otro sitio. Es difícil cuantificar hasta qué grado las empresas optarían por cualquiera de las dos alternativas, pero datos históricos proveen alguna prueba en el sentido de que los beneficios contributivos afectan las decisiones sobre inversiones que toman las empresas matrices de las corporaciones de la Sección 936. Las cifras relativas al número de empleos nuevos que las corporaciones 936 y otras compañías no domésticas se han comprometido a crear muestran dismi-

---

tal alegación en el caso de intangibles manufactureros, los cuales se usan donde se fabrica el producto, que en el caso de intangibles de mercadeo, que se utilizan en el área donde se mercadea el producto. Un análisis informal sugiere que la mayoría de los ingresos intangibles de las empresas 936 proviene de intangibles manufactureros en vez de intangibles de mercadeo. (Vea Department of Treasury, *Sixth Report*, págs. 61-64).

nuciones repentinas en aquellos años en que se han anunciado posibles cambios en los beneficios de la Sección 936 (vea la Gráfica 1). En dos ocasiones anteriores, en 1982 y 1985-86, la anticipación de posibles cambios en las reglas que rigen la Sección 936 produjo disminuciones repentinas en el número de empleos nuevos que las empresas no domésticas (en su mayoría corporaciones 936) prometieron (se comprometieron) a crear, mientras que los compromisos hechos al respecto por compañías domésticas sufrieron pocos cambios. Los compromisos hechos por compañías no domésticas declinan de nuevo repentinamente ante la discusión actual sobre cambios en el status político de Puerto Rico. Al parecer, una decisión de cambiar el status político reduciría aún más los compromisos y las inversiones.

Es menos probable que las empresas trasladen los activos y la producción actual a que opten por reducir las nuevas inversiones dado que reubicar las operaciones conlleva gastos en los cuales no incurrirían al considerar nuevos sitios para ampliar la producción. Como resultado, tal reubicación puede que no suceda de inmediato aun cuando la misma pudiese ser beneficiosa a largo plazo. Además de sus inversiones fijas de capital, las compañías con operaciones en progreso en Puerto Rico han invertido sustancialmente en adiestramiento de personal para llevar a cabo dichas operaciones. Tienen ya organizadas sus redes de abastecimiento y distribución, han desarrollado relaciones con los sindicatos locales, dependencias gubernamentales y otras instituciones, y han adquirido cierto conocimiento de la cultura local. Todos estos esfuerzos se hicieron a base de gastos sustanciales, gastos que tendrían que repetirse si las empresas se mudan a un nuevo lugar. Además, el trasladar los activos a un sitio extranjero conllevaría pagar contribuciones sobre cualquier ganancia de capital que los activos hubiesen acumulado mientras permanecieron en Puerto Rico.

La importancia de las consideraciones en torno a costos varía considerablemente de una industria a otra y de una empresa a otra. Algunas industrias, tales como la de ropa, son notorias por su movilidad y por estar prestas a trasladarse al lugar que les ofrezca costos de operaciones más bajos. Algunas empresas en Puerto Rico han podido reducir sus obligaciones alquilando locales industriales del gobierno del Estado Libre Asociado en vez de adquirir sus propios edificios.[9] Sin embargo, es posible que sólo unas pocas empresas dejarían de operar en Puerto Rico como resultado de un cambio de *status* político, y que la merma de compañías 936 actualmente en operaciones no sobrepasaría por mucho la reducción normal atribuible al ciclo de vida de las compañías.

Existen argumentos que sugieren que las corporaciones 936 en Puerto Rico no reducirían significativamente sus inversiones en la Isla de convertirse la Isla en Estado de la Unión, pero la CBO no ha incluido todos estos argumentos en su análisis. En algunos casos, la lógica o prueba presentadas para sostener dichos argumentos, no convenció a la CBO; y, en otros casos, la plena consideración de los mismos hubiera exigido un análisis mucho más profundo de lo que permitieron el tiempo y los recursos disponibles. Los argumentos principales aquí considerados son: la aparente alta tasa de rendimiento antes del pago de impuestos que reciben las actuales corporaciones 936, que al parecer las protegen de cambios contributivos; la aparente falta de reacción de las inversiones 936 a cambios en las leyes contributivas estadounidenses en el pasado; así como la posibilidad de que Puerto Rico podría tener ventajas sustanciales no contributivas que continuarían persuadiendo a las compañías a establecerse en la Isla.

---

[9] Alrededor de las dos terceras partes del espacio industrial utilizado por las empresas en las industrias textiles, de electrónica, instrumentos científicos y ropa – que en conjunto representan más de la quinta parte de los activos de las corporaciones de la Sección 936– es alquilado, no comprado, por la compañía.

La importancia de los altos márgenes de ganancias.

Como primer argumento se dice que las empresas 936 tienen grandes márgenes de ganancias que les permitirían resistir los aumentos contributivos sin convertirse en operaciones poco lucrativas. A juicio de la CBO, sin embargo, la aparente rentabilidad de las corporaciones 936 no significa necesariamente que la pérdida de los beneficios contributivos de la Sección 936 no les afectaría. Gran parte de la rentabilidad antes del pago de impuestos declarada por las mismas podría muy bien desaparecer bajo la estadidad dado que dicha rentabilidad al parecer refleja el uso de métodos de contabilidad corporativa que en sí son fomentados por la Sección 936. Tal como se muestra en la Tabla 4, las ganancias antes del pago de impuestos declaradas por las compañías 936 son, de hecho, muy altas al compararse con las de corporaciones que operan en el continente en industrias semejantes, situación que al parecer sugiere que seguirían siendo rentables aún cuando pagaran contribuciones estadounidenses. Pero vistas desde la perspectiva de la casa matriz en Estados Unidos, dichas tasas de ganancias no representan la rentabilidad de muchas de las operaciones en Puerto Rico. La ley contributiva vigente provee a las corporaciones matrices un incentivo fuerte para buscar la forma de atribuir las ganancias a dichas operaciones en Puerto Rico en vez de declararlas en sus propios libros. Como consecuencia, las cuentas de las compañías 936 muestran ganancias provenientes de la propiedad de activos intangibles. Estas ganancias sobre activos intangibles continuarían acumulándose a favor de la compañía matriz independientemente de donde esté localizada la producción y por ende, en ausencia de consideraciones contributivas, no afectan la ubicación de la producción.

La aparente falta de reacción de las inversiones al amparo de la Sección 936 a la Ley de Equidad Contributiva y Responsabilidad Fiscal de 1982 (TEFRA, por sus siglas en inglés)

Un segundo argumento, a los efectos de que las inversiones manufactureras permanecerían altas en el estado de Puerto Rico, se basa en el efecto de la Ley de Equidad Contributiva y Responsabilidad Fiscal de 1982 sobre el compromiso de crear nuevos empleos hecho por las corporaciones de la Sección 936. Este argumento consiste en que reglas más estrictas sobre el requisito de declarar ingresos provenientes de activos intangibles incluidas en dicha ley, al parecer no han detenido la tasa de crecimiento de las empresas 936. De hecho, los compromisos de crear nuevos empleos, especialmente aquellos por parte de empresas no locales (en su mayoría corporaciones 936), fueron más altos después del 1982 que antes de dicho año (vea la Gráfica 1).[10] Estos argumentos no convencen a la CBO porque aun cuando las reglas más estrictas mencionadas redujeron el incentivo de la planificación contributiva para radicarse en Puerto Rico, no lo eliminaron del todo como hubiera sucedido con la estadidad. Por ende, Puerto Rico retuvo una ventaja contributiva única sobre cualquier otra alternativa de ubicación aún después de los cambios de la TEFRA. Además, es difícil inferir qué efecto tuvo la TEFRA sobre las inversiones 936 ya que los datos reflejan no sólo los efectos de dicho cambio contributivo sino también el impacto de la recuperación de una recesión muy severa en Estados Unidos y más severa aún en Puerto Rico. No se puede determinar el crecimiento que hubiera tenido la actividad 936 en la ausencia de la TEFRA, de modo que no existe un cuadro claro sobre cuánto valor debe darse a la fuerza relativa del crecimiento de la inversiones 936

---

[10] Las empresas que solicitan exención parcial de contribuciones puertorriqueñas presentan a la Administración de Fomento Económico una declaración de compromiso de crear un número determinado de empleos durante un período específico. La exención contributiva se condiciona, en principio, al cumplimiento de dicho compromiso.

después de aprobarse la TEFRA.

Las ventajas no contributivas de ubicarse en Puerto Rico

Otro argumento para implicar que las corporaciones 936 podrían permanecer en Puerto Rico después de la estadidad es que Puerto Rico podría ofrecer a las corporaciones 936 ventajas de costos en comparación con otros lugares posibles. El costo promedio de la mano de obra manufacturera en Puerto Rico es menor que la de cualquier estado de la Unión, aunque hasta hace muy poco el salario mínimo en Puerto Rico equivalía al salario mínimo en el continente. El salario manufacturero excede al de la mayoría de los sitios alternativos de contribuciones bajas, pero esta diferencia se compensa, al menos en parte, por el nivel relativamente alto de adiestramiento y experiencia de la fuerza laboral manufacturera en Puerto Rico, como también por la protección tarifaria de que gozaría Puerto Rico en el mercado estadounidense tanto en la estadidad como en el estado libre asociado. Sin embargo, el costo de la energía eléctrica, los gastos asociados con el cumplimiento de los reglamentos federales de seguridad laboral y protección ambiental, y los gastos de embarque (debido en parte al requisito según la Ley Jones de emplear naves y tripulación estadounidenses) representan una desventaja para Puerto Rico, pero dicha desventaja aplica igualmente tanto a un estado libre asociado como a un estado de la Unión.

La CBO no cuenta con los medios para examinar las posibles ventajas de costos no contributivas y por ende, no se tomaron en cuenta las mismas. Además, la teoría sugiere que las corporaciones ubican sus inversiones de manera tal que las ventajas contributivas compensen las desventajas de costos. Se calcula que la eliminación de la ventaja contributiva de la Sección 936 dejaría a Puerto Rico en desventaja en cuanto a costos, al menos en algunas empresas. La CBO no tiene la capacidad para realizar un estudio comparado de los gastos de producción entre Puerto Rico y otras posibles ubicaciones. Este estudio tendría que incluir no sólo a los estados de Estados Unidos y los demás lugares caribeños, sino también a Irlanda, América Latina y a los nuevos países en desarrollo del Pacífico. La relevancia de los distintos factores de costo difiere de industria a industria y aún según el proyecto de inversión en particular que se contempla, de modo que no se pueden hacer ni sostener declaraciones generales en torno a los mismos. Por esta razón, aunque la CBO reconoce la importancia en principio de una comparación directa de los gastos de producción entre Puerto Rico y los de otros lugares, tal comparación no puede ser la base de este análisis.

Las posibles implicaciones económicas de la estadidad

La Oficina Congresional del Presupuesto, al igual que otros analistas, ha considerado varias consecuencias de la estadidad que podrían afectar al curso de la economía puertorriqueña durante los próximos años. Se incluyen los efectos siguientes:

- Un crecimiento más lento de la capacidad productiva de Puerto Rico como consecuencia de posibles reducciones en la tasa de inversión por parte de las corporaciones manufactureras en la Isla debido a la pérdida de los beneficios contributivos de la Sección 936.

- Cambios en la demanda agregada en Puerto Rico como resultado de varios acontecimientos; cambios en el flujo neto de fondos (transferencias de ingresos-beneficios, subvenciones y pagos contributivos) entre el gobierno federal y Puerto Rico; y reducciones en las inversiones en la Isla como consecuencia de la pérdida de los beneficios contributivos de la Sección 936.

- Un crecimiento más lento de la capacidad productiva de

la isla como consecuencia de una reducción en inversiones por parte de negocios que no son corporaciones 936, que también incurrirían en gastos más altos ya que tendrían que pagar contribuciones federales bajo la estadidad.

- Una contracción del sector financiero de Puerto Rico, que se ha beneficiado de los incentivos contributivos concedidos a las corporaciones 936 para la inversión financiera en la isla; dichos incentivos no continuarían bajo la estadidad.

- Posibles cambios en la política contributiva y la de gastos del gobierno puertorriqueño. A menos que se rebajen las contribuciones puertorriqueñas, la combinación de contribuciones sobre ingresos del gobierno federal y del puertorriqueño resultaría en altas tasas de contribuciones sobre ingresos en la Isla. Para evitar dicha situación, el gobierno puertorriqueño podría optar por reducir tanto las contribuciones como los gastos, acciones que podrían ocasionar trastornos económicos a corto plazo.

- Cambios en los incentivos para trabajar en Puerto Rico, o migrar a, o de Puerto Rico. Tales cambios están implícitos en el aumento en la elegibilidad para pagos federales de bienestar social en Puerto Rico, así como en las altas tasas contributivas marginales de Puerto Rico que resultarían de la responsabilidad de pagar contribuciones sobre ingresos federales y puertorriqueñas.

- Cambios en los incentivos ofrecidos a países extranjeros para que inviertan en Puerto Rico ya que, al convertirse Puerto Rico en Estado, los tratados contributivos estadounidenses entrarían en vigor en la Isla. En particular, los ingresos de empresas de Alemania Occidental no estarían sujetos a contribuciones alemanas si las mismas operaran en el Estado de Puerto Rico (aunque sí estarían sujetos a contribuciones estadounidenses).

- Cambios en la percepción de la isla por parte de personas

del exterior. Podría darse el caso de que cambiase el modo de percibir a Puerto Rico, en particular, como consecuencia de una menor incertidumbre respecto al *status* político; y, tal vez, debido a que en Estados Unidos continentales se dejaría de percibir a Puerto Rico como un país extranjero. Tal cambio de percepción podría resultar en una mayor divulgación de las oportunidades de inversión y turismo que Puerto Rico podría ofrecer si se convirtiese en Estado.

Representantes del partido político que favorece la estadidad han sugerido que en el estado de Puerto Rico se reducirían las tasas actuales de las contribuciones estatales y aumentaría la inversión en la industria turística. Se posibilitaría obtener tasas más bajas de contribuciones sobre ingresos mediante una reducción en los gastos de salud, al reconocerse que el sector privado, así como los programas federales, podrían ofrecer una porción mayor de los servicios de salud. Además, el gobierno estatal podría recaudar fondos mediante la venta de las corporaciones públicas.

Aunque muchas de las consecuencias económicas de la estadidad podrían ser significativas, la CBO ha centrado su atención en las únicas dos que se pueden expresar cuantitativamente: las reducciones en el lado de oferta de la economía que emanan de la pérdida de capital 936, y los cambios en la demanda agregada que resultan tanto de cambios en la actividad de las empresas 936 como de cambios en el flujo neto de fondos con el gobierno federal. La CBO ha centrado su atención en dichos efectos ya que no ha podido encontrar muchos datos que permitan la cuantificación de los demás efectos de la estadidad. Si bien dichas consecuencias podrían ser significativas, no hubo base suficiente para estimar su magnitud.

Reducciones en las inversiones como consecuencia de la pérdida de los beneficios de las inversiones de la Sección 936

Una de las consecuencias económicas centrales de cualquier cambio en el *status* político de Puerto Rico resultará de la pérdida de los beneficios contributivos federales según la Sección 936. De elegir Puerto Rico la estadidad, el P. del S. 712 dispone que se elimine gradualmente la Sección 936 en aumentos contributivos iguales durante cinco años a partir del 1994. Una corporación 936 recibiría un crédito por sólo el 80 por ciento de las contribuciones federales que adeuda en el 1994, el 60 por ciento en el 1995, el 40 por ciento en el 1996, el 20 por ciento en el 1997, y ningún crédito a partir de entonces.

Como resultado, la tasa de rendimiento después del pago de impuestos para las corporaciones 936 ubicadas en Puerto Rico podría descender a niveles menores que los disponibles en el continente o en otros países. Dicha reducción en ganancias podría ocasionar que algunas empresas reubicasen sus operaciones, mientras que otras podrían reducir sus inversiones en Puerto Rico sin abandonar la Isla. Empresas que de otra manera se hubiesen localizado en Puerto Rico, podrían decidir no hacerlo. Cualquiera de estas consecuencias frenaría el crecimiento de la inversión en Puerto Rico por parte de esas corporaciones, como también el incremento de su producción, sus exportaciones, sus importaciones de bienes de capital, y los ingresos y empleos que las mismas generan en Puerto Rico.

Si las corporaciones de la Sección 936 disminuyesen sus inversiones en Puerto Rico, el impacto en la economía de la Isla podría exacerbarse por la reacción de los demás negocios, así como del gobierno estatal de Puerto Rico. Muchos de los negocios locales que suplen a las corporaciones 936 podrían frenar el crecimiento de su producción como resultado de la merma en la actividad en el sector 936. De igual manera, podrían reducirse los ingresos del gobierno estatal por concepto de contribuciones, y dicho gobierno podría verse forzado a reducir sus propios gastos y el número de empleados para poder balancear su presupuesto. Cortes presupuestarios que resultan de reducciones en el crecimiento económico son comunes en los gobiernos estatales en el continente, los cuales vienen obligados por la Constitución a mantener balanceados sus presupuestos de gastos ordinarios. Aun en ausencia de limitaciones constitucionales, los mercados financieros restringen la capacidad de los gobiernos estatales de operar con déficit sin poner en peligro su solvencia. Al sufrir tales reducciones, los gobiernos estatales intensifican, al menos temporeramente, el retraso económico que precipitó las medidas para reducir el presupuesto. (Sin embargo, el modelo que utilizó para análisis la CBO indica que cualquier merma en el desarrollo económico causada por las reducciones en el presupuesto sería transitoria).

Sin embargo, algunos de estos efectos se podrían contrarrestar en la medida que la incertidumbre en cuanto al *status* político futuro de Puerto Rico haya desanimado a compañías a invertir en la Isla hasta el momento. La estadidad podría destacar la imagen de Puerto Rico ante a los fabricantes domésticos como un lugar para ubicar sus operaciones. También podría eliminar cualquier riesgo asociado en el pasado con el *status* político impreciso de la Isla. Por ende, después de convertirse en Estado, Puerto Rico podría atraer a empresas tanto domésticas como extranjeras que busquen un lugar seguro y con bajos costos de producción dentro de Estados Unidos.

Cambios en las transferencias netas de fondos federales a Puerto Rico

De convertirse Puerto Rico en Estado de la Unión, sus relaciones fiscales con el gobierno federal cambiarían en diversas formas según el P. del S. 712:

- Los residentes de Puerto Rico serían elegibles para recibir todos los beneficios de los programas de Sellos de Alimentos, Medicaid y Ayuda para Familias con Niños (AFDC).

- Puerto Rico tendría derecho a recibir los beneficios del Programa de Ingresos Suplementarios de Seguro Social (aunque perdería sus derechos a los beneficios del programa de Ayuda a los Envejecientes, Ciegos e Impedidos).

- Los individuos y empresas en Puerto Rico vendrían obligados al pago de contribuciones sobre ingresos y arbitrios federales (pero los individuos también tendrían derecho al crédito contributivo sobre ingresos).

La CBO estima que, en ausencia de cambios en el comportamiento económico, los pagos a Puerto Rico por el gobierno federal según los programas de concesiones de beneficios sociales [*entitlement*] podrían aumentar por 1.7 mil millones de dólares adicionales en el año fiscal 1992, y dicho aumento podría alcanzar la suma de 3 mil millones de dólares para el año fiscal 1995 (vea la Tabla 5). En términos del presupuesto federal, estos aumentos se compensarían en parte por un aumento en las contribuciones recaudadas de Puerto Rico y de las corporaciones norteamericanas que operan en Puerto Rico, como consecuencia de la pérdida de los beneficios de la Sección 936.

Los aumentos en fondos para los programas de bienestar público y en las tasas contributivas marginales podrían reducir el incentivo para trabajar o para permanecer en Puerto Rico en vez de emigrar al continente. Sin embargo, la CBO no ha tomado en cuenta estos efectos, en parte porque una fracción significativa del aumento en los beneficios de bienestar público recae en aquellos que no tienen la capacidad para trabajar, tales como niños, envejecientes e impedidos. El aumento en los beneficios de bienestar público en Puerto Rico también podría reducir el incentivo para emigrar al continente y así compensar en parte el incentivo para emigrar que se podría producir al imponer a Puerto Rico las contribuciones federales sobre ingresos a partir del 1994, y como resultado de la pérdida de empleos en las corporaciones 936. De todos modos, la CBO no ha encontrado análisis alguno sobre la emigración o la fuerza laboral en Puerto Rico en el cual basar un juicio técnico sobre dichos efectos en los incentivos para trabajar en o emigrar al continente, ni tampoco halló fuente alguna de datos que le permitiera desarrollar su propio análisis durante el tiempo disponible.

Otra posible consecuencia económica de la estadidad al amparo del P. del S. 712 proviene del hecho de que los aumentos en los fondos federales para los programas de bienestar público excederían los aumentos en recaudaciones por concepto de contribuciones de los residentes y las compañías locales en la Isla. (El aumento en recaudaciones por contribuciones de las corporaciones 936 también aumentaría los ingresos federales, si todos los demás factores se mantienen igual, pero este cambio contributivo no conduciría a una reducción adicional en la demanda agregada de Puerto Rico porque dicho aumento reduciría los ingresos de los residentes del continente y no los de los puertorriqueños). Estos aumentos netos en fondos federales compensarían en parte la pérdida en la demanda total de bienes en Puerto Rico como resultado de los cambios en el sector manufacturero, mitigando así la pérdida en el producto bruto nacional de Puerto Rico. La CBO también ha analizado dicho efecto, utilizando el modelo econométrico formal que se describe más adelante.

El método de cómputo de la CBO

Según lo antes mencionado, el análisis de las posibles consecuencias económicas de la estadidad realizado por la CBO se concentra en dos cambios en particular: la pérdida de los beneficios de la Sección 936 por las corporaciones elegibles; y los aumentos en los fondos federales pagados a la isla menos el aumento en recaudaciones de contribuciones federales en la isla. El análisis de los efectos de dichos acontecimientos en la economía global de Puerto Rico realizado por la CBO consistió de los siguientes tres pasos:

- Desarrollar dos proyecciones alternativas como patrón (línea base) de las variables económicas para el período 1990-2000, partiendo de la premisa que Puerto Rico retenga su *status* actual de estado libre asociado;
- Derivar las posibles reacciones de inversión por parte de las corporaciones 936 ante la pérdida de los beneficios contributivos de la Sección 936; y
- Calcular las consecuencias de dichos cambios en las inversiones y de los cambios de los pagos netos de fondos federales a la isla para tales variables económicas como el producto bruto nacional y desempleo, utilizando un modelo económico.

El desarrollo de las proyecciones como líneas base

Al calcular los efectos de la estadidad sobre la economía de Puerto Rico, el primer paso fue desarrollar dos proyecciones alternativas como líneas base de tales variables económicas como el producto bruto nacional real, la inversión, el desempleo y la exportación para el período 1990-2000. Las mismas no son pronósticos del comportamiento de la economía bajo el estado libre asociado; la CBO no cuenta con la pericia necesaria para desarrollar proyecciones precisas sobre la trayectoria probable de la economía de Puerto Rico. En cambio, las líneas base representan proyecciones mecánicas de la trayectoria de la economía durante la próxima década a base de las tendencias históricas recientes. Estas proyecciones sirven de punto de referencia para expresar el comportamiento de la economía bajo las distintas opciones de *status*.

Las líneas base se construyeron de la siguiente manera. Primero, la CBO determinó la tendencia del crecimiento del producto bruto nacional real, utilizando un ajuste estadístico para eliminar el impacto sobre el mismo de los ciclos comerciales.[11] Estos cálculos implican que la tendencia del crecimiento de la tasa de desempleo en Puerto Rico desde el 1973 ha sido alrededor de 3.4 por ciento al año. Entonces, se determinó la desviación de la tendencia del crecimiento actual del PBN real durante períodos sucesivos de 10 años cada uno, comenzando en el 1973. La CBO utilizó dicha desviación para generar barras demarcando el modelo que incluirían todas las desviaciones probables por encima y por debajo de la tasa de crecimiento de la tendencia a base de la experiencia desde 1973.[12] Entonces la banda más alta se considera como la línea base de crecimiento alto y la más baja como la línea base de

---

[11] En particular, la CBO calculó una ecuación estadística que relaciona el logaritmo del PBN real a una constante y a la desviación de la tasa de desempleo en Estados Unidos del estimado hecho por la CBO de la tasa estructural ("inflación no acelerante") de desempleo de Estados Unidos (no está disponible una medida adecuada del desempleo cíclico en Puerto Rico). Además, esta ecuación de regresión incluye cinco tendencias de tiempo: una que cubre el período total de la proyección (1953-1989) y otras cuatro que empiezan en los años subsiguientes a las cimas sucesivas en el ciclo comercial de Puerto Rico: 1958, 1961, 1974 y 1980. De esta forma, la ecuación pudo calcular cambios entre los ciclos comerciales en la tasa modelo de crecimiento del PBN de Puerto Rico. Al utilizar dicha ecuación para hacer proyecciones, se estableció que la desviación entre la tasa de desempleo y la tasa estructural fuese igual a cero.

[12] Al hacer dicho cálculo, la CBO estimó primero la desviación estándar de una muestra de estimados de la tasa promedio del crecimiento del PBN real durante intervalos sucesivos de 10 años cada uno a partir del 1974. El estimado de la desviación estándar fue de 0.5 por ciento. Se utilizó dicho estimado para crear la trayectoria alta y baja de la línea de base sumando dos desviaciones estándar a la tasa de crecimiento de la tendencia proyectada para derivar la línea de base optimista, y restando dos desviaciones estándar para derivar la línea de base pesimista. Si se distribuyen las tasas de crecimiento alrededor de la tendencia en forma normal, este procedimiento implicaría que sólo existe una posibilidad de 5 por ciento de que el crecimiento fuese más rápido que la línea de base optimista del CBO o más lento que la línea pesimista.

crecimiento bajo. La línea base optimista incorpora un crecimiento del PBN real de 4.4 por ciento al año, mientras que la línea más baja refleja un crecimiento de 2.4 por ciento.

La CBO escogió el año 1973, que fue una cima cíclica, como el año base porque el mismo aparenta dividir un período de tendencia de crecimiento generalmente fuerte de uno de crecimiento promedio más lento en los años subsiguientes. Dicho patrón aplica también a Estados Unidos y otros países, al igual que a Puerto Rico. Los resultados hubieran sido virtualmente idénticos si se hubiera escogido el 1979 (que también fue un año de cima cíclica) como el año base.

Al construir cada una de las proyecciones de línea base la CBO presumió que la actividad económica de la Sección 936 aumentaría a un ritmo 2.6 puntos porcentuales más rápido que los demás sectores de la economía. Dicha cifra refleja la cantidad por la cual el crecimiento del sector manufacturero ha sobrepasado el de la economía total a partir del 1974. (Se considera la actividad manufacturera como representante de la Sección 936, para la cual no hay disponibles datos recientes, pero que se conoce que genera la mayoría de la actividad manufacturera del país.) Desde el 1974, el crecimiento de la producción manufacturera ha aumentado en promedio a un ritmo de alrededor de 3.7 por ciento más rápido que los demás sectores de la economía, pero el diferencial extraordinario producido en 1976 representa más del 1 por ciento de dicho total. Por ello, se seleccionó la cifra de 2.6 por ciento.

Estas premisas determinan las características de las trayectorias de las líneas de base del crecimiento alto y del crecimiento bajo. Cuando el PBN real crece a razón de 4.4 por ciento al año en la línea base del crecimiento alto, la producción real de la Sección 936 aumenta a razón de 5.6 por ciento mientras que el crecimiento real del resto de la economía es de 3.0 por ciento. De igual manera, el PBN real aumenta a un ritmo de 2.4 por ciento al año en la línea base del crecimiento bajo, mientras que la producción real del sector de la Sección 936 crece a razón de 3.6 por ciento y la producción real en el resto de la economía a 1.0 por ciento.

El efecto de la pérdida de los beneficios de la Sección 936 sobre las inversiones

La CBO sólo ha podido hacer cálculos aproximados sobre el crucial asunto de cuán rápidamente las corporaciones afectadas que operan en Puerto Rico reducirían el tamaño de dichas operaciones al eliminarse los beneficios contributivos de la Sección 936 bajo la estadidad y cuánto costaría hacerlo. Para saber con certeza cuánto contribuyen los beneficios actuales de la Sección 936 a la tasa de inversiones en Puerto Rico y, por ende, qué ocurriría de eliminarse dichos beneficios, la CBO tendría que tener más información sobre las compañías 936, por ejemplo, cuáles inversiones se hubieran hecho aun sin las ventajas contributivas especiales y cuáles inversiones son rentables para la casa matriz sólo en virtud de esas ventajas contributivas especiales. Dicha información no está disponible.

La CBO partió de la premisa de que las tasas recientes de reducción en el número de empresas 936 continuarían en la estadidad y que las empresas restantes sólo invertirían lo necesario para compensar la depreciación y mantener su capital comercial. (El número de empresas 936 se reduce continuamente, pero dicha reducción normalmente se compensa por expansiones de las empresas restantes y la llegada de empresas nuevas, lo que supera la reducción). Estos cambios en las inversiones conllevarían una pérdida de entre 37 por ciento y 47 por ciento del capital y la producción de las corporaciones 936 para el año 2000, en comparación con lo que se hubiese esperado para ese año bajo el *status* político actual. La menor de esas pérdidas de capital es similar a la premisa de 35 por ciento de pérdidas empleada por el Departamento Federal del Tesoro.[13] Aunque la CBO no conjetura explícitamente sobre acontecimientos después del año 2000, la pérdida de actividad a base de la Sección 936 probablemente sería permanente.

El resultado real bajo la estadidad podría ser mejor o peor que lo que implican las premisas de la CBO. Podría ser mejor si la inversión por parte de empresas 936 no reaccionase a consideraciones contributivas, de modo que la eliminación de ventajas contributivas tendría poco impacto sobre la inversión. El resultado podría ser peor si las ventajas contributivas fuesen cruciales para la rentabilidad de ubicarse en Puerto Rico (desde el punto de vista de la casa matriz), de modo que la eliminación de dichas ventajas conlleve que las empresas no sólo paralicen el crecimiento de su compromiso con Puerto Rico sino que hasta cancelen inversiones existentes.

En cada resultado, el crecimiento más lento de la capacidad de oferta de la economía como consecuencia de inversiones menores por parte de las corporaciones 936, se introdujo por primera vez mediante la reducción de la tasa de inversión por debajo de los niveles de la línea base. Se escogió la trayectoria del capital comercial de las corporaciones 936 suponiendo que una reducción normal en el número de las empresas 936 continuaría y que las corporaciones que quedasen después del 1994 invertirían sólo lo necesario para mantener su capital comercial. Según la información sobre las tasas de reducción que recopiló la Administración de Fomento Económico del

---

[13] El secretario auxiliar del Tesoro, Kenneth Gideon, mencionó una pérdida de 25 por ciento en su deposición ante la Comisión de Finanzas del Senado el 14 de noviembre de 1989. Sin embargo, dicho porcentaje subestima el movimiento fuera de Puerto Rico de empresas y de sus respectivos ingresos, ya que parte de los ingresos de las empresas que se reubicarían estaría sujeto a contribuciones estadounidenses. Conversaciones privadas con el Tesoro sugieren que la pérdida fundamental de producción e ingresos en Puerto Rico se estimó en 35 por ciento.

Estado Libre Asociado de Puerto Rico, la CBO estima que se pierde anualmente un 5 por ciento de los empleos 936 por reducción de operaciones o salida de corporaciones 936 existentes. Pero dicha pérdida de empleos ocurre mayormente en aquellos sectores con cantidades relativamente bajas de capital por empleo. A juzgar por la proporción entre capital y empleo en la industria química (que incluye a las farmacéuticas) y en el resto del sector 936, los cierres y reducciones en la capacidad utilizable de las fábricas aparentan reflejar una reducción en capital 936 a razón de alrededor de 2.5 por ciento al año. Como resultado, se supuso que el capital comercial neto de las corporaciones 936 se redujo a una tasa de 2.5 por ciento al año bajo la estadidad. Se introdujo dicha suposición en el modelo reduciendo gradualmente la inversión bruta del sector 936 por debajo de la línea base comenzando en 1992; después de 1993, la inversión bruta de las empresas 936 sólo compensa la depreciación del capital comercial de las empresas que quedan.

Los cambios en inversiones y los cambios resultantes en el porcentaje del capital comercial difieren según cuán estables se supone que crezcan las empresas 936 sobre la línea base (en el *status* político actual). En la línea base de crecimiento alto, el capital 936 aumenta a razón de 7 por ciento, de modo que la reducción de 2.5 por ciento que se supone ocurra en la estadidad representa una pérdida sustancial relativa a la línea base. De hecho, ya para el año 2000, el capital comercial de las corporaciones 936 bajo la estadidad sería alrededor de 47 por ciento por debajo del nivel de la línea base, y la inversión bruta se reduciría aún más (vea la Tabla 6). El capital 936 crece más lentamente en el modelo de la línea base de crecimiento bajo, sólo un 5 por ciento, con la consecuencia de que según dichas premisas la estadidad produce una reducción menor en el capital comercial 936 (37 por ciento) y una pérdida de inversión bruta correspondiente menor.

Entonces, se partió de la premisa de que la producción

(incluso las exportaciones) de las empresas 936 se redujo por debajo de la línea base en proporción a la reducción de capital del año anterior. Las reducciones por debajo de la línea base de las inversiones y las exportaciones, se expresan como reducciones por debajo de la línea base de la demanda agregada en la economía puertorriqueña.

Los aumentos estáticos de los ingresos de Puerto Rico sobre el nivel de las líneas de base que resultan del aumento de fondos recibidos del gobierno federal (menos los pagos de contribuciones) –que tienen el efecto de aumentar la demanda agregada en el modelo de la CBO– se incorporaron mediante el aumento del ingreso personal disponible así como de las subvenciones al gobierno puertorriqueño relativos a sus respectivos niveles en la línea base por las cantidades mostradas en la Tabla 7. Dichas cantidades excluyen cualquier aumento en las recaudaciones de las corporaciones 936 ya que éstas se recaudan realmente de las corporaciones en Estados Unidos continentales y por ende no afectan la demanda agregada en Puerto Rico. Algunas recaudaciones de contribuciones federales de fuentes en Puerto Rico (arbitrios y aranceles de aduana) actualmente son devueltas al erario puertorriqueño. Dichas recaudaciones se devolverán a Puerto Rico hasta el 1998. Las recaudaciones de contribuciones personales se devolverán a Puerto Rico hasta el fin de 1995. La CBO supuso que los aumentos en las recaudaciones de contribuciones devueltas a Puerto Rico se redistribuyen a entidades puertorriqueñas, de modo que sólo la cantidad neta de las recaudaciones de impuestos devueltas afecta la demanda agregada.

La demanda para importaciones fue restringida para obtener resultados razonables. Específicamente, la CBO supuso que se importa el 60 por ciento de las inversiones 936, cifra sugerida por el contenido, directo e indirecto, de importaciones de los bienes de inversión en Puerto Rico. De esta forma, se pueden separar las importaciones en dos partes: las que satisfacen la demanda de las inversiones 936 y las que satisfacen la demanda restante tal como se representa, implícita o explícitamente, por el funcionamiento del modelo de la CBO. En ausencia de tal restricción, la importación de bienes de capital se reduciría sólo de un 20 por ciento a un 40 por ciento de la reducción en las inversiones 936, una cifra irrazonablemente baja.

Los resultados del simulacro sobre las implicaciones económicas de la estadidad

Según las suposiciones cuantificables presentadas aquí, la estadidad para Puerto Rico aparenta reducir la tasa promedio de crecimiento de los ingresos de la Isla durante el resto de la década. Es probable que Puerto Rico gozaría de una alza temporera en el crecimiento durante el período inicial de transición, como reflejo de las disposiciones del P. del S. 712 que aumentarían las transferencias de fondos federales a la Isla antes de que se sienta plenamente el efecto de las reducciones en el crecimiento de las inversiones 936. Sin embargo, dadas las diferentes premisas, el crecimiento promedio de producción durante el resto de la década se reduciría en alrededor de uno o dos por ciento, y el crecimiento promedio de empleos en alrededor de la mitad del uno por ciento hasta un uno por ciento (vea la Tabla 8). Las cifras sobre el desempleo se traducirían en aumentos de entre el cuatro y el siete por ciento en la tasa de desempleo para el año 2000 de no tener la estadidad un impacto sobre la emigración, y de no registrarse un aumento en empleos como resultado de otros acontecimientos que no se tomaron en cuenta aquí. Dicho aumento representa un total de 50 mil a 100 mil desempleados más que los que de otra manera hubieran existido para el año 2000. La reducción en el crecimiento se traduce a un Producto Bruto Nacional real más bajo que el que de otra manera hubiera ocurrido, alrededor del 10 por ciento a 15 por ciento por debajo de la línea base para el año 2000 (vea la Gráfica 2).

Aunque eventualmente las tasas de crecimiento se tornarían normales en la medida en que el proceso de disminución del capital invertido siguiese su curso, la pérdida acumulada de producción e ingresos por debajo de los niveles que de otra manera hubieran existido se mantendría.

Hay tres aspectos interesantes de los resultados además de los ya descritos. Primero, el crecimiento del Producto Bruto Nacional y Producto Bruto Doméstico reales se afectan más en el caso de la línea base de crecimiento alto que en el caso de la línea base de crecimiento bajo. Ello ocurre principalmente porque el crecimiento del capital 936 es más alto en el caso de crecimiento alto y por ende, el restringirlo reduce la inversión todavía más. Segundo, en ambos casos, el crecimiento de empleos no se afecta tanto como el crecimiento del PBN real porque mucha de la pérdida de producción se concentra en el sector 936, en el cual un nivel dado de producción requiere menos de la mitad de los empleos que dicha producción en los demás sectores. Finalmente, el crecimiento de exportaciones reales se afecta más que el crecimiento de producción porque las empresas 936 contribuyen un porcentaje mayor a las exportaciones que a la producción.

Las posibles implicaciones económicas de la independencia

Al intentar predecir qué efecto tendría en la economía de Puerto Rico un cambio tan fundamental de carácter como independizarse de Estados Unidos, sólo se pueden hacer cálculos aproximados. Cualquiera de dichos estimados es aún más incierto que los que se asocian con la estadidad. Se puede especular, sin embargo, que la independencia podría afectar la economía a corto plazo mediante cambios en:

- El status contributivo de las ganancias corporativas generadas en Puerto Rico.
- La transferencia neta de fondos entre Puerto Rico y

Estados Unidos.

- La propia política fiscal de Puerto Rico.
- Los arreglos monetarios en Puerto Rico, tales como la posible adopción de una nueva divisa.
- La política comercial que afectaría las relaciones comerciales entre Puerto Rico y los demás países. Las exportaciones de Puerto Rico a Estados Unidos ya no estarían automáticamente libres de aranceles. El P. del S. 712 dispone que Puerto Rico independiente sería elegible para la condición de país más favorecido y declara que Estados Unidos favorecería una asociación de libre comercio con la república nueva. Pero el proyecto no hace compromiso alguno en cuanto a las disposiciones tarifarias actuales. La entrada libre de aranceles al mercado estadounidense retendría una importante ventaja de costo para Puerto Rico y aumentaría en gran medida su capacidad como república de atraer inversiones del exterior.
- Los costos de flete a Estados Unidos continentales debido a que los reglamentos marítimos federales ya no regirían. Como nación independiente, Puerto Rico ya no se enfrentaría al requisito de que sus envíos al mercado estadounidense sean transportados por barcos matriculados en Estados Unidos, situación que reduciría el costo de tales operaciones.
- Las condiciones bajo las cuales Puerto Rico podría tomar préstamos en los mercados financieros mundiales. Estos cambios podrían resultar de la pérdida del acceso a los mercados exentos de contribuciones en Estados Unidos, o de cambios en la disponibilidad de personas del exterior de hacer préstamos o invertir en Puerto Rico. La disponibilidad de invertir en Puerto Rico dependerá de la percepción que tengan dichas personas del exterior de la estabilidad política, la política económica y las futuras

instituciones económicas de Puerto Rico.

- Las actitudes de los propios puertorriqueños: por un lado, su respuesta a la independencia podría ser un mayor esfuerzo respecto al trabajo, los ahorros, etc.; por otro lado, podrían mostrar una falta de confianza en el futuro del país emigrando o enviando sus ahorros al exterior.

Los representantes del Partido Independentista Puertorriqueño Puerto Rico (PIP) han descrito la política que el gobierno de la República de Puerto Rico podría optar por llevar a cabo. En particular, este partido ha descrito disposiciones contributivas que cree serían eficaces para evitar la pérdida de inversiones en el sector manufacturero. Planteó así mismo que sería aconsejable para Puerto Rico el no crear instituciones monetarias propias durante los primeros diez años de la independencia y en cambio depender del dólar estadounidense como su divisa.

Los representantes del PIP también plantearon que el gobierno de la República de Puerto Rico podría bien establecer un programa de reformas económicas que incluiría medidas tales como la venta de empresas públicas no rentables, así como mejorar el cumplimiento de las leyes contributivas, aumentar las inversiones del gobierno, elevar la productividad de los empleados públicos y reducir la fuerza laboral del gobierno. Tal gobierno podría también reducir paulatinamente la dependencia de algunos puertorriqueños de los pagos suplementarios de ingresos por parte del gobierno, mediante la reducción por etapas de los niveles de tales pagos durante los primeros años de la independencia.[17][sic] El éxito de tales tipos de reformas es

---

[17] Algunos analistas han señalado la posibilidad de que una dependencia menor en los pagos suplementarios de ingresos por parte del gobierno a niveles que se aproximen a los que se proveen en los Estados Unidos continentales podría bien aumentar los ahorros privados y otras iniciativas económicas en Puerto Rico. Vea Bernard Wasow, "Dependent Growth in a Capital-Importing Economy: The Case of Puerto Rico," *Oxford Economic Papers*, tomo 30 (1978), páginas 117-129.

una tarea extremadamente difícil y complicada, como se puede ver por las experiencias de otros países en desarrollo durante los últimos años.

De los muchos factores que podrían afectar el comportamiento de la economía en Puerto Rico después de la independencia, la CBO se ha concentrado en sólo tres: los efectos de la proyectada reducción en las transferencias de fondos federales de los niveles que de otra manera se hubieran recibido; la posibilidad de atraer al país inversiones directas del exterior; y los posibles problemas que el país podría confrontar al financiar su balanza de pagos.

Cambios en las transferencias netas de fondos federales a Puerto Rico

En contraste con la continuación del estado libre asociado, las transferencias de fondos federales a Puerto Rico se reducirían bajo la independencia y los ingresos federales de fuentes locales (así como de las corporaciones 936), aumentarían. Aunque algunos programas tales como las pensiones federales y beneficios de los veteranos continuarían después de la independencia, otros tales como los programas de Cupones de Alimentos, Medicare, Cuidado de Hijos de Crianza, Ayuda para Familias con Niños, y los Ingresos Suplementarios del Seguro Social, cesarían. En cambio, durante el año fiscal federal en que se proclamase la independencia, Puerto Rico recibiría una subvención federal en bloque por una cantidad igual a los gastos federales en Puerto Rico de los programas descontinuados. La subvención se pagaría anualmente a Puerto Rico hasta el noveno año después de la certificación de los resultados del plebiscito. Sin embargo, la misma sería fija en términos nominativos y no tomaría en cuenta el crecimiento que de otra manera ocurriría como consecuencia de la inflación o de un aumento en participación. Por ello, los ingresos anuales de la república provenientes de esta fuente no alcanzarían el nivel de lo que Puerto Rico hubiese recibido bajo el estado libre asociado (vea la Tabla 9). Además, Puerto Rico perdería el beneficio de la devolución de los arbitrios federales sobre el ron, que actualmente protege la isla de la responsabilidad por el pago de arbitrios federales sobre el ron. En consecuencia, los pagos netos al Tesoro estadounidense por concepto de arbitrios federales sobre el ron aumentarían después de la independencia. El resultado global es una reducción significativa por debajo de los niveles de las líneas de base proyectadas en las transferencias netas de fondos federales del Tesoro estadounidense a Puerto Rico.

Se puede anticipar que dicho déficit tenga dos efectos. Uno de ellos, que se detalla más adelante, es que habrá menos financiación disponible mediante transferencias federales para cubrir cualquier déficit en la cuenta corriente de la balanza de pagos de Puerto Rico. El otro efecto es que habrá menos estímulo de la demanda agregada por los pagos federales.

La CBO ha estimado los posibles efectos económicos de estas reducciones en las transferencias federales a base del modelo económico de la CBO que se describió anteriormente. Al compararse con las mismas líneas de base de crecimiento alto y de crecimiento bajo que se usaron en el análisis de la estadidad, el crecimiento del Producto Bruto Nacional real se proyecta un poco por debajo de la proyección de la línea base, un déficit promedio de 0.2 a 0.3 puntos porcentuales por año entre 1992 y 2000.

Factores que afectan las inversiones directas del exterior

Hay que considerar varios factores al evaluar las posibilidades de que Puerto Rico independiente atraiga inversiones del exterior. Según el P. del S. 712, los beneficios de la Sección 936 ya no estarían disponibles para las corporaciones estadounidenses. Sin embargo, Puerto Rico podría ofrecer varias ventajas contributivas que podrían muy bien sustituir las disponibles bajo el status actual. En primer lugar, la república podría ofrecer a las empresas estadounidenses la ventaja de una jurisdicción extranjera con contribuciones bajas. Además, la nueva nación tendría una oportunidad que no está disponible en el status actual: negociar tratados de exención contributiva para así hacer más atractiva la inversión por parte de corporaciones de terceros países. Por último, el Partido Independentista Puertorriqueño ha descrito un nuevo conjunto de disposiciones dirigidas a duplicar los efectos de la Sección 936.[18] Según se describe, el plan incluiría imponer una contribución puertorriqueña a las ganancias corporativas a una tasa igual a la que se impone en Estados Unidos y, luego, reembolsar los beneficios de dicha contribución a manufactureros y otras empresas a modo de subsidios. Ya que las corporaciones estadounidenses afectadas verían su responsabilidad contributiva estadounidense reducirse a cero mediante el crédito contributivo extranjero, y ya que se reembolsaría la totalidad de la contribución puertorriqueña, las empresas podrían terminar con poca o ninguna responsabilidad contributiva global.

Ya que en gran medida estas posibilidades no se pueden expresar cuantitativamente, la CBO no puede proveer estimados numéricos de hasta qué punto Puerto Rico independiente podría, a fin de cuentas, aumentar o perder inversiones del exterior.

Otros factores que se asocian con las finanzas externas en la República de Puerto Rico

Aunque en la República de Puerto Rico la política contributiva podría proveer incentivos continuos para la inversión directa extranjera, otros factores podrían servir para desalentar

---

[18] Vea Erick Negrón, "S. 712 — Manufacturing Incentives made Possible by the Foreign Tax Credit," memorando inédito, 6 de febrero, 1990.

tales inversiones, así como los préstamos en los mercados extranjeros de crédito de los cuales Puerto Rico ha dependido a veces en el pasado. La Isla dependerá fuertemente de ambas fuentes de "finanza externa" si se produce un déficit significativo en la cuenta corriente de su balanza de pagos, como ha pasado con el Estado Libre Asociado. Un déficit en la cuenta corriente es inevitable en un país que, como Puerto Rico, genera muy pocos ahorros domésticos pero, sin embargo, hace inversiones domésticas significativas. Según muestra la Tabla 10, el déficit de Puerto Rico se ha producido históricamente debido, en primera instancia, a los grandes pagos por servicios de factores, mayormente dividendos de las inversiones de la Sección 936. Aunque los datos sobre financiación en la tabla son sólo sugestivos, la financiación de este déficit aparentemente se ha hecho mediante dos fuentes: grandes transferencias del gobierno estadounidense y entradas de inversiones directas (Sección 936). Gran parte de la financiación restante aparentemente se obtuvo mediante préstamos gubernamentales en Estados Unidos, por lo general en el mercado de bonos municipales exentos de contribuciones.

Las posibles dificultades al financiar la balanza de pagos de Puerto Rico, provienen del hecho de que dos de las fuentes principales de financiación en el pasado estarán más restringidas en la independencia. Las transferencias gubernamentales estadounidenses se reducirán paulatinamente según el P. del S. 712 de los niveles de la línea base que se proyectan de no haber cambios en el status político de Puerto Rico. Tomar préstamos en los mercados estadounidenses de crédito, por su parte, podría ser al menos más oneroso y podría reducirse significativamente.

De convertirse Puerto Rico en país independiente, la Isla podría tener aún más dificultad que en el pasado para utilizar este tipo de préstamo y otras medidas para financiar su balanza de pagos. Al menos, Puerto Rico sufriría un aumento notable en el costo de los préstamos porque ya no tendría acceso a los mercados de bonos libres de impuestos. La CBO calcula que Puerto Rico tendría que pagar tasas de interés que serían por lo menos 2 puntos porcentuales más altas que las que paga en la actualidad. Esto representa la diferencia entre la tasa exenta de contribuciones que la Isla paga en la actualidad y la tasa que pagan los pocos países en desarrollo de relativamente bajo riesgo, como Tailandia, que actualmente tienen acceso a los mercados de bonos en Estados Unidos. Sin embargo, aún esto dependería de la confianza adecuada en las perspectivas económicas de Puerto Rico por parte de los mercados financieros. De hecho, la mayoría de los demás países latinoamericanos tienen dificultades en tomar préstamos exteriores a cualquier tasa de interés razonable.

La CBO preguntó a instituciones de Wall Street cuánto éxito tendría Puerto Rico independiente en emitir bonos en los mercados abiertos estadounidenses. Algunos expresaron optimismo pero otros adoptaron una actitud cautelosa al sugerir que el nivel de deuda gubernamental afectaría cualquier clasificación de bonos y que se tendría que evaluar todo el cuadro de la balanza de pagos, especialmente los niveles de pagos de ingreso sobre inversiones en el exterior en comparación con la tasa de inversiones directas extranjeras y la tasa de crecimiento de exportaciones. Los analistas de Wall Street sugirieron que inicialmente se tendrían que satisfacer interrogantes respecto a la política económica e instituciones bajo la independencia antes de que un gobierno isleño independiente pudiera tener pleno acceso a los mercados crediticios mundiales.

De no encontrar otra fuente de financiación, cualquier "brecha de financiación" en la balanza de pagos de Puerto Rico, probablemente ocasionaría una disminución de la actividad económica en Puerto Rico. A menos que se tomen medidas de política fiscal, dicha brecha produciría unas condiciones financieras apretadas en la Isla. Si los precios y salarios en

Puerto Rico fueran muy flexibles, el egreso de dinero produciría una reducción de precios por debajo del nivel que pudieran alcanzar de otro modo. Sin embargo, debido al salario mínimo (que según los representantes independentistas se debe mantener) y otras políticas restrictivas, no es probable que una reducción de precios ocurra con rapidez. Por ende, es más probable que la brecha de financiación conduzca inicialmente y por algún tiempo a aumentos en las tasas reales de interés en Puerto Rico en relación con las del exterior, y a una disminución del ingreso y la producción doméstica real. Gran parte de este efecto restrictivo se producirá también si Puerto Rico usara restricciones fiscales para mantener su necesidad de financiación externa al alcance de los abastos disponibles, en vez de la política monetaria pasiva que se acaba de describir.

Se podrían reducir los problemas de financiar la balanza de pagos si los demás países del mundo aumentasen los préstamos directos a Puerto Rico por medio de instituciones multilaterales y bancos comerciales; sin embargo, el ambiente financiero mundial no es muy alentador en este aspecto. En principio, la economía isleña podría depender de instituciones multilaterales tales como el Fondo Monetario Internacional y el Banco Mundial, así como de programas de préstamos directos de bancos comerciales y de gobiernos de países industrializados. Sin embargo, la admisión de Puerto Rico como miembro de las instituciones multilaterales podría tardar un tiempo y dichas agencias ya tienen dificultades en llenar las necesidades de los demás países en desarrollo. El surgimiento reciente de Europa Oriental ha aumentado el número de países en desarrollo que necesitan financiación de tales instituciones multilaterales. Los nuevos préstamos netos de bancos comerciales concedidos a países en desarrollo sin liquidez en América Latina y otras partes, se han reducido últimamente a casi cero. En todo caso, es probable que tales prestamistas asuman una actitud cautelosa respecto a prestarle a Puerto Rico hasta tanto entiendan que se han eliminado las dudas en cuanto a la política económica, la estabilidad política y el sistema financiero de Puerto Rico. Como resultado, los gobiernos industriales se quedan como la fuente más probable de financiación, con Estados Unidos como candidato lógico para asumir el papel principal en cualquier programa de préstamos.

Un número de otros factores también podría tener el efecto de aliviar las dificultades de Puerto Rico al financiar su balanza de pagos. El P. del S. 712 dispone que en la independencia, se devolvería a la Isla el importe de los aranceles recaudados por el gobierno estadounidenses sobre importaciones transportadas a Puerto Rico, proveyendo a la isla una nueva fuente de financiación. Los términos comerciales entre Puerto Rico y los demás países del mundo mejorarían en la independencia ya que se reducirían tanto los costos de flete como las restricciones no arancelarias sobre el comercio con países fuera de Estados Unidos. Como una medida de emergencia, el gobierno estaría en libertad de restringir el flujo de capital financiero en casos en que se requiriera esa acción severa.

Conclusiones

El P. del S. 712 abre la posibilidad de cambios políticos y económicos importantes en Puerto Rico, especialmente si el plebiscito de 1991 produjese un voto a favor de la independencia o la estadidad. Los cambios económicos serían producto no sólo de cambios en las relaciones fiscales entre Puerto Rico y los Estados Unidos, sino también, y mucho más importante aún, de cambios en la actividad económica en Puerto Rico por parte de empresas que se beneficiarían de la Sección 936 del Código de Rentas Internas de los Estados Unidos bajo el status actual. Estos resultados, aunque extremadamente inciertos, se prestan, al menos en principio, a la cuantificación. Probablemente ocurrirían otros cambios económicos, tales como un mejor reconocimiento de oportunidades dentro de Puerto Rico, una disminución de la dependencia económica o problemas financieros, pero no es fácil cuantificar la importancia de los mismos.

Las relaciones fiscales entre Puerto Rico y el gobierno federal cambiarían en forma significativa como resultado de cualquier cambio en el status, según las disposiciones del P. del S. 712. La estadidad traería un aumento en las contribuciones pagadas al Tesoro federal por individuos y compañías en Puerto Rico, pero dicho incremento se compensaría por aumentos en los fondos federales enviados al gobierno de la Isla y sus residentes. Como consecuencia, las transferencias netas (gastos menos contribuciones) a la isla serían casi 18 mil millones de dólares más durante el período de nueve años entre 1992 y 2000, de no ocurrir otros cambios económicos. El beneficio fiscal neto que resulte de la estadidad probablemente sería permanente. Por otro lado, la independencia traería una reducción de las transferencias netas del gobierno federal mediante aumentos progresivos que sumarían a casi 7 mil millones de dólares durante el período de ocho años entre 1993 y 2000. La pérdida fiscal anual de Puerto Rico aumentaría después del año 2000, cuando se terminaría la subvención en bloque que dispone el P. del S. 712.

Aunque los cambios en las relaciones fiscales con el gobierno federal en sí favorecen la estadidad sobre la independencia o el status actual, parece probable que los posibles cambios en la actividad económica de las empresas que se benefician de la Sección 936 bajo el status actual empeorarían las perspectivas económicas bajo la estadidad en comparación con las otras dos opciones de status. La estadidad implicaría la pérdida eventual de los beneficios de la Sección 936. Bajo el status actual o el "estado libre asociado desarrollado" que se describe en el P. del S. 712, las ventajas contributivas de la Sección 936 continuarían (aunque el Congreso está en libertad de revocarla en una fecha futura). Puerto Rico independiente no se beneficiaría de la Sección 936, pero quizás podría adoptar otras disposiciones contributivas que podrían igualar las ventajas contributivas disponibles en la actualidad en virtud de la Sección 936.

La pérdida potencial de inversiones en la estadidad es grande, tanto en términos absolutos como en comparación con los beneficios fiscales que traería la estadidad para Puerto Rico. Según las premisas de la CBO, durante el período 1992-2000, la estadidad podría reducir la tasa de crecimiento del Producto Bruto Nacional real de Puerto Rico entre uno y dos puntos porcentuales, dependiendo de lo que se presuma en términos de crecimiento bajo el status actual. Estos estimados reflejan tanto el efecto de transferencias federales netas más altas –que producirían un aumento en el crecimiento real durante los primeros años de la estadidad– como los de la pérdida de inversiones y exportaciones por parte de las empresas 936, en comparación con una línea base de cómo ambos renglones están creciendo bajo el status actual.

La independencia también podría conducir a grandes cambios en las inversiones, pero dichos cambios no se pueden anticipar tan fácilmente como los que ocurrirían en la estadidad, dado que Puerto Rico independiente quizás podría establecer un nuevo conjunto de incentivos –mediante una combinación de tratados de exención contributiva y subsidios locales– que podría ser casi tan atractivo como los beneficios actuales bajo la Sección 936.

Otros posibles efectos económicos de la independencia son más especulativos aún. En el lado positivo, la independencia podría conducir a una reducción de la dependencia, mejoría en las políticas arancelarias, costos de flete más bajos y otros beneficios que no se pueden cuantificar. Sin embargo, el acceso de Puerto Rico independiente a los mercados financieros de Estados Unidos sería menos ventajoso que en el status actual o la estadidad. Al menos, Puerto Rico tendría que pagar un mínimo de dos puntos porcentuales más por concepto de intereses sobre la deuda pública de lo que actualmente paga el gobierno isleño. Otra posibilidad, sin embargo, es que la nueva nación tendría dificultad en tomar prestado a cualquier tasa de interés, como ha sido el caso con otros países en desarrollo en años recientes. Este resultado pesimista sería mucho más probable si se redujese la inversión directa en Puerto Rico, provocando así tanto un crecimiento menor en las exportaciones de Puerto Rico como una contribución más pequeña a la financiación del déficit en la balanza de pagos por parte de la inversión directa. Debido a la gran importancia de la Sección 936 en la economía de la Isla, la pérdida de sus disposiciones conllevará cambios importantes en la condición económica de Puerto Rico. Sin embargo, la magnitud de dichos cambios es extremadamente incierta, y el análisis de los mismos en este documento, aunque podría ser útil en el debate, no puede considerarse como definitivo. Al igual que con cualquier cambio político, cambios en el status de la isla requerirían una evaluación de muchos factores que sobrepasan lo estrictamente económico y en última instancia se basaría en un acto de fe.

TABLA 1
Indicadores de condiciones económicas

	Tasa anual promedio de crecimiento del PBN real per cápita	Promedio anual de emigración neta en porcentaje de la población a mediados de la década	Tasa anual promedio de desempleo
1950	4.0	n.d.	n.d.
1960	4.7	2.2	14.3
1970	5.5	0.8	11.5
1980	1.6	0.3	15.5
1989	1.5	0.9*	19.5

ORIGEN: Junta de Planificación de Puerto Rico, Departamento del Trabajo y Recursos Humanos de Puerto Rico.

NOTA: n.d. = no disponible.

* Sólo se incluyen datos hasta 1988.

TABLA 2

Distribución por sectores de empleo, producto e ingresos
(En porcentaje por año fiscal en Puerto Rico)

	Manufactura	Agricultura	Gobierno	Otro	Total
		Empleo			
		(Porcentaje de la industria en el empleo total)[a]			
1940	7.0	44.7	2.5	45.8	100.0
1950	7.4	35.9	7.6	49.1	100.0
1960	13.4	22.8	11.4	52.4	100.0
1970	18.2	9.9	15.5	56.4	100.0
1980	18.5	5.0	24.4	52.1	100.0
1989	17.2	3.9	23.0	55.9	100.0

ORIGEN: Junta de Planificación de Puerto Rico

[a] Manufactura excluye la refinación del azúcar e industria casera de la aguja.

(Continúa en la próxima página)

(Continuación Tabla 2: **Distribución por sectores de empleo, producto e ingresos)**

	Manufactura	Agricultura	Gobierno	Otro	Total
		Producto Bruto Doméstico (Porcentaje de la industria en el PBD total)			
1950	16.5	18.2	10.4	54.9	100.0
1960	21.7	9.7	11.1	57.5	100.0
1970	23.6	3.2	12.1	61.1	100.0
1980	36.8	2.6	13.1	47.5	100.0
1989	39.2	1.5	11.1	48.2	100.0

ORIGEN: Junta de Planificación de Puerto Rico

(Continúa en la próxima página)

(Continuación Tabla 2:   **Distribución por sectores de empleo, producto e ingresos**)

	Manufactura	Agricultura	Gobierno	Otro	Total
		Ingresos por Mano de Obra			
		(Porcentaje de la industria en el total de ingresos por mano de obra)			
1950	15.9	17.0	18.1	49.0	100.0
1960	19.4	7.6	18.8	54.2	100.0
1970	21.7	2.4	21.8	54.1	100.0
1980	23.0	2.3	26.3	48.4	100.0
1989	21.6	1.7	24.5	52.2	100.0

ORIGEN: Junta de Planificación de Puerto Rico

(Continúa en la próxima página)

(Continuación Tabla 2:

Distribución por sectores de empleo, producto e ingresos)

	Manufactura	Agricultura	Gobierno	Otro	Total[b]
	Porcentaje de Ingresos Netos de Industrias por concepto de Ingresos por Mano de Obra[b]				
1950	69.4	44.2	100.0	51.9	58.4
1960	62.5	39.2	100.0	57.2	61.4
1970	63.5	37.6	100.0	58.4	65.0
1980	34.8	38.3	100.0	61.8	56.4
1989	26.7	44.9	100.0	57.6	49.9

ORIGEN: Junta de Planificación de Puerto Rico

[b] La última columna representa el porcentaje del Ingreso Doméstico Neto total que representan ingresos de mano de obra.

TABLA 3
Sectores Industriales

	1950	1960	1970	1980	1989
Alimentos y tabaco	52.5	26.7	20.6	12.0	12.5
Textiles y ropa	20.9	22.4	22.2	8.6	5.0
Químicos y maquinaria	9.2	22.2	31.4	62.6	73.6
Otras industrias	17.4	28.7	25.8	16.8	8.9

ORIGEN: Junta de Planificación de Puerto Rico

TABLA 4
Tasas de ganancias operacionales antes del pago de contribuciones de industrias seleccionadas, 1983

Ingresos operacionales antes del pago de contribuciones en porcentaje de activos operacionales

Industria	Operaciones en EE.UU.	Corporaciones Sección 936[a]
Toda manufactura	10.3	54.1
Alimentos y productos relacionados	13.7	40.2
Químicos y productos relacionados	10.1	72.1
Farmacéuticas	18.7	77.5
Productos de metal fabricados	10.6	27.8
Maquinaria, excepto eléctrica	9.1	42.6
Equipo eléctrico y electrónico	8.5	67.3
Instrumentos y productos relacionados	12.1	69.5

ORIGEN: Departamento del Tesoro, Oficina de Análisis Contributivo

NOTA: Ingresos operacionales se definen como ventas brutas menos el costo de bienes vendidos, menos todas las demás deducciones excepto contribuciones, intereses y donaciones caritativas. Activos operacionales incluyen propiedad neta, la fábrica y equipo, inventarios y cuentas por cobrar netas.

[a] Las corporaciones de la Sección 936 que se incluyen son aquellas que no optaron por utilizar el método de ganancias divididas. Tales empresas representan alrededor del 80 por ciento de los activos de la Sección 936 en Puerto Rico. La mayor parte de sus ingresos devengados de activos intangibles probablemente surgen de intangibles manufactureros, en vez de intangibles de mercadeo.

TABLA 5

Gastos federales estimados en Puerto Rico por concepto de ciertos programas de concesiones de beneficios sociales (En miles de millones de dólares, años fiscales de Estados Unidos)

Programas	1992	1993	1994	1995
Gastos en la línea base	1.8	1.9	2.0	2.1
Aumentos bajo la estadidad				
Sellos de alimentos	0.7	0.7	0.7	0.7
Medicaid	0.9	1.0	1.1	1.2
Medicare	0.1	0.1	0.1	0.1
Ingresos suplementarios del Seguro Social	0	0	0.6	0.9
Ayuda a familias con niños	a	a	0.1	0.1
Cuido de hijos de crianza	a	a	a	a
Aumento total	1.7	1.8	2.6	3.0
Gastos bajo la estadidad	3.5	3.7	4.6	5.1

ORIGEN: Oficina Congresional del Presupuesto
a. Menos de 50 millones de dólares.

TABLA 6

Cambios en inversiones brutas, capital y exportaciones Sección 936, según premisas de la CBO
(en porcentaje de líneas base, años fiscales de Puerto Rico)

Partida Cambiada	1991	1992	1993	1994	1995	2000
	Línea base de crecimiento alto					
Inversión Bruta Sección 936	0	-26	-30	-56	-59	-73
Capital Sección 936	0	-4	-8	-15	-21	-47
Exportaciones Sección 936	0	0	-4	-8	-15	-43
	Línea base de crecimiento bajo					
Inversión Bruta Sección 936	0	-26	-30	-47	-49	-62
Capital Sección 936	0	-3	-7	-12	-17	-37
Exportaciones Sección 936	0	0	-3	-7	-12	-33

ORIGEN: Oficina Congresional del Presupuesto.

TABLA 7

Cambios estáticos estimados en gastos e ingresos federales de fuentes locales como resulado de la estadidad (en millones de dólares, años fiscales de Estados Unidos)

	1992	1993	1994	1995	1996	1997	1998	1999	2000
Cambio en gastos totales	1,666	1,810	2,550	2,950	3,068	3,191	3,318	3,451	3,589
Cambios de ingresos de fuentes locales[a]									
Arbitrios nuevos								395	414
Aranceles								163	171
Arbitrios sobre ron								265	268
Contribuciones sobre ingresos personales			163	10	539	739	773	809	846
Contribuciones sobre corporaciones locales					274	471	495	519	545
Cambios Totales de Ingresos de Fuentes Locales			163	10	813	1,210	1,268	2,151	2,244
Cambios en transferencias netas a Puerto Rico	1,666	1,810	2,387	2,940	2,255	1,981	2,050	1,300	1,345

ORIGEN: Oficina Congresional del Presupuesto, Departamento del Tesoro.

NOTA: Las cifras de ingresos son expresados como reembolsos netos al Tesoro puertorriqueño de recaudaciones federales. El crédito contributivo sobre ingresos proviene de contribuciones netas sobre contribuciones personales, en vez de expresarse por separado en la columna de gastos. Se presumió que después del 1995, los gastos crecerían 4 por ciento por año. Para detalles adicionales, vea Congressional Budget Office, "Background Materials on the Costs for the Puerto Rico Status Referendum Act" (Noviembre 5, 1989, mimeo); y la ponencia de Keith Gideon, Secretario Auxiliar del Tesoro, ante la Comisión de Finanzas del Senado, el 14 de noviembre de 1989.

[a] Se excluyen los aumentos en recaudaciones de contribuciones de las corporaciones de la Sección 936.

TABLA 8.

Efectos ilustrativos de la estadidad sobre la economía de Puerto Rico

(Variación en la línea base de la tasa promedio de crecimiento anual, en puntos porcentuales)

	1992-1995	1996-2000	1992-2000
Línea base de crecimiento alto			
PBN real	0.1	-3.3	-1.8
PBD real	-0.4	-3.0	-1.9
Empleo	0.1	-1.9	-1.0
Exportaciones reales	-2.4	-4.5	-3.6
Línea base de crecimiento bajo			
PBN real	0.7	-2.3	-1.0
PBD real	0.1	-2.2	-1.2
Empleo	0.5	-1.4	-0.6
Exportaciones reales	-1.8	-3.0	-2.5

ORIGEN: Oficina Congresional del Presupuesto.

TABLA 9

Cambios estáticos estimados en gastos e ingresos federales de fuentes locales como resultado de la indpendencia (en millones de dólares, años fiscales de Estados Unidos)

	1992	1993	1994	1995	1996	1997	1998	1999	2000
Cambio en gastos totales	0	0	-100	-300	-500	-600	-800	-1,000	-1,200
Cambios en ingresos de fuentes locales (arbitrios sobre el ron)[a]	0	188	252	255	257	260	262	265	268
Cambios en transferencias netas a Puerto Rico	0	188	-352	-555	-757	-860	-1,062	-1,265	-1,468

ORIGEN: Oficina Congresional del Presupuesto, Departamento del Tesoro.

NOTA: Las cifras suponen que la proclama de independencia ocurre el 1 de enero de 1993. Para detalles adicionales, vea Congressional Budget Office, "Background Materials on the Costs of the Puerto Rico Status Referendum Act" (Noviembre 5, 1989, procesado); y la ponencia de Keith Gideon, Secretario Auxiliar del Tesoro, ante la Comisión de Finanzas del Senado, el 14 de noviembre de 1989.

[a] Se excluyen los aumentos en recaudaciones de contribuciones de las corporaciones de la Sección 936.

TABLA 10
La balanza de pago de Puerto Rico y su financiación, 1980-1989
(en millones de dólares, años fiscales de Puerto Rico)

	1980	1981	1982	1983	1984	1985	1986	1987	1988	1989
Déficit cuenta corriente	4,447	4,479	3,783	4,565	5,404	5,621	5,226	6,355	7,347	7,828
Déficit en servicio de factores	3,586	4,007	4,350	4,529	5,311	5,647	6,347	7,108	8,115	8,548
Déficit en mercancía y servicios no de factores	861	473	-567	34	93	-26	-1,122	-754	-768	-720
Financiación del déficit cuenta corriente	4,447	4,479	3,783	4,564	5,404	5,621	5,226	6,355	7,347	7,828
Transferencias netas	3,252	3,345	3,515	3,561	3,590	3,706	3,833	3,741	3,879	8,913
Gobierno EE.UU.	3,021	3,126	3,249	3,240	3,232	3,389	3,503	3,354	3,456	3,556
Otro	231	219	266	320	358	318	330	387	423	357
Entradas capital neto	1,195	1,135	268	1,003	1,814	1,915	1,392	2,614	3,468	3,915
S. 936	2,048	2,215	577	1,306	1,001	4,050	1,011	n.d.	n.d.	n.d.
Otro	-853	-1,080	-309	-303	813	-2,135	381	n.d.	n.d.	n.d.

ORIGEN: Oficina Congresional del Presupuesto; Oficina de Análisis Contributivo, Departamento del Tesoro; Junta de Planificación de Puerto Rico.

NOTA: n.d. = no disponible.

Documento
Declaración del Presidente de la Cámara

24 de julio, 1989

Comentarios del Presidente de la Cámara (Speaker) Thomas Foley ante el Club Nacional de Prensa en torno a la legislación sobre el status de Puerto Rico:

Pregunta - "¿Cuál es su parecer sobre la legislación ante consideración del Senado para celebrar un referendo sobre el status de Puerto Rico en 1991?"

Respuesta - "Bueno, favorezco la idea de un referendo y de que se seleccione entre la estadidad, la prolongación de la libre asociación y la independencia.

Estoy algo preocupado sobre si lo podemos hacer de modo prospectivo, que más o menos garantiza la estadidad si recibe mayoría, aunque sea exigua, o en dos etapas en que esperamos los resultados del plebiscito puertorriqueño y entonces nos comprometemos –creo que en un sentido moral lo haríamos– a que la legislación refleje ese deseo.

No hay duda de que yo creo que el Congreso de los Estados Unidos responderá a los intereses, preocupaciones y voluntad del pueblo de Puerto Rico en cuanto a su status se refiere. Si la mayoría vota por la estadidad, yo creo que el camino a la estadidad será muy ancho y que vendrá la estadidad.

Si, por el contrario, votan por continuar con el status de la libre asociación, resultará en eso.

y si desearan la independencia –eso me parece remoto– pero si desearan la independencia, este país siempre respetará la decisión de cualquier parte de nuestra comunidad nacional que quiera ser independiente, siempre y cuando no sea un estado.

(Risa)

"A decir verdad, he hecho una que otra broma en el sentido de que algunas de las ventajas de la libre asociación son ventajas importantes, tales como el reembolso de arbitrios, la retención por Puerto Rico de las contribuciones, y otros. Hay quien ha dicho que si pudiera, Nueva York optaría por la libre asociación. Sería el Jardín del Edén si pudieran retener todos sus beneficios contributivos.

Pero, sea cual sea la opción, sea cual sea la decisión, tendría que haber un período de transición, pero honraríamos los resultados."

El proyecto procesal de la Cámara

Juan M. García Passalacqua

La Cámara de Representantes de los Estados Unidos tuvo, desde el comienzo, una perspectiva distinta a la del Senado sobre el asunto del status de Puerto Rico. Mientras el mayor interés bajo el liderato del Senador Bennett Johnston en el alto cuerpo fue la definición *sustantiva* de las fórmulas, la determinación del personal del Comité de lo Interior en la cámara baja fue atender a un *proceso* de solución del issue del status, con menor interés en las definiciones de las opciones, y con un final abierto para una iniciativa de los Estados Unidos.

El Presidente de la Cámara, Thomas Foley, había advertido ante el National Press Club en Washington, el 24 de julio de 1989, que objetaba garantizar la admisión de la Isla como estado en un proyecto de ley. Advirtió que favorecía un proceso en dos etapas, en las que el pueblo de Puerto Rico se expresase primero y luego el Congreso se comprometiese. Insistió en la necesidad de un período de transición hacia la nueva fórmula, pero se comprometió a aprobar legislación para promover un referéndum. La fundamental diferencia de enfoque entre la Cámara y el Senado de los Estados Unidos generó un tranque, con el que terminó el 1990.

La Cámara comenzó la consideración del asunto el 30 de enero de 1990, con una vista preliminar para escuchar a los funcionarios de la Rama Ejecutiva y los miembros del Comité de Diálogo, y aprobó unánimemente el proyecto el 11 de octubre de ese mismo año, en apenas ocho meses. La estrategia procesal dio resultados positivos al lograr una pronta aprobación.

Esta fue la razón del éxito. El Presidente del Subcomité de Asuntos Insulares de la Cámara, Ron de Lugo (D.,I.V.) anunció el 30 de abril de 1990 que se proponía radicar un proyecto de ley en los próximos diez días, que **no** sería autoejecutable. El 1ro de mayo el Gobernador Rafael Hernández Colón hizo un llamamiento a los tres partidos políticos de la Isla a unirse a demandar que el proyecto contuviese una cláusula de auto-ejecutabilidad. Carlos Romero Barceló advirtió que concurriría al plebiscito "con o sin un compromiso del Congreso". Rubén Berríos Martínez sentenció: "Todos los que nos oponemos a la estadidad deberíamos estar de plácemes".

El liderato completo de la Cámara, por voz de su Presidente Thomas Foley, apoyó el proyecto, en una conferencia de prensa. Así lo ratificó el líder de la minoría republicana Robert H. Michel "en el espíritu de democracia y autodeterminación que está arropando todos los demás lugares del mundo". Los principales representantes en la Comisión de Reglas, que tiene el poder de expedir la consideración del proyecto, lo firmaron y endosaron.

La Casa Blanca, por su parte, anunció el envío de una delegación del más alto nivel a Puerto Rico presidida por Chase Untermeyer, para reunirse con los líderes de los tres partidos políticos, ratificando a la vez, su intención de que se celebre un plebiscito en 1991, en paridad de condiciones para las tres fórmulas. El Presidente George Bush envió además una carta al liderato de la Cámara en la que respaldaba su iniciativa, y fuentes del Senado aseguraron que los dos proyectos son "armonizables" y que habrá "cooperación bicameral" entre la Cámara y el Senado de los Estados Unidos.

Veamos ahora los aspectos principales del proyecto original bipartito de la Cámara de Representantes de los Estados Unidos:

- Se asignaban $4 millones al gobierno de Puerto Rico para celebrar un referéndum (en otras palabras, se ordena el mismo).

- Se preguntaría en la papeleta: ¿Qué status político favorece usted para Puerto Rico en los términos mutuamente acordados por el pueblo de Puerto Rico y el Congreso de Estados Unidos?

- Se ofrecen cuatro opciones: independencia, estadidad, una relación con Estados Unidos de Estado Libre Asociado mejorado, o "ninguna de las anteriores".

- Se deja en blanco el espacio para las definiciones "iniciales" de cada una de las tres opciones (que propondrían los partidos, pero que redactaría finalmente el Congreso).

- Si hubiera mayoría en el referendo, los dos comités del Congreso redactarían legislación para implementar la opción escogida, en consulta con los tres partidos políticos de la Isla, con representantes del Presidente de Estados Unidos, y con "otras partes interesadas".

- Esas negociaciones y el proceso de consideración de su resultado tienen un término fijo hasta el 1 octubre de 1992.

En síntesis, el proyecto respondía a la determinación del gobierno permanente de los Estados Unidos de diseñar un proceso que tuviese resuelto el status de Puerto Rico para la fecha del Quinto Centenario del Descubrimiento, el 12 de octubre de 1992.

El 10 de junio de 1990 fue un día de gran significación histórica. Por vez primera, luego de año y medio de negociaciones y consultas, se publicaron tres definiciones claras, sometidas por los partidos políticos a la Cámara de Representantes de los Estados Unidos, sobre cada opción futura de status político.

Los puntos claves de la definición de **independencia** son:

- un Tratado de Amistad y Cooperación con las reglas para futuras negociaciones;
- ayuda económica en bloque igual a la actual por diez años y luego ayuda negociada;
- derechos absolutos para veteranos, pensiones y seguro social y un fondo para crear esos sistemas en la república;
- retención de la Sección 936 por diez años;
- retención de los acuerdos comerciales y de tarifas;
- deuda pública asumida con exención continuada por diez años;
- un sistema de seguro de depósitos;
- el dólar como moneda oficial;
- garantías para el mercado secundario de valores;
- ciudadanía norteamericana a los que deseen retenerla;
- garantía de derechos humanos fundamentales;
- acuerdos de defensa hacia la eventual desmilitarización.

Los puntos principales de la propuesta de **estadidad** son:

- la admisión como estado soberano de la Unión;
- igualdad con los estados en los términos de admisión;
- los mismos derechos para los ciudadanos que en los cincuenta estados;
- la retención de la presente constitución del ELA;
- reconocimiento del territorio y aguas sumergidas;
- una transición económica suave y justa;
- luego de la admisión, el voto presidencial y una delegación congresional completa;
- luego de la admisión, paridad en todos los programas federales;

- el estado asumirá todas las responsabilidades de un estado de la Unión.

Los puntos principales de la propuesta **estadolibrista** son:

- el reconocimiento del ELA como un cuerpo autónomo;
- el reconocimiento del idioma y la cultura;
- un convenio de unión permanente enmendable por mutuo consentimiento;
- la soberanía del ELA en lo cubierto por su Constitución;
- la aplicabilidad de la Constitución de Estados Unidos para proteger la totalidad de los derechos individuales;
- la ciudadanía norteamericana igual a la de los estados;
- paridad en los beneficios sociales o servicios a los ciudadanos;
- una aportación apropiada del ELA al tesoro federal;
- la Constitución del ELA gobernará, en adelante, todos los asuntos necesarios;
- el ELA podrá entrar en acuerdos internacionales;
- la Asamblea Legislativa del ELA podrá declarar que una ley federal no debe aplicar en adelante al ELA;
- el ELA asumirá los gastos de la autoridad federal que se le transfiera.

Las vistas en la Cámara de Representantes sirvieron para afinar las propuestas de los partidos y dejar en el récord también otros dos asuntos cruciales: la obligatoriedad del plebiscito para los partidos locales y la consideración de la fórmula de libre asociación como una cuarta opción. El interrogatorio fue importante, y se suscitaron las cuestiones siguientes a cada uno de los tres líderes políticos.

Le preguntaron a Rafael Hernández Colón sobre:

- su uso de fondos federales para promover el ELA;
- el derecho al voto de los no residentes;
- la aplicabilidad de la constitución norteamericana bajo el nuevo ELA;
- la cantidad de la contribución federal del ELA a cambio

de recibir paridad en beneficios de *Welfare;*
- los tratados internacionales del ELA como está;
- las preferencias de la base del PPD por la unión permanente o la autonomía con soberanía;
- el requisito de 3/4 partes de la Legislatura para cambiar el status después del plebiscito.

Le preguntaron a Carlos Romero Barceló sobre:
- el voto de los no residentes;
- cuán larga sería la transición en la estadidad antes de poder pagar todos los impuestos federales;
- si aceptaría la posposición del derecho al voto por el presidente y de la elección de los congresistas de Puerto Rico;
- la cuestión de la garantía del idioma español;
- qué derechos tendrían los independentistas después de la estadidad.

Las preguntas a Rubén Berríos Martínez fueron:
- por qué se necesita una transición económica antes y no después de la independencia;
- por qué la estadidad no es conveniente a los EE.UU.;
- si acepta que el ELA sea autoejecutable;
- si el PIP negaría bases militares a otros países;
- si el PIP desea su propia moneda y sistema postal;
- por qué los puertorriqueños no votan por la República.

Estas preguntas evidencian las áreas de interés de la metrópoli, a diferencia de las prioridades en las definiciones producto del debate político local. Luego de las tres ponencias y de los interrogatorios a los tres líderes, habló la Casa Blanca. Tildó la propuesta del ELA de "ambigua, confusa, controversial e inconstitucional". Además, la Casa Blanca informó oficialmente a los periodistas y analistas, que cercaron la mesa de Stuart M. Gerson (el representante del Presidente de los Estados Unidos en las vistas), que George Bush "vetaría" el proyecto de ley de plebiscito si incluye una definición del ELA como "autonomía con unión permanente" (por considerarla inconstitucional), pero que aceptaría una definición del ELA como "autonomía con soberanía". En las reuniones privadas que comenzaron esa semana entre Casa Blanca, el Senado y la Cámara, ésa fue la cuestión fundamental. A todos sorprendió el hecho de que el planteamiento de la Casa Blanca sobre este punto crucial coincidió (casi con el mismo texto) con la ponencia del Senador Marco Antonio Rigau, invitado a testificar por el Comité de la Cámara. El Senador Rigau apoyó incondicionalmente la propuesta de su Partido Popular, pero pidió la aclaración de que la misma sería concedida mediante la disposición del territorio por el Congreso, lo que la haría perfectamente constitucional. El Congreso dejaría de ejercer poderes sobre Puerto Rico. Insistió en que "el nuevo ELA" no podía quedar bajo la cláusula territorial de la Constitución de los Estados Unidos. De esa manera, dijo, se resolvería la dificultad planteada por la Casa Blanca. "Usted ha sido perfectamente claro", sentenció el Presidente de las vistas, el congresista James McLure Clarke al finalizar el testimonio del Senador Marco Rigau.

El proceso de negociación y consulta terminó para todos los efectos, con la vista pública reseñada. En ella se dejó ver claramente el timoneo norteamericano. Este muy articulado diseño se asomó en unas breves palabras pronunciadas por el Presidente del Comité de lo Interior y Asuntos Internacionales de la Cámara de Representantes de los Estados Unidos el 2 de agosto de 1990 a las 5:30 de la tarde: *"If for any reason there is no decision, a new section would require us to propose new solutions"*. Esta adición sorpresiva al historial legislativo de la "Ley de Autodeterminación de 1991" dejó ver la intención de los Estados Unidos. La invitación al Senador Marco Rigau a proponer en el récord su alternativa de la "libre asociación", fuera de la cláusula territorial de la Constitución de Estados Unidos, ratificó esa clara intención.

El 31 de julio el Comité de Finanzas del Senado de Estados

Unidos determinó los aspectos económicos de las tres fórmulas de status. El efecto sobre la fórmula estadista lo resumió brillantemente el titular del Washington Post del 2 de agosto: COMITE DEL SENADO MATA BENEFICIOS DE LA ESTADIDAD. Mató también el intento de conceder la estadidad tan pronto la pidan los puertorriqueños, al derrotar una enmienda del Senador Patrick Moynihan, ¡en cuya votación fueron los senadores republicanos los que se ocuparon de matar la inmediatez de la estadidad!.

El Estado Libre Asociado recibió del Comité de Finanzas su ansiada "paridad" en beneficios de *welfare* para los pobres. Sin embargo se condicionó a que sea Puerto Rico el que provea los mil millones de dólares adicionales que se necesitan. En otras palabras, se sacará el dinero de las corporaciones y de la clase media para dárselo a los pobres, el sector electoralmente mayoritario.

El independentismo obtuvo todo lo que pidió, creando por vez primera en nuestra historia, una opción nacional viable.

Entre el 1 y 2 de agosto de 1990 el Subcomité de lo Interior de la Cámara de Representantes de Estados Unidos aprobó unánimemente su proyecto de plebiscito. Las tres ideologías cantaron victoria, con razón. Las definiciones de las fórmulas honraron la "lista de deseos" de los partidos. Sin embargo, *no* se incluyeron en el texto del proyecto, sino que quedaron como promesas "morales" sujetas a negociación luego de la votación. Vale la pena resumir el proyecto tal como fue aprobado ese día, para que se entienda la teoría del mismo como una especie de purgante político, con su consecuencia de limpieza interior y nuevos derroteros, como ejemplo del nuevo paradigma norteamericano sobre el status de Puerto Rico.

La ley será conocida como "Ley de Libre Determinación de Puerto Rico". Sin embargo, al frasearse la pregunta que se ha de usar en la papeleta, la teoría de la "libre determinación" se convierte en la teoría de la "mutua determinación", que es una cosa muy distinta. La pregunta hace claro que las "condiciones" del nuevo status "serán mutuamente acordadas" entre el pueblo de Puerto Rico y el Congreso de los Estados Unidos. La única libre determinación que existe es el derecho a declarar unilateralmente la independencia. Lo demás es mutua determinación, y así será, de acuerdo a la ley.

El proyecto propone cuatro, no tres alternativas. Esto es muy importante. Además de las tradicionales, independencia, estadidad, y "nuevo ELA", se añade "ninguna de las anteriores". Nótese que el ELA que existe no se ofrece. Está en camino al olvido. El "nuevo ELA" incorpora conceptos que habían sido rechazados antes.

El proyecto institucionaliza al Comité de Diálogo, que creó el Gobernador Rafael Hernández Colón el 29 de junio de 1990, y le asigna a cada uno de sus tres miembros dos millones de dólares. A ellos les corresponderá la tarea de "informar al pueblo" sobre las opciones del status.

El Congreso establece que el plebiscito se celebrará conforme a las leyes de Puerto Rico. Ya la Ley Electoral contiene en sus artículos 7.001 a 7.010 las disposiciones necesarias para la celebración de referendos y plebiscitos. Así que la labor adicional de la Asamblea Legislativa debe ser mínima. Por otro lado, se incorporan, "de ser pertinentes", las leyes federales relativas a la elección del Comisionado Residente. En otras palabras, si la Asamblea Legislativa local actúa en forma irresponsable, se puede "federalizar" todo el proceso.

La sección 3 del proyecto provee para el voto de los "puertorriqueños no residentes". En contra de la mezquindad de los partidos locales, se ordena el voto de los nuestros de allá. Originalmente, se pidió un estudio sobre el impacto en ellos de una decisión acá. Pero se trabajó y se logró acordar a última hora la enmienda verdadera, la que les daría el voto que merecen los otros miembros de nuestra *nacionalidad* puertorriqueña, reconocida mediante la inclusión de esta sección en el proyecto de ley.

El proyecto entra entonces en el *proceso* que ha de seguirse si una de las alternativas logra una mayoría de la mitad más uno de los votos. Los miembros del comité redactarán una ley guiándose por los "aspectos" de las definiciones que se incluyen, no en el proyecto sino en el informe que lo acompaña. Nótese que no hay promesa alguna de seguir las definiciones incluidas. Solo Dios sabe cuáles serán los "aspectos" escogidos, si gana una de las fórmulas. Los que sean, deberán estar de acuerdo con la autoridad constitucional del Congreso de los Estados Unidos. En otras palabras, si hay algo en las definiciones que no sea constitucional lo sabremos entonces. Y entonces será, no antes, el día de la definición final.

La legislación será presentada por el *staff* a su liderato no más tarde del 6 de marzo de 1992. Entonces se presentará la legislación en el Congreso. Los comités tendrán hasta mediados de 1992 para informar su posición sobre la propuesta, y entonces procederá una moción para votar el proyecto que no se debatirá por más de dos horas. En septiembre de 1992 se podría presentar una moción para que se considerase la legislación en los hemiciclos. De ser aprobada en septiembre de 1992, la ley sería sometida a votación por el pueblo de Puerto Rico y entraría en vigor el 1ro de octubre de 1992. (La celebración ocurriría el 12 de octubre de 1992, como se pautó en el Consejo Nacional de Seguridad, hace diez años.)

La aprobación de esta ley no obliga a implementar el status seleccionado por la mayoría. A lo único que obliga es a "establecer los mecanismos apropiados y los procedimientos" para implantar el status seleccionado por el pueblo de Puerto Rico. Mecanismos y procedimientos no son admisión como estado. Mecanismos y procedimientos no son el establecer un nuevo ELA. Mecanismos y procedimientos no es declarar la República. Si gana alguien, "mecanismos y procedimientos" quiere decir que empieza entonces la segunda etapa del proceso de negociación y consulta. La brillante redacción de la ley establece claramente que el Congreso no se compromete a implantar nada que gane en 1991.

Finalmente, llegamos a la verdaderamente importante sección de este extraordinariamente sofisticado proyecto de ley. Esta sección no estaba en el proyecto original, que se radicó el 9 de mayo de 1990. Esta sección apareció por sorpresa el mismísimo día en que se aprobó en el Subcomité de la Cámara, el 3 de agosto de 1990, por unanimidad, 10-0. La sección 7 provee para otras dos posibilidades. Una es que el plebiscito *no* dé por resultado una mayoría para ninguna de las tres opciones de status. La otra, la más importante, es que la legislación redactada de acuerdo a esa ley, "no entre en efecto". En ambos casos, es decir, si nadie gana, o si la legislación que trate de implementar la fórmula ganadora *no* se aprueba, entonces empieza un proceso nuevo.

Si nadie gana, o si la fórmula ganadora no se aprueba por el Congreso en o antes del 6 de septiembre de 1992, los miembros del Comité de Energía del Senado y los miembros del Comité de lo Interior de la Cámara, en consulta con los representantes de los partidos políticos de Puerto Rico, con la Casa Blanca y con "otras personas interesadas" –lean bien ahora– "harán las recomendaciones necesarias para permitirle al pueblo de Puerto Rico ejercer la libre determinación". Un grupo de diez personas se reunirá y le hará al pueblo de Puerto Rico una recomendación. Yo creo saber, desde hace una década, cuál sería esa recomendación.

El Informe del proyecto, fechado el 1ro de noviembre de 1990, y que se incluye a continuación, subraya los puntos ya establecidos:

- el propósito es proveer para un "proceso";
- el pueblo de la Isla podrá decir "lo que desea" en 1991;
- ese deseo estará sujeto a "consideración mutua";
- el mismo recibirá "consideración expedita" en 1992;
- habrá "recomendaciones subsiguientes" si no hay resultado.

La naturaleza del proyecto de la Cámara, originalmente aprobado por el Comité de lo Interior, que hemos reseñado aquí, y su diferencia fundamental con el proyecto del Senado, prueba la teoría del timoneo en su más vívida expresión.

Documento
El Proyecto de
la Cámara de Representantes

[INFORMADO CON ENMIENDA]

Congreso 101   Cámara de Representantes   Informe
2da Sesión   Núm. 101-730, Parte 2

LEY PARA LA LIBRE DETERMINACION DE PUERTO RICO

Se ordena su impresión

El Sr. Udall, de la Comisión de lo Interior y Asuntos
Insulares, sometió el siguiente

INFORME

unido a opiniones adicionales

[Para acompañar la Resolución de la Cámara 4765]

[Se incluye el estimado de costos de la Oficina Congresional
del Presupuesto]

La Comisión de lo Interior y Asuntos Insulares a la cual fue referido este(a) proyecto/resolución conjunta (Resolución de la Cámara 4765)

para permitir que el pueblo de Puerto Rico ejerza la libre determinación

habiéndolo(a) considerado(a), lo(a) informa favorablemente con una enmienda y recomienda que se apruebe que según fuera enmendado(a).

La enmienda es como sigue:

Página 1, línea 3, eliminar todo lo que sigue a la cláusula de habilitación e insertar lo siguiente:

(insertar el anejo que sigue)

SECCION 1. TITULO ABREVIADO

Esta ley se conocerá como "La ley para la libre determinación de Puerto Rico".

SECCION 2. REFERENDO SOBRE LAS OPCIONES DE STATUS POLITICO

(a) Por la presente se autoriza la asignación de trece millones quinientos mil dólares ($13,500,000) a la Oficina Ejecutiva del Presidente para subvenciones destinadas a la Comisión Estatal de Elecciones de Puerto Rico para llevar a cabo un referendo que se celebrará el 16 de septiembre de 1991, o en una fecha posterior en 1991 según lo acuerde la mayoría de los miembros del Comité de Diálogo sobre el Status Político de Puerto Rico (en adelante denominado Comité de Diálogo) según se estableció por orden ejecutiva del Gobernador de Puerto Rico el 29 de julio de 1989, y en cuyo referendo se resolverá la siguiente cuestión:

¿Qué status político favorece para el Estado Libre Asociado de Puerto Rico en los términos y condiciones que habrán de acordar el pueblo de Puerto Rico y el Congreso de Estados Unidos de América?

independencia;

estadidad;

una nueva relación de estado libre asociado; o

ninguna de las tres condiciones políticas anteriores.

(b) (1) De la cantidad que el inciso (a) autoriza para ser asignada, la Comisión Estatal de Elecciones queda autorizada para:

(A) disponer de la suma de siete millones quinientos mil dólares ($7,500,000) para llevar a cabo un referendo, que incluye la suma de un millón quinientos mil dólares ($1,500,000) para facilitar la participación en el referendo de los puertorriqueños que no residen en Puerto Rico, según lo autoriza la sección 3(c) ; y

(B) desembolsar la suma de seis millones de dólares ($6,000,000) al Comité de Diálogo que se gastará para informar al Pueblo de Puerto Rico en torno a las tres opciones de status, cuya suma se dividirá en partes iguales entre los tres principales partidos políticos.

(2) Los fondos asignados en virtud del párrafo (1) estarán disponibles para gastos necesarios, incluso viajes y transportación de personas, los servicios que autoriza la sección 3109 del Título 5 de las Leyes de Estados Unidos de América, comunicaciones, servicios públicos, impresos y reproducción, suministros y materiales y otros servicios relacionados, y gastos de administración.

(3) Para tener derecho a los pagos en virtud del párrafo (1) (B), el recibidor tendrá que comprometerse a:

(A) no incurrir en gastos relacionados con el referendo en exceso a las sumas que las leyes electorales de Puerto Rico establecen a la fecha del 19 de septiembre de 1990 para los gastos de los partidos políticos en las elecciones generales

(B) mantener informes completos de entradas y gastos relacionados con el proceso de informar al pueblo sobre el asunto del status, y a proveer tal información a la Comisión Estatal de Elecciones según le sea requerida; y

(C) someterse a revisiones de cuentas, auditorías y exámenes financieros de tales fondos por parte del Contralor General de Estados Unidos.

(4) Según los reglamentos que el Contralor General de Estados Unidos tenga a bien establecer, el Contralor General revisará las cuentas y examinará las transacciones realizadas con los fondos que este inciso autoriza.

(c) El referendo se llevará a cabo de acuerdo con las leyes de Puerto Rico.

(d) Las leyes federales que aplican a la elección del Comisionado Residente de Puerto Rico también aplicarán, de ser adecuado, al referendo. Cualquier referencia en tales leyes federales a elecciones se considerará, de ser adecuado, que se refiere a su vez al referendo, y cualquier referencia en tales leyes a candidatos al cargo se considerará, de ser adecuado, que se refiere a las opciones de status político en el referendo.

SEC. 3. PUERTORRIQUEÑOS NO RESIDENTES

(a) El congreso determina que—

(1) un número considerable de puertorriqueños residen fuera de Puerto Rico; y

(2) que el Gobierno de Puerto Rico tiene la autoridad de capacitar a algunos puertorriqueños ciudadanos de Estados Unidos que residen en otros lugares fuera de Puerto Rico para votar en el referendo.

(b) Sujeto al plan relacionado en el inciso (c), el Congreso faculta en este acto al Gobierno de Puerto Rico para capacitar a puertorriqueños no residentes en Puerto Rico a inscribirse y a votar en el referendo sin estar presentes en Puerto Rico. Se podrá incluir a los nacidos en Puerto Rico o aquellos que al menos uno de sus padres nació en Puerto Rico.

(c) Se faculta al Comité de Diálogo para someter a la Asamblea Legislativa de Puerto Rico para su ratificación un plan acordado por la mayoría de los miembros de tal comité para alcanzar los propósitos que autoriza el inciso (b). Una vez ratificado el mismo, dicho plan tendrá fuerza de ley.

(d) En caso que cualquiera de las disposiciones de esta ley fuesen declaradas nulas, o en caso de que el Comité de Diálogo no sometiese un plan, o que la Asamblea Legislativa no ratificase el plan a no más tardar de 120 días antes de la celebración del referendo, la intención del Congreso es que las restantes disposiciones de esta ley retengan su vigencia y consecuencia.

SEC. 4. DESARROLLO DE LA LEGISLACION

(a) Si una de las tres opciones de status lograse una mayoría en el referendo, miembros de la Comisión de Energía y Recursos Naturales del Senado de Estados Unidos y de la Comisión de lo Interior y Asuntos Insulares de la Cámara de Representantes de Estados Unidos, en plena consulta con los representantes de cada uno de los partidos políticos principales de Puerto Rico, el Presidente de Estados Unidos, y otras personas interesadas según se estime conveniente, redactarán legislación para poner en efecto el status seleccionado atendiendo a los aspectos de dicha condición política que se establecieron en el informe que acompaña el proyecto, Resolución de la Cámara 4765 (IC.101–790 Parte I). Al redactar la legislación que se dispone en esta sección, los principios regentes de cada opción de status serán tratados de igual manera, en armonía con la autoridad constitucional del Congreso de Estados Unidos de América.

(b) Queda mediante este acto autorizada la asignación de los fondos que sean necesarios para llevar a cabo las consultas.

SEC. 5. CONSIDERACION DE LA LEGISLACION

(a) A no más tardar del 6 de marzo de 1992, el presidente de la Comisión de Energía y Recursos Naturales presentará la legislación que se dispone en la sección (4) ante el Senado de Estados Unidos y el presidente de la Comisión de lo Interior y Asuntos Insulares presentará dicha legislación en la Cámara de Representantes de Estados Unidos.

(b) En cualquier momento después de la clausura del día 180 de calendario contados después de la fecha de presentación de tal legislación, será procedente que cualquier Miembro de la Cámara o del Senado de los Estados Unidos proponga una moción para relevar a cualquier comisión de tal cámara legislativa de la consideración de tal legislación. La moción para relevar será una altamente privilegiada y el debate al respecto se limitará a no más de dos (2) horas, que se dividirán en períodos iguales para los opositores y los favorecedores de la moción. Las enmiendas a la moción estarán fuera de orden, como también mociones para reconsiderar el voto mediante el cual se aprobara o desaprobara dicha moción.

(c) En cualquier momento después de la clausura del decimocuarto (14) día legislativo después de que el último comité haya informado sobre tal legislación o haya sido relevado de continuar considerando la misma, cualquier miembro de la Cámara de Representantes de Estados Unidos o del Senado de Estados Unidos podrá presentar una moción para que se proceda de inmediato a considerar la legislación (tal moción no podrá debatirse), y tal moción por la presente se considera altamente privilegiada. Las enmiendas a la moción estarán fuera de orden, como también mociones para reconsiderar el voto mediante el cual se aprobara o desaprobara dicha moción.

(d) La aprobación de esta ley constituye un compromiso de que Estados Unidos someterá a votación legislación para establecer los mecanismos y procedimientos apropiados para poner en efecto el status político que el Pueblo de Puerto Rico seleccione.

SEC. 6. VOTO DE RATIFICACION SOBRE LA LEGISLACION

(a) De ser aprobada, la legislación redactada según la sección 4 (a) tal como fuera aprobada por el Congreso, será sometida al pueblo de Puerto Rico para su ratificación de acuerdo con las leyes de Puerto Rico no más tarde de 60 días después de su aprobación. La legislación entrará en vigor de acuerdo con sus términos al momento de su ratificación por el Pueblo de Puerto Rico mediante el voto de ratificación.

(b) Por la presente se autoriza la asignación de las sumas que sean necesarias para llevar a cabo el voto de ratificación que esta sección dispone.

SEC. 7. RECOMENDACIONES, DE SER NECESARIAS.

Si el referendo dispuesto por la sección 2 no resultase en un voto mayoritario para una de las tres opciones de status o si la legislación redactada según las disposiciones de esta ley no se implantase, los Miembros de la Comisión de Energía y Recursos Naturales del Senado de Estados Unidos y la Comisión de lo Interior y Asuntos Insulares de la Cámara de Representantes de Estados Unidos, en plena consulta con los representantes de cada uno de los partidos políticos principales de Puerto Rico, el Presidente de Estados Unidos, y otras personas interesadas según se estime conveniente, harán las recomendaciones que se consideren convenientes en ese momento para facilitar el ejercicio de la autodeterminación del Pueblo de Puerto Rico.

Documento
Informe del Comité de lo Interior de la Cámara de Representantes

[Nota de los editores: Hemos suprimido las partes técnicas no relevantes. Esta es la versión del 1ro de octubre de 1990 a las 8:00 p.m.]

[DRT:10/1, 8:00 pm]

I. INTENCION LEGISLATIVA

El proyecto intenta *proveer un proceso* para *desarrollar o cambiar* el *status* político de Puerto Rico. Los objetivos son capacitar al pueblo de Puerto Rico para que *determine el status* político que desea para el futuro de Puerto Rico; comprometer al Congreso a responder a esa decisión; y proveer medidas para que este asunto sea objeto de *consideración mutua ulterior* si el proceso que provee el proyecto no culmina con el desarrollo o cambio del *status* actual de Puerto Rico.

El proyecto:

- asignaría $13.5 millones para celebrar un referendo en Puerto Rico en *1991* para determinar si el pueblo de

Puerto Rico quiere entrar en una *nueva* relación de asociación con Estados Unidos, la estadidad, la independencia, *o ninguna* de estas opciones de *status*;

- establecería un proceso para desarrollar legislación que implante la opción de *status* que se seleccione en este referendo y para dar *consideración expedita* a esa legislación *en 1992;*
- dispondría que la legislación para poner en ejecución (ese *status*) entraría en vigor si fuese tanto promulgada como aprobada en un referendo en Puerto Rico; y
- *requeriría que se desarrollaran recomendaciones adicionales* para permitir que el pueblo de Puerto Rico ejerciera libre la determinación *de* no resultar mayoría del primer referendo o si la legislación para poner el *status* en ejecución no fuese aprobada por el Congreso o el pueblo de Puerto Rico.

II. TRASFONDO Y NECESIDAD

Situación actual

El Estado Libre Asociado de Puerto Rico es una área insular de Estados Unidos en el Caribe. Consiste de la isla principal de Puerto Rico y de unas cuantas islas pequeñas que rodean esa isla. Tiene una población de unos 3.6 millones de personas.

Puerto Rico ejerce autoridad autónoma parecida a la de un estado. Su gente son ciudadanos de Estados Unidos, representados ante el gobierno federal por un Comisionado Residente (que tiene todos los poderes y privilegios de un representante a la Cámara –incluso el voto en comités– excepto voto en el hémiciclo de la Cámara). El pueblo de Puerto Rico no vota en las elecciones presidenciales (aunque muchos participan en el proceso de nominación de los dos partidos políticos nacionales).

La *economía de Puerto Rico está íntimamente ligada* a la

economía de Estados Unidos. En 1989, Puerto Rico exportó $16.4 mil millones de los cuales 87 por ciento fue transportado a Estados Unidos; y 67 por ciento de los $14 mil millones que Puerto Rico importó, vino de Estados Unidos.

Alrededor de 60 por ciento de la población aún vive bajo el nivel federal de pobreza. Sin embargo, la economía de la isla ha crecido en forma dramática desde la Segunda Guerra Mundial a medida que se ha transformado de una basada en la agricultura a una basada en la manufactura; el comercio; y las finanzas, los seguros y los bienes raíces; el gobierno y el turismo.

Aunque el ingreso per cápita ha aumentado a un ritmo más acelerado durante este período que el de toda la Nación, aún es sólo como una tercera parte del promedio nacional, aunque es alto para la región de la cuenca del Caribe. El desempleo, que actualmente es de un 15 por ciento y ha sido más alto aún en años anteriores, es más del doble del promedio nacional.

La herencia española es importante para la gente de Puerto Rico, quienes han asimilado las influencias del indio nativo, así como las del africano, en lo que se ha convertido en una cultura definida. Si bien el Censo de 1980 indica que *42% de la población puede hablar algo de inglés* con diversos grados de destreza, el español es el vernáculo.

Los servicios de salud han mejorado en grado significativo en Puerto Rico durante las últimas décadas. La esperanza de vida es una de las más altas en el mundo, aunque los niveles de mortalidad infantil son altos en comparación a los de Estados Unidos.

También ha habido un progreso notable en la educación. Esto es así sobre todo en los renglones de enseñanza superior y nivel de alfabetismo. Sin embargo, la tasa de estudiantes que se gradúan de escuela superior es más baja que el promedio nacional.

Muchos puertorriqueños han emigrado a Estados Unidos, en particular por la relativa falta de oportunidades en Puerto

Rico. *Actualmente hay unos 2.5 millones de puertorriqueños y sus descendientes que viven fuera de Puerto Rico.* Hoy día, la migración ocurre en dos direcciones, a medida que los puertorriqueños van y vienen entre Puerto Rico y los Estados Unidos.

Muchos puertorriqueños se han distinguido por su servicio al gobierno federal, incluso en las Fuerzas Armadas.

Los derechos "fundamentales" que provee la Constitución de Estados Unidos aplican a Puerto Rico, pero no así otras disposiciones. La mayoría de los estatutos federales, incluso leyes de programas federales, aplican del mismo modo que aplican en Estados Unidos. Hay, sin embargo, diferencias notables entre el modo como se trata a Puerto Rico en las leyes fiscales y de programas sociales y como se trata a Estados Unidos.

Relaciones mercantiles y contributivas

En Puerto Rico, el ingreso de fuentes locales no está sujeto a contribuciones federales. Sin embargo, la tasa local de contribución sobre ingreso es, en algunos casos, hasta más alta que la tasa federal de contribución sobre ingresos, aunque el total recaudado en Puerto Rico por concepto de contribución sobre ingresos representa un porcentaje menor del ingreso o del producto bruto que el total de recaudaciones por contribución sobre ingreso en Estados Unidos.

Además, el ingreso de las compañías estadounidenses que operan en Puerto Rico y llenan ciertos criterios queda de hecho exento de obligación federal de impuestos mediante un crédito que tiene como propósito fomentar la inversión. Gran parte de la industrialización, el desarrollo económico y la prosperidad relativa de Puerto Rico responde a este incentivo federal de inversión y a una medida insular paralela que exime a dichas compañías de la mayoría de las contribuciones locales sobre ingresos.

Se imponen arbitrios federales a los productos insulares que se transportan a los estados. La mayoría del recaudo por arbitrios junto a los derechos de aduana federales se reembolsan al fisco de Puerto Rico. Conforme la ley actual hay autoridad para que se reviertan otros gravámenes federales que puedan aplicarse a Puerto Rico.

Aunque es parte del territorio de aduana de Estados Unidos, Puerto Rico tiene autoridad según la ley federal de imponer tarifas especiales sobre importaciones de café.

Programas federales

Puerto Rico participa en el programa de Ayuda para Familias con Niños (AFDC, por sus siglas en inglés), pero *un tope* limita la cantidad de ayuda disponible a las familias necesitadas. Este tope también cubre la ayuda a envejecientes, ciegos e incapacitados, ya que el programa de Ingresos Suplementarios del Seguro Social (SSI, por sus siglas en inglés) no ha sido extendido a Puerto Rico. Como resultado, los envejecientes, ciegos e incapacitados necesitados de Puerto Rico reciben aproximadamente una onceava parte de la cantidad que recibirían si Puerto Rico fuese tratado como un estado en el programa SSI.

Otro tope limita los pagos de Medicaid a Puerto Rico. También limita la cantidad de ayuda disponible para los necesitados. Los recipientes de Medicaid en Puerto Rico reciben aproximadamente una décima parte de la cantidad de asistencia federal que reciben los médico-indigentes en los estados.

En un aspecto, Puerto Rico también recibe trato distinto al de un estado en el programa de Medicare. Su tasa de pago prospectivo se basa primordialmente en costos de hospitalización locales, en lugar de nacionales.

Al principio, se incluyó a Puerto Rico en el programa de Cupones de Alimentos, pero fue excluido de ese programa por la ley para conciliar el presupuesto de 1981. Ahora recibe una asignación en bloque para nutrición a razón de tres quintas partes de la suma que proveerían los Cupones de Alimentos.

También hay diferencias en la forma en que se aplican los programas de educación en Puerto Rico. La más importante es la que en efecto limita las asignaciones de Puerto Rico conforme a la Ley de Educación Elemental y Secundaria a unas tres quintas partes de la suma que recibiría un estado.

Las actividades federales de importancia en Puerto Rico incluyen la operación de una extensa base naval en Roosevelt Roads y la conservación de un gran bosque y un área histórica principal.

Política inicial de EE.UU.

La responsabilidad de Estados Unidos en Puerto Rico *comenzó con una invasión* durante la Guerra Hispanoamericana. El tratado que puso fin a esa guerra cedió a Puerto Rico a Estados Unidos en 1898 y estipuló que el *status* político futuro de Puerto Rico y los derechos civiles de su pueblo serían determinados por el Congreso. (Esta responsabilidad estaba *en armonía con la Cláusula Territorial de la Constitución,* la cual fija sobre el Congreso la responsabilidad de "aprobar todas las leyes que fueren necesarias y convenientes" en relación con los territorios de la nación).

Muchos puertorriqueños recibieron la invasión con beneplácito. Les alentó inicialmente la explicación del general comandante en jefe en el sentido de que Estados Unidos venía a conferirle "las inmunidades y bondades de las instituciones liberales de nuestro Gobierno".

La subsecuente administración militar inicial de Puerto Rico no otorgó esas "bondades". Fue sustituida con un gobierno civil según una ley "orgánica" promulgada el 12 de abril de 1900. Conocida como la Ley Foraker, la ley disponía participación local limitada en el gobierno (principalmente mediante la elección popular de miembros de la cámara baja de una legislatura).

La ley también disponía que Puerto Rico estaría representado en Estados Unidos por un comisionado residente electo. Establecía una corte de distrito federal y extendía los estatutos federales "que no sean localmente inaplicables".

Entre las leyes que no se hicieron extensivas a Puerto Rico, que tenía un nivel de vida bajísimo, estaban las leyes de rentas internas. Sin embargo, se impusieron gravámenes federales a artículos extranjeros importados a Puerto Rico y gravámenes temporeros a la mercancía embarcada entre Puerto Rico y Estados Unidos, aunque la ley proveía que estos recaudos se transfirieran al fisco local.

Se define el *status* político

Los arbitrios temporeros sobre mercancía embarcada entre Puerto Rico y Estados Unidos provocaron un litigio que ayudó a aclarar el *status* político de Puerto Rico. En 1901, una decisión del Tribunal Supremo definió a Puerto Rico como un territorio no incorporado.

El tribunal determinó que la Cláusula de Uniformidad de la Constitución no prohibía los arbitrios en litigio porque el tratado de 1898 no incorporaba a Puerto Rico a los Estados Unidos. Basó esta decisión en una doctrina nueva de que la Constitución no aplicaba plenamente a un territorio que era posesión –en lugar de parte– de Estados Unidos. La decisión sostenía que la autoridad del Congreso en tales territorios estaba limitada sólo por las "partes fundamentales" de la Constitución.

La opinión, conocida como uno de los Casos Insulares, trataba de lo que para entonces se había tornado en controversia nacional sobre el *status* político de las áreas insulares adquiridas a principios de siglo.

Como era de esperarse, los puertorriqueños no estaban complacidos con la Ley Foraker. Sus disposiciones no comparaban favorablemente con las disposiciones de una Carta Autonómica decretada por España en 1897 para gobernar a

Puerto Rico, ni con lo que al principio se entendió como una promesa de democracia norteamericana.

Estas políticas federales revivieron el debate del *status* que se originó durante tiempos de la colonia española con movimientos en pro de la estadidad y la independencia, así como de la autonomía local.

Se revisa la Ley Orgánica

El descontento con la Ley Foraker llevó a que se promulgara otra ley orgánica el 2 de marzo de 1917. Conocida como el Acta Jones, la ley incluía una carta de derechos, disponía que todos los legisladores fueran electos, y otorgaba la ciudadanía americana; pero dejaba los poderes ejecutivo y judicial en manos de funcionarios federales designados.

La concesión de ciudadanía convenció a algunos de que la ley en efecto incorporaba a Puerto Rico a Estados Unidos y extendía implícitamente plenos derechos constitucionales. El Tribunal Supremo, sin embargo, sostuvo en 1922 que no había incorporado a Puerto Rico a Estados Unidos.

Al dictaminar que el derecho a juicio por jurado de la Sexta Enmienda aplicaba en Puerto Rico, el Tribunal amplió la doctrina de incorporación declarada originalmente en los Casos Insulares anteriores. La decisión afirmaba que la incorporación era un paso importante hacia la estadidad y que el Congreso indicaba claramente cuándo tenía intención de darlo. La opinión subrayaba que el Congreso no había indicado tal intención en el caso de Puerto Rico.

En años subsiguientes se hicieron varias enmiendas al Acta Jones. La más notable fue en 1947 cuando se autorizó a los puertorriqueños a elegir su gobernador.

Las primeras iniciativas en torno al *status*

Los movimientos en pro de la estadidad y de la independencia, sin embargo, continuaron en desarrollo después que se revisara la ley orgánica. Los movimientos desembocaron en varias propuestas locales y en Washington para resolver el *status* político definitivo de Puerto Rico. (El descontento popular en Puerto Rico también estaba relacionado con una política federal de 'americanización' así como con la estructura de gobierno).

La enmienda para elegir el gobernador fue una respuesta federal modesta a algunas de estas iniciativas en torno al *status* y tuvo el apoyo del Partido Popular Democrático insular que para entonces dominaba la Asamblea Legislativa. El líder del partido, Luis Muñoz Marín, se convirtió en el primer gobernador electo de Puerto Rico en 1948 a base de una campaña que incluía obtener autorización para que Puerto Rico adoptara su propia constitución.

La propuesta de Muñoz de una constitución era parte de un plan de *status* más abarcador que sería un punto medio entre la estadidad y la independencia. Se le promovió como un nuevo tipo de estado que estaría ligado a la Unión mediante un arreglo de consentimiento mutuo.

Se aprueba la Constitución

Una ley promulgada el 3 de julio de 1950, autorizó la celebración de una convención constituyente en Puerto Rico para redactar una constitución que fuera adoptada mediante referendo y aprobada por el Congreso. Concertada "con el carácter de un convenio", la vigencia de la ley fue condicionada a que primero fuera aprobada por el pueblo de Puerto Rico.

La constitución sobreseería aquellas disposiciones de la ley orgánica que organizaban el gobierno insular, no así aquellas que definían las relaciones federales-insulares. Estas últimas disposiciones fueron en esencia retenidas como la Ley de Relaciones Federales de Puerto Rico.

En un referendo en 1951, el pueblo de Puerto Rico aprobó

abrumadoramente la ley de 1950, con el apoyo tanto de los partidarios de la autonomía como de la estadidad, y se procedió entonces a redactar una constitución en una asamblea en la que los partidarios de la independencia rehusaron participar. La constitución fue adoptada mediante un segundo referendo con enmiendas aprobadas por el Congreso en una ley promulgada el 3 de julio de 1952.

La constitución estableció un gobierno que recibió el nombre en español de "Estado Libre Asociado" y el nombre en inglés de "Commonwealth". Entró en vigor el 25 de julio de 1952, una vez que las enmiendas del Congreso fueron aprobadas por la convención constituyente.

La convención había traducido la frase "Estado Libre Asociado" a "Commonwealth" en inglés para que no se tradujera literalmente a "Free Associated State". El propósito era evitar cualquier indicio al Congreso de que Puerto Rico intentaba ser estado de la Unión. Esta traducción podía ahora confundirse también con el status de libre asociación.

Las implicaciones del *status*

El historial legislativo de las leyes de 1950 y 1952 indica que pretendían otorgar plena autonomía local; pero no, según expresa el informe de la ley de 1950, "cambiaría la relación política, social y económica fundamental entre Puerto Rico y Estados Unidos" o "en modo alguno excluiría que en el futuro el Congreso tome una determinación sobre el *status* político final de Puerto Rico". La intención era no rendir la autoridad del Congreso para promulgar políticas federales para Puerto Rico o sugerir que el gobierno constitucional fuese un paso hacia la estadidad o la independencia.

Este suceso constitucional fue presentado en Puerto Rico como que establecía un nuevo *status* ya que se basaba en el consentimiento del pueblo de Puerto Rico. Esto causó honda preocupación entre los partidarios de la independencia y la estadidad, quienes objetaban estas representaciones.

Sin embargo, el Congreso declaró que la autorización a la Constitución constituía un "convenio". Al aprobar la Constitución, el Presidente Harry S. Truman afirmó, al firmar la ley de 1952, que la relación se basaba en "consentimiento mutuo".

En 1953, se eliminó a Puerto Rico de la lista de las Naciones Unidas de territorios sin gobierno propio a base de las representaciones de Estados Unidos de que Puerto Rico tenía ahora gobierno propio conforme a un convenio que sólo podía enmendarse mediante consentimiento mutuo. Una resolución de la Asamblea General reconoció que el pueblo de Puerto Rico había "en efecto ejercido su derecho a la autodeterminación" y había sido "investido con los atributos de soberanía política que identifican claramente el *status* de gobierno propio alcanzado... como el de una entidad política autónoma".

Más adelante, el comité de descolonización de la ONU reconoció el derecho vigente del pueblo de Puerto Rico a la autodeterminación y pidió que se efectuara una transferencia de poderes de los Estados Unidos a ellos. *La resolución más reciente del comité también expresó, en general, apoyo a que se aprobara legislación para la autodeterminación.*

La Rama Ejecutiva también reconoció el cambio en el *status* de Puerto Rico al cambiar la responsabilidad por los asuntos relativos a Puerto Rico del Departamento de lo Interior a la *Oficina Ejecutiva del Presidente*. Este cambio en responsabilidad, sin embargo, no era un indicio claro de que el *status* de Puerto Rico hubiese cambiado.

A lo largo de los años, los tribunales se han expresado, en declaraciones ambiguas y conflictivas, sobre las implicaciones en torno al *status* que tiene la Constitución, algunas de las cuales expresan una visión más clara que otras y algunas que le adjudican un significado muy diferente al de otras. Estas declaraciones, a su vez, han sido objeto de interpretaciones sumamente diversas por los partidarios de los distintos *status* en Puerto Rico.

Cualquier intento de resumir estas decisiones es suscepti-
ble de simplificar demasiado. En términos generales, sin embargo,
la amplia gama de opiniones incluye muchas afirmaciones de
que la independencia de Puerto Rico del control federal es
paralela a la de los estados, y declaraciones de que Puerto Rico
ya no es territorio en el sentido constitucional. Existen, sin
embargo, otras afirmaciones que sugieren que la constitución
no cambió realmente el *status* de Puerto Rico y que el estado
libre asociado es otro tipo de territorio.

El Tribunal Supremo, empero, no ha dado consideración
directa al *status* de Puerto Rico desde que se adoptó la
Constitución. Pero ha afirmado en varios casos que la relación
de Puerto Rico con los Estados Unidos es única; que es
autónoma y soberana en cuanto a asuntos que la Constitución
no rige del mismo modo que un estado; *y que el Congreso
retiene el poder de la Cláusula Territorial de tratar a Puerto
Rico en modo distinto a los estados, siempre y cuando tenga
una base racional para así hacerlo.*

Un examen más amplio de las conclusiones de la Rama
Judicial en cuanto al significado en torno al *status* político que
tiene el establecimiento del estado libre asociado, aparece en un
informe conjunto de la Contaduría General (GAO, por sus
siglas en inglés) y del Servicio Congresional de Investigación
sometido a la Subcomisión de Asuntos Insulares e Internacionales el 30 de noviembre de 1989 y titulado "Puerto Rico:
Información para las deliberaciones sobre *status*".

Las iniciativas después de la Constitución

Los partidarios de la estadidad y la independencia han sido
consecuentes en alegar que el estado libre asociado no puso fin
al *status* territorial y colonial de Puerto Rico, en la medida que
estuvo a su alcance hacerlo. (Se dice, por ejemplo, que a los
independentistas se les negó la oportunidad de protestar la

acción de las Naciones Unidas en 1953). Los estadolibristas, por su parte, han realizado repetidos, si bien fallidos, intentos desde 1952 por desarrollar y aclarar la relación, según se había proyectado inicialmente.

En 1959 se presentó legislación para sustituir la Ley de Relaciones Federales con los "Artículos de Asociación Permanente" para aclarar el concepto de convenio y transferir poderes federales al estado libre asociado. El Congreso no aprobó la legislación.

En 1963, se presentó legislación, basada en una estrategia que el Gobernador Luis Muñoz Marín acordó con el Presidente John F. Kennedy, que hubiera creado una comisión para redactar un "convenio de unión permanente". El convenio se sometería a referendo en Puerto Rico junto a propuestas para la estadidad y la independencia.

El Congreso no aceptó este enfoque y a su vez promulgó la Ley 88-271, que estableció una comisión conjunta del gobierno federal y del Estado Libre Asociado. Su cometido era sencillamente estudiar la relación entre Estados Unidos y Puerto Rico.

En su informe, la Comisión sobre el *Status* de Puerto Rico pronunció que el estado libre asociado, la estadidad y la independencia eran todas opciones de *status* igualmente válidas y dignas. Sostuvo, sin embargo, que un cambio hacia la estadidad o la independencia requeriría medidas de transición a largo plazo para evitar trastornos graves a la economía.

La Comisión recomendó además que cualquier cambio en el *status* de Puerto Rico se emprendiera de conformidad con los principios de consentimiento mutuo y autodeterminación y sólo a iniciativas del pueblo de Puerto Rico. Dijo que un voto sobre *status* sería "útil" y que se debieran designar grupos asesores conjuntos una vez dicho voto recomendara medidas adecuadas para implantación o cambio.

En 1966, diez medidas bipartitas en pro de la estadidad

fueron presentadas en la Cámara. Sin embargo, no se promulgó ninguna legislación.

El referendo de 1967

El gobierno de Puerto Rico convocó un referendo para julio de 1967, según sugirió la comisión. Para ser decisivo, la ley requería una mayoría simple.

La mayoría de los independentistas se abstuvo de votar. Entre las razones que adujeron incluían: que el referendo no sería precedido por una transferencia de poderes por parte de Estados Unidos; el control del gobierno federal y su continua presencia en Puerto Rico; y su percepción de que el gobierno insular manipularía el referendo en pro del estado libre asociado.

El partido estadista también abogó por la abstención. Una de sus objeciones principales era que el referendo se basaba en la premisa de que el estado libre asociado podía ser un *status* permanente (lo cual sugería que no era de naturaleza territorial). También se quejaron de la equidad de la papeleta.

Se estableció un grupo estadista no-partidista bajo el liderazgo de Luis A. Ferré para portar la enseña de la estadidad en el referendo. El ex gobernador Muñoz Marín dirigió la campaña para culminar el estado libre asociado.

El resultado de la votación fue un poco más de 60% por el estado libre asociado; 39% por la estadidad; y poco menos de 1% por la independencia.

Ferré se convirtió al año siguiente en el primer partidario de la estadidad en ser elegido gobernador como candidato del Partido Nuevo Progresista, luego de una división en el Partido Popular Democrático. Más tarde designó, junto al Presidente Richard M. Nixon, un grupo asesor, según había recomendado la comisión del *status*.

Este grupo recomendó que se extendiera el voto presidencial a Puerto Rico si los puertorriqueños así lo apoyaban en un referendo. Los partidarios del estado libre asociado en la

Asamblea Legislativa, sin embargo, obstruyeron la propuesta y nunca se celebró el referendo.

Un partidario del estado libre asociado, Rafael Hernández Colón, fue entonces elegido gobernador en 1972. También él designó, junto al Presidente Nixon, un grupo asesor. Este grupo, cuyo co-presidente era Muñoz, desarrollaría el "máximo de gobierno propio" bajo el estado libre asociado.

El grupo recomendó un Pacto de Unión Permanente que hubiera establecido una asociación entre Estados Unidos y Puerto Rico que ninguno hubiera podido enmendar unilateralmente.

Según la propuesta de este grupo, el pueblo de Puerto Rico hubiera retenido la ciudadanía americana y obtenido un representante tanto en la Cámara como en el Senado. El "estado libre asociado" propuesto hubiera podido: requerir del Congreso y las agencias federales que tomaran acción específica para aplicarle leyes o reglamentos federales; controlar asuntos laborales y ambientales; ejercitar cierta autoridad tarifaria; entrar en acuerdos internacionales con la aprobación del Presidente; y participar en la fijación de cuotas de inmigración.

Una versión enmendada de la legislación sobre el Pacto fue endosada en 1976 por la Subcomisión de Asuntos Territoriales e Insulares de esta Comisión.

Los esfuerzos para el desarrollo del estado libre asociado se vieron interrumpidos ese año por la elección a la gobernación de un partidario de la estadidad, Carlos Romero Barceló, y por la presentación de un proyecto de estadidad en el Congreso por parte del Presidente Gerald Ford.

Iniciativas recientes

En una resolución de 1979, el Congreso se comprometió a apoyar cualquier status que seleccionara el pueblo de Puerto Rico, una política abogada por el Presidente Jimmy Carter. El Presidente Ronald Reagan comprometió su apoyo personal a la estadidad si ése era el *status* que deseaba la mayoría del pueblo de Puerto Rico.

El Gobernador Romero tenía esperanzas de que se celebrara un referendo sobre *status* en 1981. Aunque fue reelegido en 1980, la falta de un voto mayoritario y del control de la Asamblea Legislativa lo convenció de posponer la idea.

Hernández Colón sucedió a Romero como gobernador en 1985, luego de una división en el Partido Nuevo Progresista y después de comprometerse a centrar su atención en la economía y otros asuntos, y no en el *status*.

Más adelante en ese mismo año, esta Comisión celebró vistas sobre los problemas económicos de Puerto Rico. Las vistas no giraron en torno al *status* político, pero muchos testigos declararon que las soluciones a los problemas económicos y sociales de Puerto Rico radicaban en el desarrollo del *status*.

En general, los miembros de la Comisión reaccionaron a estas afirmaciones diciendo que un cambio de *status* se consideraría sólo a base de una petición del pueblo de Puerto Rico. Su respuesta animó a los estadistas a someter un estimado de 350,000 peticiones de estadidad al Congreso.

Esto movió al Portavoz de la Minoría Robert J. Lagomarsino y a otros miembros de la Subcomisión de Asuntos Insulares e Internacionales a presentar legislación en 1987 para un referendo sobre la estadidad y su implantación si obtenía apoyo mayoritario en el referendo.

El Presidente de la Subcomisión Ron de Lugo redactó luego enmiendas al proyecto Lagomarsino para ampliar las alternativas de *status* e incluir otras opciones, así como la estadidad. La iniciativa quedó en suspenso por las elecciones de 1988.

El Senador Robert Dole también presentó legislación para un referendo sobre la estadidad en 1987. Ese año, el Congresista Ronald V. Dellums presentó legislación para transferir poderes a una convención constituyente en Puerto Rico, al igual que había hecho en años anteriores. Ninguno de estos proyectos fue promulgado.

Un debate que distrae la atención y divide

Puerto Rico tiene, por sí solo, autoridad para convocar un referendo sobre *status*; pero la experiencia de que el Congreso no tomara acción en 1967 sobre los resultados del plebiscito de iniciativa local ha convencido a los estadolibristas, en particular, que *sólo debe llevarse a cabo un plebiscito que esté precedido por un compromiso federal de respetar los resultados.*

Históricamente, la política puertorriqueña se ha desenvuelto en torno a intensos debates sobre el *status*. Con frecuencia, este tipo de debate ha ocasionado tanta división y distracción que ha impedido que se actúe, tanto en la capital insular de San Juan como aquí en Washington, sobre muchos de los problemas graves que Puerto Rico confronta. Prácticamente toda propuesta de política pública se debate en torno a sus ramificaciones de *status* así como a sus implicaciones políticas, además de sus méritos.

Durante este período, el apoyo al estado libre asociado parece haber mermado y el apoyo a la estadidad ha ido en claro aumento. Este cambio en la opinión pública se debe a una serie de factores.

Un factor principal es que el gobierno federal no ha accedido a ninguna de las mejoras a la relación con el estado libre asociado que se han propuesto, ni ha propuesto alternativas a estas sugerencias de mejoras.

Otro factor ha sido que en algunos casos la acción federal contradice compromisos del estado libre asociado, como cuando no dispuso para el aumento de $2 en arbitrio federal por galón de ron producido en Puerto Rico que fue promulgado en 1984 para ser reembolsado al fisco insular junto a otros arbitrios federales y derechos de aduana de origen local.

Un tercer factor ha sido el límite impuesto a las sumas destinadas a los necesitados en Puerto Rico cuando se desarrollan programas sociales federales, y los esfuerzos por reducir el déficit presupuestario fijando topes al AFDC y a Medicaid, no extendiendo el SSI a Puerto Rico, y eliminando a Puerto Rico del programa de Cupones de Alimento en la legislación para conciliar el presupuesto.

Otro factor más ha sido la aplicación en Puerto Rico de ciertas políticas federales diseñadas para las circunstancias de los estados, aunque en situaciones insulares dichas políticas no siempre redunden en los beneficios que se pretendían.

Estos factores han sugerido a algunos una falta de poder y potencial en el estado libre asociado, al contrastarlo con el poder y los beneficios de la estadidad. En décadas recientes, estos factores se han combinado con otros para intensificar el interés en el desarrollo del *status*. Estos factores incluyen: el aumento en el nivel de vida en Puerto Rico; su mayor dependencia de programas federales; sus problemas económicos; el aumento en vínculos sociales con Estados Unidos; y la migración hacia y desde Estados Unidos.

La iniciativa actual

El Gobernador Hernández Colón, quien fue reelecto en 1988, propuso en su mensaje inaugural de 1989 un plebiscito entre las opciones de *status* de estadidad, independencia y mejorar la relación de estado libre asociado, además de un compromiso federal de responder al plebiscito.

En su función de presidente del Partido Popular Democrático, se le unieron poco después los presidentes de los otros dos partidos políticos principales en Puerto Rico, el Partido Nuevo Progresista (a la sazón dirigido por Baltasar Corrada del Río) y el Partido Independentista Puertorriqueño (encabezado por Rubén Berríos Martínez), para proponer que el gobierno federal se comprometiera a actuar para implantar el *status* que recibiera apoyo mayoritario en el plebiscito. *El acuerdo se consideró histórico* porque los tres partidos habían estado en desacuerdo por largo tiempo sobre cómo enfocar una solución al asunto de *status*.

El mes siguiente, el Presidente George Bush propuso a una Sesión Conjunta del Congreso, que el Congreso permitiera al pueblo de Puerto Rico decidir su *status* futuro en un plebiscito, a la vez que expresó su enérgico apoyo personal a la estadidad.

El presidente de la contraparte de esta Comisión en el Senado, reaccionó a la propuesta presentando tres proyectos.

En anticipación a un proyecto del Senado que reflejara la propuesta de los presidentes de los partidos, el Vicepresidente de la Comisión, de Lugo, estuvo de acuerdo con el itinerario del presidente del comisión senatorial para la consideración del proyecto por el Congreso. Establecía que el Senado tomaría acción el año pasado y la Cámara este año.

P. del S. 712

La Comisión de Energía y Recursos Naturales del Senado, sin embargo, aprobó el año pasado, con escasa mayoría, un proyecto distinto al que se había anticipado. El P.del S. 712 otorgaría aprobación federal a la estadidad, la independencia y el desarrollo de la relación con el estado libre asociado, y determinaría unilateralmente las medidas para implantar cada opción de *status*. Entonces comenzaría a implantar automáticamente el otoño que viene las medidas relacionadas con la opción de *status* que ganase el apoyo de la mayoría del pueblo el verano que viene en un plebiscito en Puerto Rico.

Los resultados de unas encuestas indican que el P.del S. 712, según fue informado por el Comisión de Energía y Recursos Naturales, propició que el apoyo a la estadidad sobrepasara al del estadolibrismo en Puerto Rico.

Una razón para ello parece haber sido que el proyecto disponía que la estadidad podría obtenerse de inmediato, sencillamente mediante un voto mayoritario en la Isla. Otro factor es que el proyecto dispondría que la mayoría de los beneficios de programas sociales federales que aportaría la estadidad tendrían vigencia inmediata, mientras que las responsabilidades contributivas federales se implantarían más adelante en forma gradual. Otra razón más para el aumento aparente en el apoyo popular por la estadidad era que el proyecto brindaría pocas mejoras significativas al Estado Libre Asociado.

Este proyecto

El Presidente de la Cámara Thomas S. Foley, el Presidente Morris K. Udall, y otros miembros manifestaron honda preocupación sobre el enfoque del P. del S. 712 al asunto durante el año pasado. Entre las inquietudes expresadas por los Miembros estaba la posición sin precedentes de que el Congreso aprobara con anticipación cambios de *status* para Puerto Rico –así como todos los términos de estos posibles cambios– antes de que el pueblo de Puerto Rico hubiese decidido sobre su *status* futuro.

Cuando se hizo claro que los problemas del P. del S. 712 impedirían su aprobación, el Presidente Udall y el Portavoz demócrata George Miller se unieron al Presidente de la Subcomisión, de Lugo, en una invitación a los presidentes de los tres partidos para que se pusieran de acuerdo sobre un proyecto alterno.

Los presidentes de partido (Hernández Colón, Berríos y Romero, quien había sucedido a Corrada como líder de partido estadista poco después que los tres partidos propusieron legislación sobre este asunto) no lo hicieron de inmediato debido a la 'promesa' de ejecución rápida en el P. del S. 712.

Luego, sin embargo, se le hizo evidente a estos líderes que si insistían en la propuesta de ejecución automática, el Congreso podría dejar de aprobar su petición de un compromiso federal de actuar a base de los resultados de un plebiscito sobre *status*. *Así es que los presidentes de los partidos decidieron hace unos meses apoyar la legislación que sugirieron Lugo y Lagomarsino*, en consulta con el Comisionado Residente Jaime B. Fuster. Esta legislación reflejaría con más fidelidad la propuesta de los partidos *de que el gobierno federal se comprometiera a actuar después de que el pueblo de Puerto Rico hubiera expresado su preferencia en cuanto al status*.

El anteproyecto se basó parcialmente en el P. del S. 711, otro de los proyectos sobre este asunto que presentó el presidente de la Comisión Senatorial Sobre Jurisdicción. Se convirtió en el P. de la C. 4765.

El sustituto que aprobó esta Comisión se desarrolló mediante *negociaciones excesivamente intensas y demasiado extensas y, en general, tiene el apoyo del Presidente Bush y de los presidentes de los tres partidos*.

Las enmiendas al P.del S. 712

Desde entonces, la Comisión del Senado de Finanzas ha aprobado enmiendas al P.del S. 712 (aunque *no* ha rendido informe favorable del proyecto en general). Las enmiendas demorarían la ejecución de la estadidad (que sería inmediata en la versión de la Comisión de Energía y Recursos Naturales) por cinco años (aunque todavía la ejecución sería automática). Los beneficios según los programas federales y los impuestos serían introducidos gradualmente en el transcurso de la demora.

Las enmiendas también proveerían aumentos considerables en los beneficios de los programas conforme un estado libre asociado mejorado. Los aumentos serían sufragados con ingresos al erario que ahora se reembolsan a Puerto Rico y con nuevos ingresos generados por las restricciones sobre el crédito contributivo federal que fomenta la inversión en Puerto Rico.

Los problemas con el P. del S. 712, según sería enmendado por la comisión del Senado, incluyen: el proceso de definir las opciones de *status* y los procedimientos para la ejecución automática; las limitaciones tanto sobre la estadidad como la independencia que contiene la versión de Energía y Recursos Naturales; los términos del financiamiento para los aumentos en los programas sociales federales conforme el estado libre asociado mejorado que contiene la versión de Finanzas; así como la demora excesiva para la estadidad (ya que el *status* seleccionado se implantará automáticamente) en la versión de Finanzas.

El enfoque de la Comisión

El enfoque de esta Comisión al desarrollo de esta legislación ha seguido las guías que declaró el Vicepresidente de la Comisión, de Lugo, el 2 de marzo de 1990 en la vista sobre este asunto:

"Quiero que quede claro que no favorezco ninguna de las opciones de *status*... ni de los partidos.

Todas las opciones son legítimas... y todos los partidos tienen líderes capaces.

Sólo el pueblo de Puerto Rico debiera decidir qué es lo mejor.

Estoy comprometido con tratar de lograr que cada una de las opciones sea la mejor posible, de modo que el pueblo de Puerto Rico pueda vivir tan bien como le sea posible sea cual fuera su selección.

Daré a cada uno de los partidos participación igual en el proceso para desarrollar esta opción."

Es importante señalar que este enfoque reconoce que no puede haber un juego parejo entre las opciones de status. Las diferencias inherentes a las diversas opciones son tan grandes que no ofrecen al pueblo de Puerto Rico opciones equivalentes y cualquier esfuerzo por proveer un juego parejo redundará en términos artificiales e irrazonables.

Reconoce además que las opciones de status no pueden implantarse imparcialmente con neutralidad fiscal. Cada opción representa costos y ventajas distintas tanto para Estados Unidos como para Puerto Rico; pero ninguno de los costos es tan grande que deba prevenir o impedir el derecho del pueblo puertorriqueño a lograr el *status* al cual aspiran.

Participación de los no-residentes en el plebiscito

El Representante José E. Serrano propuso que el proyecto se enmiende para permitir, tanto a las personas que nacieron en Puerto Rico como a aquellas que uno de sus padres nació en Puerto Rico, que voten en el plebiscito. Esta propuesta fue apoyada por los Representantes Charles B. Rangel y Bill Green.

Su propuesta se basó en que: gran parte de la migración de puertorriqueños a los estados ha sido involuntaria, debido a necesidades económicas ligadas, en parte, a las políticas federales; un alto porciento de los residentes de Puerto Rico pasan parte de sus vidas en los estados y muchos puertorriqueños en los estados tienen intenciones de regresar eventualmente a Puerto Rico; el referendo podría resultar en una decisión permanente en cuanto al destino del pueblo puertorriqueño (a diferencia de una decisión para elegir funcionarios temporeros); y *existen precedentes internacionales para la participación de no-residentes en plebiscitos sobre status.*

El precedente en Estados Unidos para votación de no-residentes en plebiscitos sobre *status* se limita a plebiscitos en el Territorio de las Islas del Pacífico que Estados Unidos administra en fideicomiso para las Naciones Unidas. La votación de no-residentes que propone la enmienda Serrano no tiene precedentes en Puerto Rico.

Los presidentes de los tres partidos de Puerto Rico objetaron –directa o indirectamente– ante el Congreso que se decrete la participación de no-residentes en el plebiscito. Al hacerlo, sin embargo, el Gobernador Hernández Colón pidió que esta legislación autorice a Puerto Rico a extender el sufragio a no-residentes para propósitos del plebiscito.

El Vicepresidente de la Comisión, de Lugo, el Portavoz de la Minoría Lagomarsino y los Representantes Serrano, Rangel y Green llegaron a un acuerdo, en consulta con la administración de Bush y los tres partidos, sobre una modificación a la enmienda Serrano. Esta autorizaría a Puerto Rico, en la medida en que al menos dos de los tres partidos estuviesen de acuerdo, a permitir la votación de no-residentes en el plebiscito.

III. ANALISIS POR SECCION

SECCION 1: designaría el proyecto como "Ley de Autodeterminación de Puerto Rico."

SECCION 2 (a): autorizaría una asignación de $13.5 millones para la celebración de un plebiscito en Puerto Rico entre las opciones de *status* de independencia, estadidad y una modificación del actual estado libre asociado con Estados Unidos –*en los términos que acuerde el pueblo puertorriqueño con el Congreso*– *o ninguna* de estas opciones de *status*. El plebiscito tendría lugar el 16 de septiembre de 1991 o en una fecha posterior en 1991 que acordarán por lo menos dos de los tres partidos políticos de Puerto Rico en el Comité de Diálogo sobre el *status* de Puerto Rico.

El Comité de Diálogo está constituido por los presidentes de los tres partidos de Puerto Rico, cada uno de los cuales es el defensor principal de las tres opciones de *status*. Este comité se estableció el 29 de junio de 1989 por orden ejecutiva del Gobernador Hernández Colón luego de un acuerdo con los otros dos presidentes de partido. Por lo general, la representación de los presidentes de partido en asuntos del comité recae sobre delegados según establece la orden.

Las referencias que se hacen en este proyecto al Comité de Diálogo tienen como propósito asegurar que, para propósitos de esta legislación, se mantenga en el comité el equivalente del balance político actual de modo que ningún partido domine ni tome decisiones finales por el comité. *Esta Comisión espera que el Comité de Diálogo se mantendrá según está estructurado en la actualidad y con el debido financiamiento.*

Los tres partidos de Puerto Rico habían acordado en 1989 que la fecha para el plebiscito sería el 4 de junio de 1991. El partido estadolibrista propuso luego, sin embargo, que se atrasara la fecha a octubre o noviembre para permitir suficiente tiempo de preparación para el plebiscito, de ser necesario.

Los otros dos partidos objetaron la demora; pero esta Comisión accedió a demorar el plebiscito hasta *el 16 de septiembre de 1991. Creemos que una fecha posterior no es práctica* si es que va a haber suficiente tiempo para desarrollar y considerar la legislación que dispone la Sección 4 (a) durante el 102do Congreso en virtud del procedimiento expuesto en las Secciones 4 y 5. Este inciso, sin embargo, autorizaría una fecha posterior en 1991 para el plebiscito si por lo menos dos de los tres partidos acordaran tal fecha.

Este inciso también requeriría que se asignaran fondos para el plebiscito a la Oficina Ejecutiva del Presidente. Estos fondos tendrían que ser transferidos posteriormente a la Comisión Estatal de Elecciones de Puerto Rico (con la auditoría y otros requisitos que fija la siguiente inciso).

(b): autorizaría a la Comisión de Elecciones a gastar $7.5 millones de esta subvención para gastos administrativos y costos relacionados a la celebración del plebiscito. De esta cantidad $1.5 millones sólo podría emplearse en facilitar la participación de puertorriqueños que no residen en Puerto Rico, según autorizarían los incisos (b) y (c) de la Sección 3. No se podrían gastar si dicha participación no se autoriza bajo esos incisos.

También se requeriría a la Comisión de Elecciones que proveyera $6 millones al Comité de Diálogo *para educación pública* sobre las opciones de *status*. El Comité de Diálogo tendría que distribuir los fondos de educación equitativamente entre los partidos políticos principales de Puerto Rico.

Esta Comisión reconoce que los $7.5 millones asignados para gastos administrativos sólo cubrirían parte de estos gastos. Entiende, por ejemplo, que el gobierno insular gastó unos $17 millones en los comicios generales de 1988 y que la Comisión de Elecciones estima que un plebiscito aparte sobre otro asunto en 1991 costaría entre $11 y $12 millones. (Estas votaciones sólo incluirían votantes domiciliados en Puerto Rico.) El resto de los fondos necesarios para el plebiscito que propone este proyecto serían provistos por el gobierno de Puerto Rico.

Los $6 millones en fondos para educar serían provistos para ayudar a asegurar que el pueblo puertorriqueño pueda ejercer su opción con conocimiento en cuanto a sus aspiraciones de *status* y que cada opción de *status* pueda ser presentada a los votantes de modo cabal y objetivo. El Comité de Diálogo ha estado de acuerdo en que el gobierno de Puerto Rico también debe proveer fondos para ser distribuidos equitativamente entre los tres partidos políticos para este propósito.

La elegibilidad de los partidos para estos fondos *dependería de su cumplimiento con las restricciones absolutas sobre gastos* relacionados con el plebiscito. Estas restricciones son las restricciones que la actual ley electoral puertorriqueña impone a los partidos para las campañas en los comicios generales. Esta Comisión entiende que dichas restricciones incluyen $1.5 millones para transmisiones y otros anuncios y $5 millones para otros gastos.

El propósito de fijar límites de gastos a las campañas plebiscitarias es asegurar que una opción de *status* no sea seleccionada porque el partido que aboga por ella tenga ocasión de influir indebidamente en el resultado del plebiscito mediante el uso de una cantidad de recursos que sea injustamente excesiva. Los representantes de los tres partidos han acordado que los límites propuestos para el plebiscito son razonables a la luz de los costos que se anticipan.

Los límites, empero, son además lo bastante altos como para que el apoyo del público a una opción de *status* se refleje en cierta medida a través de contribuciones privadas que podrían cerrar la brecha entre los fondos que provea el gobierno y el límite de gastos. Esta Comisión espera, sin embargo, que no habrá esfuerzo para circunvenir estos límites por parte de personas asociadas a los partidos o a otros intereses.

La elegibilidad de los partidos para obtener fondos también dependería de que accedieran a unos requisitos estrictos de auditoría y constancia de gastos. La Oficina de Contabilidad General (General Accounting Office) tendría que verificar el uso de todos los fondos asignados mediante esta legislación.

Se pretende que estos exámenes se lleven a cabo continuamente a medida que se usen los fondos y que los partidos no podrían utilizar los fondos que se les provean para ningún otro propósito que no sean propósitos relacionados con el plebiscito. Los fondos no podrían utilizarse para gastos de operación regulares del partido ni para promover candidaturas.

Se pretende además que la porción de fondos de cualquier partido que se niegue a aceptar dicho financiamiento federal se dividiría en partes iguales entre los partidos que acepten el financiamiento y que los límites de gastos de estos partidos se aumentarían proporcionalmente.

Como mínimo, la Comisión Estatal de Elecciones debería requerir que cada partido político informara el efectivo o los servicios que reciba, los gastos y los contratos que excedan de $500 dentro de los 15 días siguientes a la fecha en que se efectúen. Esto permitiría que la Comisión de Elecciones detectara y resolviera a tiempo cualquier irregularidad.

El Comité de Diálogo debiera desembolsar los fondos

federales por fases basadas en intervalos de tiempo. Es decir, que cada partido político debiera recibir una partida mensual igual, a partir del 1 de enero de 1991, y el primero de cada mes subsiguiente hasta el plebiscito.

(c): aplicaría las leyes electorales de Puerto Rico al plebiscito.

Las leyes que aplicarían por virtud de esta disposición incluirían, pero no se limitarían a, la ley que Puerto Rico tendría que promulgar para celebrar el plebiscito, ya que actualmente no hay disposición en las leyes de Puerto Rico para el plebiscito que propone este proyecto. Esta Comisión entiende que la Asamblea Legislativa de Puerto Rico tiene intenciones de considerar legislación a estos efectos el próximo año.

Esta Comisión entiende, además, que es tradición en Puerto Rico tratar de enmendar las leyes electorales conforme *a un consenso* de los tres partidos y espera que se siga este enfoque para promulgar la ley insular sobre el plebiscito.

(d): también aplicaría las leyes electorales federales pertinentes al plebiscito.

Las leyes federales que se pretende tengan pertinencia son algunas de las que aplican a la elección de funcionarios federales, incluso el Comisionado Residente de Puerto Rico. El propósito de aplicar estas leyes es proveer la máxima integridad al proceso plebiscitario con la máxima protección posible a los derechos de los votantes. Las leyes que tendrían pertinencia facilitarían la votación, dispondrían varios derechos de los votantes de naturaleza substantiva y procesal, definirían una variedad de actividades ilegales, y fijarían penalidades por la comisión de cualquiera de esas actividades.

Estas son: las leyes incluidas en el *Manual de 1988 de Leyes Electorales de la Cámara de Representantes de EE.UU.* (H. Doc. 100-208); la Ley de Derechos de Votación de 1965, según enmendada (42 U.S.C. 1973); la Ley de Derechos Civiles de 1968, según enmendada (18 U.S.C. 245 (b)(1)(A); los estatutos sobre fraude postal y telegráfico (18 U.S.C. 1341,

1343, 1346); y la Ley de Acceso al Voto para Envejecientes e Impedidos (42 U.S.C. 1973ee). No serían pertinentes: la Ley de Campaña Electoral Federal de 1971, según enmendada (2 U.S.C. 431 a 456, exceptuando 441b) y la Ley de Voto Ausente para Ciudadanos Uniformados y en Ultramar (42 U.S.C. 1973ff).

No se pretende que se aplique la Ley de Voto Ausente para Ciudadanos Uniformados y en Ultramar porque esta Comisión entiende que las leyes electorales de Puerto Rico ya contienen algunas disposiciones para el voto ausente del personal de las Fuerzas Armadas y porque el gobierno de Puerto Rico recibiría amplia autoridad bajo los incisos (b) y (c) de la Sección 3 para permitir en el plebiscito el voto de puertorriqueños en ultramar.

Esta Comisión espera que la ley que promulgue el gobierno de Puerto Rico para celebrar el plebiscito, facilite en la mayor medida posible el voto de los militares y sus dependientes. Cualquier oportunidad, si alguna, que provea bajo los incisos (b) y (c) de la Sección 3, para permitir el voto de puertorriqueños no-residentes, deberá proveerse sin consideración a dónde vive el no-residente.

En las leyes federales, se considerarán las referencias a elecciones de cualquier tipo como inclusivas del plebiscito y, allí donde sea práctico, las relativas a candidatos se considerarán como referentes a opciones de *status*.

Esta sección no hará inaplicable al plebiscito ninguna ley federal que tenga vigencia por fuerza propia.

SECCION 3 (a): *reconocería que mucha gente de ascendencia puertorriqueña vive actualmente fuera de Puerto Rico*. También reconocería que el gobierno de Puerto Rico tiene alguna autoridad legislativa según la ley actual de extender el actual electorado de Puerto Rico para incluir a algunos individuos que no residen en Puerto Rico en la actualidad. El hecho de reconocer la autoridad del gobierno insular no tiene como intención otorgar ninguna autoridad que no exista según la ley actual ni validar ningún reclamo específico de autoridad.

Esta comisión sencillamente entiende que las actuales leyes electorales de Puerto Rico sobre voto ausente son muy limitadas en comparación a las leyes sobre voto ausente de muchos estados. Tampoco tiene intención de sobreseer la autoridad que el gobierno de Puerto Rico pueda tener ya para actuar sobre esta materia.

(b): autorizaría al gobierno de Puerto Rico a enmendar sus leyes para permitir a los puertorriqueños que no residen en Puerto Rico registrarse y votar en el plebiscito y así hacerlo sin estar físicamente presentes en Puerto Rico.

Esta autorización dependería de la aprobación por el gobierno de Puerto Rico del plan al que se hace referencia en el inciso (c) y no tendría efecto alguno si faltare dicho plan. Autorizaría al gobierno a extender el derecho al voto solamente a aquellos puertorriqueños no-residentes que determinara el plan.

Se incluye lenguaje para aclarar que el plan puede hacer que la autorización aplique a todas las personas, o bien nacidas en Puerto Rico, o bien que uno de sus padres nació en Puerto Rico. (También podría aplicar a subclasificaciones de estos individuos).

No se pretende que este inciso de por sí otorgue ningún derecho para votar en el plebiscito. Ni tampoco se pretende que circunscriba ninguno y/o todos los poderes que el gobierno de Puerto Rico pueda tener para extender el derecho al voto a personas que no tienen elegibilidad al presente para votar bajo la ley puertorriqueña, ni para conferir o confirmar tales poderes o reclamos de los mismos.

(c): autorizaría al Comité de Diálogo a someter para ratificación por la Asamblea Legislativa un plan para permitir a los puertorriqueños no residentes que votaran en el plebiscito, si dicho plan fuera aprobado por dos de los tres partidos miembros. También dispondría que el plan se torne en ley en Puerto Rico si la Asamblea Legislativa lo ratifica y el Gobernador lo firma.

La Asamblea Legislativa podría aceptar o rechazar el plan; pero no enmendarlo. Cualquier autorización para votación por no-residentes que apruebe la Asamblea y no se base en el acuerdo de por lo menos dos de los tres partidos, sólo tendría vigencia en virtud de la autoridad que pueda existir fuera del ámbito de esta legislación.

Según se señaló anteriormente, esta Comisión entiende que Puerto Rico tiene una tradición de, por lo general, cambiar leyes electorales mediante acuerdo multipartita, cuya tradición espera se mantenga en este asunto. Espera que los partidos realizarán un esfuerzo sincero por desarrollar un plan que amplíe el electorado, según autorizan los incisos (b) y (c) de esta sección.

(d): dispondría que si un tribunal determinara la inconstitucionalidad de cualquier disposición de esta legislación, no se invalidará ninguna otra disposición, de modo que las demás disposiciones puedan continuar en vigencia. También se pretende disponer que si el Comité de Diálogo fallara en someter un plan para votación de no-residentes o la Asamblea Legislativa no aprobara tal plan antes de 120 días del plebiscito, ello no sería impedimento para que otras disposiciones de esta Ley retuvieran su vigencia, impidiendo, por ejemplo, que no se celebrara el plebiscito. Esta disposición se incluye en reconocimiento a la naturaleza compleja y controversial de las propuestas para que los puertorriqueños no-residentes voten en el plebiscito y de la posibilidad de litigio sobre este y otros asuntos.

SECCION 4 (a): requeriría que esta Comisión y la Comisión del Senado sobre Energía y Recursos Naturales redactaran legislación para implantar el *status* que recibe la mayoría de votos en el plebiscito sobre los asuntos de la lista que sigue. Estos proyectos tendrían que ser redactados en consulta con los partidos políticos de Puerto Rico, el Presidente, y cualesquiera otras personas o grupos adecuados.

Este inciso también expresa la intención de que los elementos básicos del *status* escogido se tomarían en consideración en el proceso de redacción con la misma seriedad que se hubieran considerado los elementos de cualquier otro *status*.

Se pretende que las comisiones tratarían de conciliar las disposiciones de la legislación con representantes del partido que abogó por el *status* que recibió mayoría absoluta en el plebiscito. Al así hacerlo, se esperaría que las comisiones recibieran opiniones sobre los asuntos concernidos de los partidos que abogaron por las otras opciones de *status*, de la Rama Ejecutiva, o de cualesquiera otras personas o grupos adecuados.

El propósito de consultar con los partidos que no abogaron por el status seleccionado no sería frustrar la implantación de la voluntad mayoritaria en Puerto Rico. Por el contrario, sería para asegurar que, en lugar de considerar el status como tal, se consideraran todos los puntos de vista en Puerto Rico sobre aspectos específicos del status seleccionado.

Otros grupos o personas cuyas opiniones sería propio conocer, incluirían, por ejemplo, organizaciones reconocidas en Puerto Rico, representantes de puertorriqueños que no residen en Puerto Rico, y otros con nexos importantes a Puerto Rico.

El Presidente estaría representado en el proceso de consulta por el personal de la Oficina Ejecutiva del Presidente, así como por los funcionarios de varias agencias.

El requisito de consultar con representantes de los partidos tiene como intención facilitar la consulta con los líderes en Puerto Rico y no limitaría el contacto con funcionarios públicos o de los partidos a los representantes principales de los partidos exclusivamente. Se incluye para reconocer el papel de liderazgo que los partidos han desempeñado en el debate sobre el *status* político futuro de Puerto Rico.

Los asuntos que sería requisito tratar al redactar la legislación que el Congreso vendría comprometido a considerar se incluyen por opción de *status* según sigue:

(1) Independencia – (A) Puerto Rico establecería una forma republicana de gobierno mediante una constitución que garantizaría plena protección de los derechos humanos. Estados Unidos tomaría acción para brindar a la economía de Puerto Rico bajo la independencia un período de transición razonable y justo de por lo menos diez años. Las medidas incluirían asuntos tales como:

(i) otorgar asignaciones anuales en bloque que se basen en la suma total de gastos federales actuales en el Estado Libre Asociado;

(ii) continuar con el acceso preferencial de productos puertorriqueños al mercado de Estados Unidos;

(iii) proveer incentivos para inversiones de Estados Unidos en los sectores públicos y privados de Puerto Rico y en el mercado de préstamos originados en Puerto Rico que proveería incentivos similares a los que actualmente provee la ley, y

(iv) continuar el uso en Puerto Rico de la divisa de Estados Unidos.

Además se consideraría desmilitarizar a Puerto Rico en el futuro.

(B) La concesión de la independencia no resultaría en menoscabo de los derechos que tengan individuos en Puerto Rico a beneficios adquiridos por virtud de sus servicios o contribuciones a Estados Unidos, ni en menoscabo de la ciudadanía de Estados Unidos de personas nacidas anteriormente a la fecha de la independencia.

(C) El Presidente de Estados Unidos estaría autorizado a negociar con el gobierno de la república un tratado y otros acuerdos bilaterales que detallaran aún más la relación entre los dos países.

(2) Estadidad – (A) El Estado Libre Asociado de Puerto Rico sería admitido a la Unión permanentemente como

estado soberano en igualdad de condición a los demás estados. La Constitución actual y las leyes de Puerto Rico serían aceptadas como la Constitución y las leyes del nuevo estado, y la Constitución y las leyes de Estados Unidos se extenderían en pleno a Puerto Rico.

(B) La ciudadanía de Estados Unidos de personas nacidas en Puerto Rico tendría garantía constitucional y sería igual en todos los aspectos a la ciudadanía de personas nacidas en los demás estados. Los ciudadanos del nuevo estado tendrían derecho a votar por el Presidente y Vicepresidente de Estados Unidos y elegirían el número correspondiente de miembros a la Cámara de Representantes y dos miembros al Senado de Estados Unidos.

(C) Los residentes del nuevo estado recibirían trato igual al de los residentes de los demás estados en todos los programas federales y asumirían todas las obligaciones de los residentes de los estados de la Unión. El Congreso tomaría acción para proveer a la economía de Puerto Rico un período de transición justo y razonable bajo la estadidad.

(3) Una nueva relación de Estado Libre Asociado – (A) El nuevo Estado Libre Asociado de Puerto Rico estaría ligado a Estados Unidos en una unión permanente y la relación sólo podría alterarse mediante consentimiento mutuo. Conforme a un convenio, el Estado Libre Asociado sería un cuerpo político autónomo de carácter y cultura propia, no incorporado a Estados Unidos y soberano en materias regidas por la Constitución de Puerto Rico que fueran consecuentes con la Constitución de Estados Unidos.

(B) La ciudadanía de Estados Unidos de personas nacidas en Puerto Rico tendría la garantía y firmeza que brinda la Quinta Enmienda a la Constitución de Estados Unidos y sería igual a la de los ciudadanos nacidos en los varios estados. Los derechos, privilegios e inmunidades individuales que provee la Constitución de Estados Unidos, aplicarían a los residentes de Puerto Rico. Los residentes de Puerto Rico tendrían derecho a los beneficios que brindan los programas sociales federales en igualdad con los residentes de los diversos estados, dependiendo de que Puerto Rico hiciera las contribuciones equitativas que dispone la ley.

(C) Para permitir que Puerto Rico gobernara los asuntos necesarios a su desarrollo económico, social y cultural conforme su Constitución, el Estado Libre Asociado estaría autorizado a someter propuestas a Estados Unidos para que Puerto Rico entrara en acuerdos internacionales o para que Puerto Rico estuviese exento de leyes y disposiciones federales específicas. El Presidente y el Congreso, según fuera apropiado, considerarían, mediante procedimientos especiales expeditos dispuestos por ley, si tales propuestas están en armonía con los intereses vitales nacionales de Estados Unidos. El Estado Libre Asociado asumiría cualesquiera gastos asociados a las responsabilidades adicionales que resultaren de la aprobación de estas propuestas.

Los asuntos que se describen anteriormente son versiones modificadas de las propuestas que sometieron los presidentes de los tres partidos políticos principales de Puerto Rico en una vista de una Subcomisión sobre Asuntos Insulares e Internacionales, celebrada el 28 de junio. Las modificaciones responden a razones de forma y política, pero son consecuentes con lo que esta Comisión entiende es la intención de las propuestas.

El hecho de incluir estos asuntos en este informe constituiría *un compromiso de buena fe de considerar aquellos asuntos* contenidos en la descripción conceptual del *status* que reciba apoyo mayoritario en el plebiscito al responder a esa expresión de la voluntad del pueblo de Puerto Rico. Promulgar esta legislación impondría *obligaciones morales* sobre la Rama Ejecutiva así como sobre el Congreso en este respecto.

Honestamente, no se puede tildar estas descripciones de

catálogo de deseos. *Sin embargo, no obligarían* a esta Comisión o su contraparte en el Senado a necesariamente incorporar en la legislación los elementos arriba incluidos en la descripción pertinente al *status* elegido, o en ésta en la medida en que aboguen los partidarios de dicho *status*.

Por el contrario, esta sección constituiría un compromiso por parte de las comisiones de *revisar y responder* seria y cabalmente a las propuestas. Al promulgar esta sección, por lo tanto, se proveería un marco conceptual desde el cual emprender el proceso de desarrollar legislación para implantar el *status* que se escoja en el plebiscito.

Esta Comisión tendría además intenciones de desarrollar sobre las disposiciones de la legislación para poner el *status* en ejecución con cualquier otra Comisión de la Cámara que tenga jurisdicción para ello. Para propósitos de lo que serían, en esencia, negociaciones, esta Comisión estaría representada por la Subcomisión (o su equivalente) y el *personal*.

(b) autorizaría la asignación de fondos para permitir la celebración de las consultas y la redacción de legislación para poner el *status* en ejecución.

SECCION 5 (a): requeriría que el presidente de esta Comisión y el presidente de la Comisión de Energía y Recursos Naturales del Senado *presentaran la legislación* que dispone la Sección 4 (a) *para el 6 de marzo de 1992.*

(b): autorizaría a cualquier miembro de la Cámara o del Senado a presentar una moción para que se releve a una comisión de la consideración de la legislación a los 180 días naturales o más después de presentada la legislación. Haría que tales mociones fuesen procedentes en cualquier momento. Tales mociones serían *debatibles por un máximo de dos horas* pero no estarían sujetas a enmiendas o a mociones de reconsideración.

(c): autorizaría a cualquier miembro a presentar moción en el sentido de que la Cámara o el Senado en pleno *consideraran la legislación 15 días legislativos o más después* de que las comisiones a que fue referida hayan presentado el informe o sido relevadas de la consideración de dicha legislación. Haría que tales mociones procedan en cualquier momento y dispondría que no serían debatibles, enmendables o sujetas a reconsideración.

(d): afirmaría el compromiso del Congreso de votar sobre legislación que *estableciera el proceso para poner en ejecución el status* electo por el pueblo puertorriqueño en el plebiscito.

Las varias disposiciones de esta sección tienen como propósito brindar garantías de que la legislación para poner el *status* en ejecución será redactada y considerada y que ambas Cámaras *tomarán acción al respecto*. El Inciso (a) requeriría que la legislación sea presentada. El Inciso (b) dispondría de un límite de 180 días calendario para consideración por las comisiones. El Inciso (c) dispondría para la consideración de la Cámara (o el Senado) en pleno luego de 14 días legislativos de concluida la consideración de las comisiones. El Inciso (d) afirmaría la intención del congreso de votar sobre la legislación.

En suma, que *los procedimientos expeditos* que contiene esta sección obligarían a las comisiones a tomar acción sobre la legislación y comprometería a ambas Cámaras a actuar sobre ella. *Sin embargo, no impediría que cualquiera de las Cámaras enmendara la legislación; ni comprometería a ninguna de las Cámaras a aprobarla; ni constituye un compromiso de que la legislación será promulgada* como ley.

Estos compromisos representan una *obligación moral* más que legal, ya que, constitucionalmente, el Congreso no puede comprometer a sus sucesores en materias de esta naturaleza. Constituirían, sin embargo, *solemnes obligaciones políticas*. El que no fueran honradas es inconcebible para esta Comisión.

Esta Comisión entiende que las garantías que esta sección proveería al pueblo de Puerto Rico de que el gobierno federal *responderá a su decisión sobre el status* son parte esencial del enfoque de esta legislación al asunto del *status*. En el pasado, los puertorriqueños se han visto frustrados por la inacción del gobierno federal en cuanto al *status* de su preferencia (aún después de haber alentado tal determinación). Sus líderes no podrían apoyar este enfoque (en lugar de la ejecución automática que propone el proyecto del Senado) sin tales garantías.

Esta Comisión, por lo tanto, señala además que *es poco probable que jamás haya que recurrir* a los procedimientos expeditos que dispone esta sección. Espera que la legislación para poner en ejecución el *status* elegido recibirá consideración expedita de las comisiones de ambas cámaras. No tiene dudas de que promulgar esta legislación representará un compromiso sincero con la autodeterminación puertorriqueña que *será honrado* por el próximo Congreso y el Presidente.

SECCION 6 (a): requeriría que la legislación que se redacte conforme la sección 4 (a) que se promulgue como ley *se someta al pueblo de Puerto Rico en un segundo plebiscito*. Este plebiscito tendría que celebrarse no más de *60 días naturales a partir de que se promulgue la ley*. Este inciso también dispondría que la legislación no entrará en vigor a menos que sea aprobada en ese plebiscito. Finalmente, dispondría que la ley entrará en vigor en la fecha que esa legislación determine y estará sujeta a otros términos que pueda incluir dicha legislación.

(b): autorizaría asignaciones para el segundo plebiscito, inclusive fondos para educación pública y el procedimiento de votación en sí.

SECCION 7: *requeriría que esta Comisión y la Comisión del Senado sobre Energía y Recursos Naturales hiciera recomendaciones adicionales* sobre el desarrollo del *status* político de Puerto Rico, *si* ninguno de los tres *status* recibe apoyo mayoritario en el primer plebiscito; *si* no se promulga legislación para poner el *status* en ejecución; o *si* la legislación para poner el *status* en ejecución no es aprobada en el segundo plebiscito.

Las recomendaciones tendrían que ser formuladas en consulta con los representantes de los partidos políticos principales de Puerto Rico, el Presidente, *y cualesquiera otros grupos o personas adecuadas.* (Este sería un requisito de consulta similar al de la Sección 4 (a).)

Las recomendaciones podrían ser *bien de naturaleza procesal o de naturaleza substantiva.*

IV. HISTORIAL LEGISLATIVO

La R. de la C. 4765 fue presentada el 9 de mayo por el presidente Ron de Lugo de la Subcomisión sobre Asuntos Insulares e Internacionales junto al Portavoz de la Minoría Robert J. Lagomarsino, el Presidente Morris K. Udall y el Portavoz de la Minoría Don Young de esta Subcomisión; el Presidente John Joseph Moakley y el Portavoz de la Minoría James H. (Jimmy) Quillen de la Comisión de Reglas; el Comisionado Residente Jaime B. Fuster; y los miembros de la Subcomisión sobre Asuntos Insulares e Internacionales James McClure Clarke, John Lewis, George (Buddy) Darden, Eni F. H. Faleomavaega y Ben Garrido Blaz.

Este proyecto se presentó con el apoyo expreso del Presidente de la Cámara Thomas S. Foley y del Portavoz de la Minoría Robert H. Michel y fue posteriormente endosado por los Representantes Edward J. Markey, Wayne Owens, Stephen J. Solarz, E. Thomas Coleman, Robert K. Dornan, Peter H. Kostmayer, John Miller, Jon L. Kyl y Ben Jones.

Antes de que se presentara, la Subcomisión sobre Asuntos Insulares e Internacionales celebró vistas este año en Washington D.C., el 2 de marzo, y en San Juan, Ponce y Mayagüez, Puerto Rico, el 9, 10 y 12 de marzo, respectivamente. Luego de presentada, se celebraron vistas en Nueva York, N.Y., el 25 de junio, y en Washington, D.C., el 28 de junio. Esta Subcomisión también sostuvo una sesión informativa formal sobre este asunto el 30 de enero.

La Subcomisión de Asuntos Insulares e Internacionales aprobó el proyecto con una enmienda en forma de un proyecto sustituto endosado por los Congresistas de Lugo, Lagomarsino, Udall y Fuster, el 3 de agosto mediante votación de *10 a favor y 0 en contra*. Esta Comisión lo aprobó el 19 de septiembre con una enmienda en forma de un proyecto sustituto endosado por los Congresistas de Lugo, Lagomarsino, Udall, Don Young, George Miller y Fuster, en votación de *37 a favor y 1 en contra*.

VI. HALLAZGOS DE REVISION

Conforme la cláusula 2 (1) (3) (A) de la regla XI de las Reglas de la Cámara de Representantes, la Comisión informa que *la necesidad* para esta legislación ha sido *confirmada en vistas anteriores y en hallazgos de revisión realizados por la Subcomisión sobre Asuntos Insulares e Internacionales*.

VII. EFECTO INFLACIONARIO

Conforme la cláusula 2 (1) (4) de la regla XI de las Reglas de la Cámara de Representantes, en relación con el efecto inflacionario del proyecto informado, la Comisión considera que el proyecto no tendrá efecto inflacionario sobre los precios o costos nacionales.

Documento
Declaraciones de Ron de Lugo

3 de agosto de 1990

El Presidente de la Subcomisión
de Asuntos Insulares e Internacionales
al iniciar la acotación del Proyecto de
Autodeterminación para Puerto Rico, declaró:

Al comenzar a plasmar la huella final de esta Subcomisión sobre el Proyecto de Autodeterminación para Puerto Rico, es importante que reflexionemos sobre el significado tan grande de lo que tratamos de lograr. Si tenemos éxito, al concluir el proceso que describe esta legislación, la relación política entre Puerto Rico y Estados Unidos se sentará con firmeza sobre una base determinada por la voluntad libremente expresada del pueblo de Puerto Rico.

No será fácil lograr este resultado. Puerto Rico y Estados Unidos están ligados por lazos que se han tornado cada vez más complejos durante más de 90 años desde que concluyó la

Guerra Hispanoamericana. Cuando Estados Unidos tomó a Puerto Rico de España, Estados Unidos también asumió responsabilidad por un status político con el que España luchaba. Esperamos encontrar la forma de descargar esa responsabilidad a satisfacción de los pueblos de Puerto Rico y Estados Unidos. Durante los últimos 92 años bajo la bandera americana, el asunto del status ha persistido en dominar el curso de acción política de Puerto Rico. Los asuntos se han complicado más al pasar los años. Los puertorriqueños son ciudadanos norteamericanos. Muchos puertorriqueños viven, votan y son dueños de negocios en Estados Unidos continentales. Muchos ciudadanos continentales viven y tienen inversiones en Puerto Rico. Los puertorriqueños luchan y mueren por nuestro país en las guerras en el extranjero. Los ciudadanos continentales luchan y mueren por proteger las libertades que disfruta el pueblo de Puerto Rico. Los impuestos del continente fluyen a Puerto Rico para costear programas federales, pero sólo algunos programas y hasta cierto punto. Los puertorriqueños pagan contribuciones federales sólo si residen en Estados Unidos. Y así sucesivamente.

Las complejidades aumentan. Las ambigüedades más difíciles son las del corazón y el espíritu. La mayoría de los puertorriqueños se sienten orgullosos de ser ciudadanos de nuestro gran país. Partes de una familia viven en el continente mientras otras viven en Puerto Rico y la gente está en continuo movimiento entre la isla y el continente. Tratamos con abstracciones políticas pero también con profundas preocupaciones emocionales y espirituales.

El año pasado, los líderes de los tres partidos políticos en Puerto Rico –cada uno de los cuales favorece un status político distinto– pidieron al gobierno federal que autorizara un referendo sobre la condición política, uno que tuviera sentido real porque el gobierno federal estaría comprometido a actuar sobre los resultados del referendo. Este compromiso de acción era necesario para asegurar que los puertorriqueños no irían a un referendo cuyos resultados serían ignorados por el gobierno federal y el asunto del status quedara sin resolver.

Yo apoyé la propuesta de los partidos, que era histórica porque por mucho tiempo los líderes habían estado en desacuerdo en cuanto al procedimiento para resolver el debate divisivo sobre el status futuro de Puerto Rico. Durante el último Congreso, yo había sugerido en privado un enfoque similar cuando Bob Lagomarsino, nuestro portavoz de la minoría republicana, propuso un referendo sobre la estadidad y un proceso para implantarla si ganaba.

Así es que apoyé la propuesta de los partidos. Así también lo hizo el presidente de la Comisión senatorial con jurisdicción primaria, Johnston; y el Presidente Bush que, en lo personal, apoya la estadidad.

Poco después, estuve de acuerdo con el presidente de comisión, Johnston, en dejar que el Senado tomara acción primero para minimizar la confusión en Puerto Rico sobre lo que yo anticipaba serían diferencias relativamente mínimas entre las respuestas de Cámara y Senado a esta propuesta. No fue así. El proyecto que la Comisión Senatorial de Energía y Recursos Naturales aprobó con escasa mayoría el año pasado, era muy diferente al que se propuso originalmente. Ese proyecto, el del Senado 712, disponía que el gobierno federal dictara unilateralmente los detalles de la selección de status el año que viene y que esos detalles se implantaran automáticamente luego del referendo.

El presidente de la cámara Foley, el presidente de comisión Udall y otros miembros, expresaron serias dudas sobre el P. del S. 712, el proyecto de la comisión senatorial. El presidente de comisión Johnston tenía intenciones de enviar el P. del S. 712 a la Cámara para el otoño pasado pero, al año de que su comisión actuara sobre el proyecto, éste aún no ha salido de todas las comisiones senatoriales con jurisdicción.

El problema central y fundamental del enfoque que asumió la comisión senatorial es que no reconoce debidamente hasta que punto una resolución del status de Puerto Rico conlleva asuntos vitales para ambas partes, Puerto Rico y Estados Unidos. Si los intereses de Puerto Rico y Estados Unidos van a desenredarse mediante la independencia, los intereses de nuestra nación y los de Puerto Rico van a tener que desenlazarse de un modo justo y constructivo desde ambos puntos de vista. Si el pueblo puertorriqueño opta por una libre asociación, fortalecida e incrustada con más firmeza en el paño constitucional de Estados Unidos, es esencial establecer un balance cuidadoso entre los intereses de ambas partes. Si Puerto Rico busca ingresar a la Unión como el estado 51, el gobierno federal, en representación de los otros 50 estados con los que Puerto Rico se uniría irrevocablemente, debe ser consultado en un proceso cuidadoso cuando estén disponibles todos los hechos, incluso los detalles del resultado del referendo.

Dados los problemas que confrontaba el P. del S. 712, otros líderes de esta Comisión y yo pedimos el otoño pasado a los presidentes de los partidos de Puerto Rico que acordaran un proyecto alterno. Sus esfuerzos para hacerlo se complicaron por el hecho de que el P. del S. 712 estaba sobre el tapete, aunque tenía pocas oportunidades de convertirse en ley. Su presencia alentaba a los partidos a tratar de derivar del P. del S. 712 aquellos elementos que percibían favorables a sus respectivas causas. Cuando se hizo claro que los problemas del P. del S. 712 eran de tal magnitud que podrían impedir que se promulgara cualquier referendo, radiqué un proyecto que yo creía tenía verdadera oportunidad de acercar al pueblo de Puerto Rico hacia la meta de la autodeterminación. Se me unió en la radicación el portavoz republicano Lagomarsino y una mayoría bipartita de esta Subcomisión que incluía al Comisionado Residente Fuster. El presidente de la comisión en pleno Udall y el portavoz republicano Young, y el presidente de la Comisión de Reglas Moakley y el portavoz republicano Quillen, también co-auspiciaron el proyecto que además tenía el apoyo expreso del presidente de la cámara Foley y del portavoz de la minoría Michel.

El P. de la C. 4765 respondería plenamente a la petición de los partidos de Puerto Rico de que el gobierno federal autorizara un referendo sobre status y se comprometiera a tomar medidas para implantar el status que obtuviera apoyo mayoritario.

El proyecto autorizaría el referendo y requeriría legislación para implantar el status que obtenga apoyo mayoritario el año que viene.

Comprometería al Congreso a votar sobre la legislación en 1992 y dispondría que la legislación entraría en vigor sólo si fuera aprobada en un segundo referendo en 1992... de modo que la gente afectada tuviera la última palabra.

Según fue radicado, el P. de la C. 4765 dispone que se describan –pero no incluye– las tres opciones de status y cómo podrían implantarse.

El mes pasado, el portavoz republicano Lagomarsino y yo nos reunimos con los presidentes de los partidos de Puerto Rico a fin de discutir sus propuestas para estas descripciones.

Consideramos que el sentido de sus propuestas provee –con las aclaraciones y revisiones técnicas necesarias– una base aceptable para que esta subcomisión apruebe el proyecto.

Desde entonces, hemos trabajado con los partidos y otros miembros –incluso el presidente de comisión Udall, el portavoz republicano Young, el presidente de la cámara Foley y el portavoz de la minoría Michel– en las descripciones y el proyecto mismo.

Hemos llegado a un acuerdo sobre un sustituto que a mi entender tiene el apoyo tanto de la Casa Blanca como del comisionado residente Fuster.

Incluye descripciones de las opciones de status que son consecuentes con las que propuso cada partido. Las modificaciones realizadas por razón de forma y política reflejan las propuestas a un grado realista, sin rechazar ninguna pero incorporándolas todas en forma apropiada.

Las descripciones proveerían una lista de lo que el Congreso estaría comprometido a considerar al redactar y actuar sobre la legislación para implantar el status que se seleccione en el referendo.

Esto garantizará que el pueblo de Puerto Rico pueda estar informado al seleccionar su status futuro.

Estas descripciones no serían ni listas de encargo ni promesas. No constituirían un compromiso del Congreso de implantar las propuestas que contienen; pero comprometerían al Congreso a decidir de buena fe y de modo expedito sobre las propuestas. Permitiría un proceso significativo para resolver finalmente el problema complejo y centenario sobre el status de Puerto Rico.

Otros cambios del proyecto, según fue radicado:
- fijarían la fecha del referendo para el 16 de julio del año que viene;
- asignaría $12 millones, en lugar de $4 millones, para el referendo;
- aplicaría al referendo las leyes diseñadas para proteger la integridad de las elecciones; y
- aumentaría las garantías de que el Congreso tomará acción en 1992 sobre la legislación para implantar los resultados.

Si por cualquier razón el proceso no resultara en un desarrollo del status de Puerto Rico, una sección nueva requeriría que propusiéramos nuevas soluciones al problema.

Hay un asunto que el sustituto no trata y que posiblemente querramos incluir en el proyecto final: el asunto de quién podrá votar en el referendo.

Celebramos una vista y hemos trabajado mucho sobre la propuesta del congresista Serrano para facultar a 2.5 millones de puertorriqueños que viven fuera de la Isla actualmente a votar sobre el status futuro de su tierra natal. Pero todavía estamos trabajando sobre este difícil asunto y sugerimos que se refiera su consideración a la comisión en pleno.

Sin embargo el sustituto trataría la situación de los puertorriqueños no residentes en un sentido. Se requeriría que la Oficina de Contabilidad General (General Accounting Office) informara antes de la fecha del referendo cómo les afectarían las opciones de status.

El pueblo puertorriqueño merece respuestas a sus preguntas sobre cómo puede desarrollarse su relación con Estados Unidos. Así es como podemos hacer que nuestro compromiso con la autodeterminación sea significativo.

El sustituto proveería estas respuestas al:
- delinear las opciones;
- proveer la celebración de un referendo sobre las mismas;
- negociar los detalles del status preferido;
- requerir una respuesta federal al mismo;
- dar al pueblo puertorriqueño el poder de aceptar o rechazar las respuestas federales; y
- disponer que los esfuerzos por resolver el dilema del status de Puerto Rico continuarán, aunque fallen estos esfuerzos.

Nuestra Subcomisión ha realizado una cantidad tremenda de trabajo sobre este asunto; ha sido nuestra preocupación durante este Congreso. Estoy orgulloso de nuestros esfuerzos, sobre todo porque se han llevado a cabo sobre una base bipartita y todos los hemos conducido tan bien.

Incluyen unas 40 horas de vistas aquí, en Puerto Rico y en Nueva York; sesiones informativas e informes; e incontables horas de reuniones que se alargaron durante noches y hasta madrugadas.

Alguna de nuestra labor más importante ha sido en esas reuniones, sobre todo durante el último mes, desde nuestra última vista cuando negociamos las mejoras al proyecto que se reflejan en el sustituto.

Ahora tenemos un proyecto con una oportunidad realista de llevar a la autodeterminación puertorriqueña.

Nacionalidad, idioma
y voto ausente

Carlos Rivera Lugo

El proceso de consulta y negociación entre Puerto Rico y los Estados Unidos amplió significativamente su agenda cuando en junio de 1990 empezó a tratar las dos cuestiones fundamentales que tiene ante sí el pueblo puertorriqueño. Llegó finalmente la hora de la suprema definición: ¿Quiénes somos y cuál es nuestro proyecto histórico hacia el futuro?

Quienes estaban elevando sus voces de protesta, por entender que la cuestión nacional y cultural estaba ausente del proceso de consulta y negociación, como, por ejemplo, el Director Ejecutivo del Instituto de Cultura Puertorriqueña, Lcdo. Agustín Echeverría, se vieron súbitamente correspondidos con la inserción de los temas de la nacionalidad, del idioma y del llamado voto ausente. Hasta el momento, la consideración, prácticamente exclusiva, era económica, ¿cuánto le cuesta cada opción a los Estados Unidos? De aquí en adelante, habrá otra consideración fundamental: la existencia de Puerto Rico como un pueblo latinoamericano y caribeño con una cultura e identidad nacional diferenciada; y una nación dividida, con parte de su pueblo residiendo en la Isla y otra parte en los Estados Unidos.

La historia de este nuevo y fundamental elemento comienza en junio de 1990 cuando una serie de organizaciones y personalidades representativas de la comunidad puertorriqueña en los Estados Unidos le reclamaron al Comité de lo Interior y Asuntos Internacionales de la Cámara de Representantes y al Comité de Diálogo de los tres principales partidos puertorriqueños que la legislación plebiscitaria proveyese para la participación de los boricuas residentes allá. Basaron su petición en que los puertorriqueños, residan aquí o allá, constituyen una sola nacionalidad. Estando en juego el destino de la nación, deben entonces votar todos los nacionales puertorriqueños.

Sin embargo, tal parece que el Congreso de Estados unidos tenía ya esta cuestión bajo su consideración. El 16 de mayo de 1989, el Servicio de Investigaciones Congresionales determinó, en respuesta a una consulta del Comité de Energía y Recursos Naturales del Senado, que no había impedimento constitucional al voto de los puertorriqueños residentes en los Estados Unidos. Y en julio de 1989, el Departamento de Justicia federal expresó también su opinión sobre una posible participación de los puertorriqueños residentes en los Estados Unidos. En un memorando confidencial preparado a instancias del Comité de Energía y Recursos Naturales del Senado, el Departamento de Justicia dijo no tener objeción alguna a que se le otorgue el voto a los puertorriqueños nacidos en Puerto Rico pero que en la actualidad residen en los Estados Unidos. Citó como fundamento de su opinión el precedente internacional de los plebiscitos organizados por el Tratado de Versalles de 1919 luego de finalizada la Primera Guerra Mundial. Por ejemplo, el Artículo 88 del Anejo (4) (b) de la convención antes mencionada dice:

"Se le reconocerá el derecho al voto a toda persona nacida en el área del plebiscito o que han estado domiciliados allí".

Por otra parte, la Profesora Carmen Gautier Mayoral, especialista en asuntos internacionales, llamará la atención, mediante unas declaraciones dadas a la prensa, sobre otros dos precedentes internacionales que apoyan la posición de que en el plebiscito voten todos los nacionales puertorriqueños, vivan en la Isla o en los Estados Unidos. Se trata de los casos de Camerún Septentrional y el Sahara Occidental. En cuanto al primero, la Organización de las Naciones Unidas (ONU) aprobó una resolución en la que declaró que sólo podían votar, en un plebiscito, los nacidos en el territorio y los hijos de padres nacidos en dicho territorio. En el segundo caso, el Tribunal Internacional de Justicia emitió una opinión en noviembre de 1975 en la que declara que, bajo el Derecho Internacional, sólo deben votar los nacionales del territorio en un plebiscito.

Carece de fundamento el argumento esgrimido por algunos abogados puertorriqueños de que el criterio constitucional-mente requerido para determinar quiénes votan en el plebiscito es el de ciudadanía estatal, excluyendo así necesariamente el criterio de origen nacional y, por ende, la participación de los puertorriqueños residentes en los Estados Unidos. Se olvidan de que los procesos prescriptivos relevantes en un proceso de descolonización transcienden los límites establecidos por las leyes electorales de Puerto Rico, el Derecho federal y la cláusula constitucional de la igual protección de las leyes. No estamos ante una votación cualquiera. La naturaleza especial de una consulta plebiscitaria, en la que se trata de un ejercicio de libre determinación para disponer del futuro de un territorio, requiere de la aplicación del Derecho Internacional.

Se olvida, a veces acomodaticiamente, que para estos fines el Derecho Internacional es parte del Derecho Nacional de los Estados Unidos, de acuerdo con la Cláusula de Supremacía de la Constitución federal. Se olvida también que un principio universalmente reconocido del Derecho Internacional es aquel que le impide a un estado esgrimir limitaciones de su propio ordenamiento jurídico para obviar cumplir con sus obligaciones bajo el Derecho Internacional. Y, finalmente, se olvida que bajo el Derecho Internacional las cuestiones coloniales son asuntos de interés internacional y, por lo tanto, no pertenecen a la jurisdicción doméstica exclusiva de los estados que administran territorios coloniales.

Por ello, tanto el Senado como la Cámara de Representantes han tomado nota en sus respectivos procesos legislativos de la aplicabilidad del Derecho Internacional ante la necesidad que tienen de que se le otorgue legitimidad internacional al resultado final de este proceso. El Comité de Energía y Recursos Naturales del Senado así lo reconoció expresamente en el inciso (1) de la Sección 1 de su Proyecto 712: "los Estados Unidos de América reconocen el principio de autodeterminación y otros principios aplicables de derecho internacional en lo que respecta a Puerto Rico". Este mismo reconocimiento fue enunciado en su más reciente Proyecto 244.

Por su parte, el Comité de lo Interior y Asuntos Internacionales de la Cámara de Representantes considera la cuestión en el Informe del Proyecto 4765, aunque no toma una posición clara y explícita al respecto. Reconoce, entre otras cosas, que la más reciente resolución aprobada por el Comité Especial de Descolonización de la ONU tiende a dar la bienvenida a la promulgación de legislación congresional a favor de la autodeterminación del pueblo de Puerto Rico.

En unas declaraciones publicadas en *El Nuevo Día* el 10 de junio de 1990, el Senador Fernando Martín, vice-presidente del Partido Independentista Puertorriqueño y profesor de Derecho en la Universidad de Puerto Rico, se refirió al problema de la legitimidad de los resultados plebiscitarios y a la necesidad de enmendar, en relación con la consulta plebiscitaria, la Ley Electoral de Puerto Rico. Esta sólo reconoce el derecho al voto a los ciudadanos estadounidenses domiciliados en la Isla que a la fecha de la elección hayan cumplido 18 años, estén debidamente cualificados y no estén incapacitados par votar. Dice al respecto el Senador Martín:

"Queremos que, en la medida de lo posible, voten los nacionales puertorriqueños y estos son los nacidos aquí o los hijos de los nacidos aquí...El efecto de dejar votar aquí extranjeros y norteamericanos es debilitar la legitimidad de cualquier resultado. Si el diez por ciento de los que votan es nacido en el extranjero y el plebiscito se decide por menos de diez por ciento, quedaría la duda de si lo decidieron los extranjeros. Son muchos y suficientes como para ser decisivos y eso invalidaría la legitimidad de cualquier resultado".

La cuestión de la nacionalidad y la determinación de quiénes deben votar en la consulta plebiscitaria levanta unas interrogantes cuyas respuestas van al corazón mismo del proceso actual. ¿Acaso somos un pueblo de poco más de tres millones de ciudadanos estadounidenses domiciliados en la Isla o un pueblo definido a partir de su nacionalidad con una personalidad cultural latinoamericana y caribeña propia? ¿Cuál es la extensión y composición de dicha nacionalidad? ¿Está integrada sólo por los puertorriqueños nacidos y residentes en la Isla o está nuestra nación dividida, compuesta por todos los puertorriqueños, residan en la Isla o en los Estados Unidos? ¿Cómo se determina quién es un puertorriqueño? ¿Son sólo los nacidos en Puerto Rico, los nacidos y domiciliados en la Isla, o también incluimos los hijos de padres nacidos aquí? ¿Qué somos y quiénes somos? El desenlace final de este proceso puede que dependa de a quiénes se le consulte.

El 28 de mayo el periódico *The San Juan Star* publicó los resultados de un importante estudio hecho por el Instituto de Política Puertorriqueña, con sede en Nueva York. En el mismo se informan las preferencias políticas de la comunidad puertorriqueña en los Estados Unidos en cuanto al destino final de la Isla: 45 por ciento para el Estado Libre Asociado, 30 por ciento para la estadidad y 14 por ciento para la independencia. Dichas cifras tienden a indicar lo decisivo que podría ser el voto en la consulta plebiscitaria, de la comunidad puertorriqueña residente allá.

Sin embargo, los tres principales partidos representados en el Comité de Diálogo respondieron al reto, lamentablemente, con consideraciones de conveniencia política y sectaria. Prevaleció la desconfianza hacia la inserción de esta nueva fuerza en el proceso y el temor a perder el control sobre el mismo. Nuevamente, los tres discursos ideológicos tradicionales demostraron su incapacidad para trascender sus particulares perspectivas partidistas y sectarias a la hora de enfrentarse a los retos que les plantee la nueva realidad política existente en el país.

Así perdieron la oportunidad de hacerle justicia a aquella parte de la nación puertorriqueña que se vio expulsada de su patria y forzada a emigrar por razones económicas; aquella parte del pueblo puertorriqueño que se resiste a la asimilación e integración en la vida política de los Estados Unidos, aun residiendo allá; aquella parte de nuestra nación que vive pensando continuamente en la posibilidad del retorno. Se olvidaron de que aquí mejoramos nuestro nivel de vida, debido en parte, a que se mandó como un 40 por ciento de nuestro pueblo a vivir y a trabajar a los Estados Unidos. "Aquí nos comimos el bisté por cuarenta años porque mandamos a dos millones de los nuestros a morder el hueso allá", sentenció con mordacidad el compañero Juan Manuel García Passalacqua en una columna suya titulada "El voto de todos nosotros" publicada en *El Nuevo Día* el 2 de agosto de 1990.

Otro terreno en el que se debatió la cuestión de la nacionalidad puertorriqueña fue el del idioma. El 10 de agosto de 1990, el Representante Héctor López Galarza inició en la Legislatura local un proceso para la consideración del Proyecto de Ley 417, que establecería el español como el idioma oficial del país. Dicho proyecto, aprobado luego por ambas cámaras legislativas de Puerto Rico y firmado por el Gobernador Rafael Hernández Colón el 5 de abril de 1991, propone la derogación de la Ley de Idiomas Oficiales de 1902, una imposición de la administración colonial norteamericana de entonces que incluyó el inglés, junto al castellano, como uno de los dos idiomas oficiales de la Isla.

Aunque el propósito de dicha legislación, a primera vista, parece ser modesto, es decir, el establecimiento del español como idioma oficial únicamente en la esfera gubernamental insular, en todos los departamentos, subdivisiones políticas, agencias, oficinas y dependencias gubernamentales de las tres ramas del gobierno, su impacto en el proceso actual ha sido decisivo. La aprobación del proyecto por la Legislatura de Puerto Rico vino luego de haberse negado, el 27 de febrero de 1991, el Comité de Energía y Recursos Naturales del Senado a aprobar su Proyecto 244, decisión ésta considerada por prácticamente todos los analistas como un rechazo congresional a la posibilidad de la estadidad para Puerto Rico.

De ahí que la iniciativa legislativa boricua haya sido evaluada por ciertos sectores importantes del Congreso como una respuesta del pueblo puertorriqueño a la negativa congresional de proveer para la celebración de una consulta en la que se le permita decidir libremente su destino como pueblo. Para ellos constituye un acto afirmativo de la nacionalidad puertorriqueña y de una identidad cultural diferenciada de la norteamericana. Por ejemplo, varios congresistas, miembros del gobernante Partido Republicano, calificaron la medida como "un plebiscito en sí mismo" que puede tornar innecesaria la celebración de cualquier otra consulta en el futuro, ya que "dicha ley tiende a alienar a Puerto Rico de los Estados Unidos". Recomendaron, en represalia, la reducción de los reintegros contributivos que actualmente recibe Puerto Rico del Departamento del Tesoro Federal.

Por su parte, el Senador J. Bennett Johnston, quien ha presidido el proceso legislativo actual sobre Puerto Rico en el Senado, opinó, que, de aprobarse finalmente dicha ley, se verá a los puertorriqueños "menos como norteamericanos y más como una nación hispana y caribeña". Advirtió que ello podría tener efectos negativos para el tratamiento congresional de los beneficios económicos obtenidos por Puerto Rico bajo la Sección 936 de la Ley de Rentas Internas federal y otros programas de asistencia económica a la Isla. "El voto sobre el idioma fue una declaración de independencia", sentenció el influyente columnista Republicano Patrick Buchanan en el *New York Post*.

El influyente Senador Daniel Patrick Moynihan ha sido sumamente crítico de la postura asumida por el Senado sobre la celebración de una consulta plebiscitaria en Puerto Rico. En unas intervenciones suyas en el hemiciclo del Senado, cuya traducción incluimos al finalizar este ensayo, calificó como "una cuestión de honor" el que el Congreso facilite el proceso de descolonización de Puerto Rico. Según él, el asunto del ejercicio por el pueblo puertorriqueño de su derecho a la libre determinación es uno de los retos principales que tiene el Gobierno de los Estados Unidos en el umbral del nuevo orden internacional del fin de la era de la guerra fría. Moynihan llamó la atención, además, acerca de la necesidad de que dicho proceso se conduzca de forma consecuente con el Derecho Internacional de Descolonización establecido por la Organización de las Naciones Unidas. Finalmente, el Senador le llamó la atención al Senado sobre el fenómeno de las nacionalidades y las etnias, y la fuerza alcanzada por éstas en ese nuevo orden nacional.

Y es que junto a la tendencia reconocida hacia la globalización de la economía mundial, se ha dado otra aparentemente opuesta en dirección a la viabilización creciente de economías regionales o coloniales que, rompiendo el marco estrecho de la economía nacional o metropolitana, exigen seguir sus propios rumbos o redefinir los términos de sus relaciones con la otrora economía central. Para todos los fines prácticos, son progresivamente sociedades con una identidad cultural diferenciada y unas economías limitadas, en el contexto del nuevo orden global, por la ausencia de poderes soberanos y la imposición de una telaraña de políticas, leyes y reglamentos diseñados en función de las necesidades e intereses de las economías centrales o nacionales.

Este es el caso de la Unión Soviética hoy y de otros países europeos. La creciente interdependencia global ha abierto así, de manera inesperada, nuevos cauces para reivindicaciones autonomistas e independentistas. La dialéctica de estas realidades externas e internas está incidiendo decisivamente en este proceso de redefinición de las posibilidades que tienen los territorios coloniales y sus economías periféricas para asumir una mayor responsabilidad por su desarrollo económico y progreso social. Puerto Rico no está ajeno a los requerimientos de esta dialéctica de las nacionalidades y de la economía global del nuevo orden internacional.

De ahí lo extraordinariamente significativo del planteamiento hecho por la Conferencia Episcopal y la Conferencia de Religiosos de la Iglesia Católica de Puerto Rico, en dos importantes declaraciones hechas, la primera en 1989 y la segunda en diciembre de 1990, sobre el proceso actual de consulta y negociación entre Puerto Rico y los Estados Unidos. Insisten en que lo fundamental en este proceso no está en una definición del pueblo puertorriqueño a favor de una de las tres fórmulas tradicionales. El verdadero reto estriba en definir un proyecto nacional puertorriqueño hacia el nuevo milenio. Este proyecto le debe permitir al país promover su pleno desarrollo y progreso dentro de un marco de cooperación basado en la soberanía nacional, donde quede excluido todo tipo de relación que se base en la subordinación política y económica a otro estado.

Concluyen orientando al pueblo a favor de una opción política fundamental a favor de un nuevo orden que salvaguarde nuestra personalidad propia, que ponga fin a toda relación de dependencia y que potencie un desarrollo económico fundamentado en el trabajo y en una interdependencia entre iguales. Sólo así se promueve efectivamente la dignidad plena de un pueblo. Hoy, más que nunca, la cuestión nacional es, al fin y al cabo, una cuestión moral. Se acerca la hora de la suprema definición.

Documento
El fin de la Guerra Fría y el asunto de un Nuevo Orden Mundial

Tres declaraciones desde el hemiciclo del Senado:
26 de octubre, 1990 / 27 de octubre, 1990
Senador Patrick Daniel Moynihan

[Nota de los editores: No incluimos repeticiones
que aparecen en el original]

Daniel P. Moynihan
Nueva York

Senado de Estados Unidos
Washington, D.C.
3 de diciembre, 1990

Estimado senador Berríos Martínez:

Cuando concluía la sesión del Congreso, hablé en tres
ocasiones sobre los asuntos que confrontamos con el fin de la

guerra fría. Mi tercera declaración, el 27 de octubre de 1990, trató del status de Puerto Rico, un asunto que a claras luces quedó sin resolver en el transcurso de la 101ª Sesión Congresional. Me parece que es de los primeros asuntos que debemos atender durante la 102ª Sesión so pena de lucir mal ante el mundo y ante nosotros mismos.

Puede que le interesen mis comentarios. Le agradeceré de veras cualquier comentario que tenga a bien hacerme.

Con mis mejores saludos,
(firmado)

Hon. Rubén Berríos Martínez
936 Avenida Franklin D. Roosevelt
Hato Rey, P.R. 00920

Anejo

En momentos de crisis, un gobierno constitucional, democrático, debe ser alterado temporalmente al grado que sea necesario para vencer el peligro... El gobierno será poderoso o seremos arrasados.

Clinton Rossiter, 1948

CONTENIDO

INTRODUCCION

El penúltimo día de la 101ª Sesión Congresional, brindé unas ideas sobre el tema del Nuevo Orden Mundial del cual habló el Presidente al dirigirse a una sesión conjunta del Congreso a raíz de la invasión iraquí de Kuwait. Naturalmente, C-SPAN transmitía las horas finales del Congreso y recibimos un gran número de llamadas telefónicas de todo el país, la mayoría de ellas favorables. Mary McGrory debe haber visto la transmisión. En una columna titulada "Política incoherente del Medio Oriente" que apareció once días más tarde, el 6 de noviembre, concluyó:

> La crítica más abarcadora de la conducta de Bush vino del Sen. Daniel Patrick Moynihan (D.- N.Y.). En el hemiciclo del Senado, dijo el 26 de octubre:
>
> "El Presidente ha proclamado un Nuevo Orden Mundial que no ha definido. De súbito, el Presidente ha invocado normas de derecho internacional con las cuales nosotros, en el transcurso de este mismo año, no hemos cumplido. El Presidente ha puesto en movimiento una serie de acciones... sanciones económicas en el Golfo sin esfuerzo alguno de explicar al pueblo norteamericano cuánto tardarán en funcionar ni cuán dolorosas... serán las consecuencias y, sobre todo, no ha procurado obtener de este Congreso, de este Senado, una declaración de cooperación, consulta y apoyo con definiciones. Han decidido tirarse a solas".

Quisiera pensar que mis declaraciones representan un juicio crítico más que una crítica, pero no importa. Hay cabida para una u otra, y para encomio también.

El último día de la Sesión hice otras dos declaraciones. Pasó una semana antes de que el Acta del Congreso pudiera ponerse al día ante el diluvio de última hora y apenas se les ha prestado atención. Tratan de dos temas de igual magnitud: el colapso inminente del estado soviético y el status de Puerto

Rico como un asunto *internacional*. Por ello, se me ocurre unir los tres y circularlos dado el interés que puedan tener.

D.P.M.

9 de noviembre, 1990

ACTA DEL CONGRESO

| Estados Unidos de América Vol. 136 | Sesiones y Debates del 101er Congreso, Washington, viernes, 26 de octubre, 1990 | Segunda Sesión Núm. 149 |

Senado

UN NUEVO ORDEN MUNDIAL:
LA PRIMERA INTERROGANTE

Sr. MOYNIHAN. Sr. Presidente, a cada hora se nos recuerda que este año el Congreso recesará a una fecha más tardía que en ningún otro momento desde la Segunda Guerra Mundial. Esto no debiera desconcertarnos pues no ha habido dos años similares a 1989 y 1990 desde el final de la Segunda Guerra Mundial. Hemos presenciado el fin de la Guerra Fría, en muchos modos el fin de una era que comenzó con la Primera Guerra Mundial.

Según escribe nuestra filósofa política más eminente, Judith Shklar, "El comienzo fue, después de todo, en 1914". La era de la guerra industrial, la era de la ideología, la era de las ideologías totalitarias librando guerras industriales, la era de las democracias naufragando ante el tormento institucional de una réplica ineludible pero vana por lo interminable.

Pues bien, ha concluido. Pero en lugar de decir ganamos, ¿no podríamos, como haría Faulkner, contentarnos con la sencilla proposición de que prevalecimos? La expresión de Faulkner parece más adecuada por la sencilla razón de que el costo de la era del totalitarismo a las sociedades libres ha sido tan alto; las pérdidas, en algún sentido irreparables o, en cualquier caso, aptas a persistir por tiempo indefinido. Se me ocurre que sólo a medida que aceptemos esta verdad nos será posible invocar la sensación de júbilo y grandes esperanzas que parece ausente de la capital en estos momentos.

Parece ausente, Sr. Presidente, cuando nos disponemos a autorizar una Ley para la Defensa Nacional, lo cual haría a uno suponer que la Guerra Fría comenzara, no que hubiera tocado a su fin. La ocasión de aprovechar el suceso pasará bien pronto. Y es, en consecuencia, tanto más digna de asir. *Carpe diem*, como dice el Nuevo Testamento. Y tanto más digna de poner al servicio de los buenos espíritus del momento para tolerar la molestia de pensar en forma diferente según Lincoln nos instó una vez a hacer.

El suceso mayor en este momento es la reparación tentativa del derecho internacional en los pronunciamientos de nuestros líderes y, de hecho, de estadistas en todo el mundo. No hablo en sentido metafórico. Hubo una ocasión el verano pasado cuando el Presidente Bush no parecía hablar de otra cosa. Así, el 20 de agosto, exhortó a Iraq a "atenerse al derecho internacional". Durante una conferencia de prensa el 23 de agosto, aclamó que "la ocupación de Kuwait es ilegal por virtud del derecho internacional". "Es preciso hacer valer el derecho internacional", dijo. Iraq "viola en forma atroz el derecho internacional". "El derecho internacional ha condenado" el ataque iraquí. Iraq debiera acceder a cumplir "con el derecho internacional" y no puede hacer exigencias que "sean inaceptables so virtud del derecho internacional".

Eso seguramente bate el récord presidencial de citas sobre derecho internacional para un período de cuatro días. De hecho, este tipo de expresión no se había escuchado de modo tan constante desde fines de la Segunda Guerra Mundial. Y no es insignificante, ni accidental, que el tema surja al final de un tranque largo que parece haberse resuelto por sí solo. Ahora uno busca nuevos arreglos.

Más recientemente, el Presidente Bush ha invocado el extremo más progresista o, si se quiere, más imperioso del derecho internacional. Es decir, la aplicación de la ley de la guerra a individuos. Así, en sus comentarios del 15 de octubre en Tejas, cuando hablaba del tranque en el Golfo, fue más allá que ningún otro Presidente en la historia, hasta donde tengo conocimiento, al enunciar este dictamen, producto a su vez de la era de la ideología totalitaria. Estas son las declaraciones del Presidente:

> Lo que está en juego es si las naciones del mundo pueden asumir una posición común contra la agresión o si no habrá respuesta a la agresión de Iraq; si viviremos en un mundo regido por el imperio de la ley o por la ley de la selva. Por eso es que ni América ni el mundo pueden permitir esta acción al margen de la ley. Por eso es que Saddam Hussein fracasará. Cada día trascienden nuevos recuentos de las atrocidades perpetradas por las fuerzas de Saddam, recuentos de testigos presenciales del asalto sistemático al alma de una nación, ejecuciones sumarias, tortura habitual. Bajo las fuerzas de ocupación iraquíes, nos cuentan, la mera posesión de una bandera kuwaiti o de una fotografía del emir de Kuwait constituyen crímenes sujetos a la pena capital.

Añadió:

> El mes pasado en Casa Blanca, me reuní con el emir de Kuwait. Oí cuentos horribles: recién nacidos desalojados de sus incubadoras, cuyas incubadoras fueron luego enviadas a Bagdad... Máquinas de diálisis enviadas a Bagdad.

El relato de dos niños que distribuían volantes: las tropas iraquíes buscaron a los padres y los hicieron presenciar el fusilamiento de los dos niños... ejecutados ante sus propios ojos.

Entonces el Presidente dijo lo siguiente:

Hitler de nuevo. Pero recuerden, cuando terminó la guerra de Hitler, se celebró el juicio de Nuremberga.

El 23 de agosto, al día siguiente de regresar de un viaje congresional al golfo, señalé en "Good Morning America" que el derecho internacional endosa la horca para los criminales de guerra:

Más vale que [Saddam Hussein] tenga cuidado... Si pone un dedo encima a uno de esos civiles que ahora llaman... "rehenes" –si les pone un dedo encima– es responsable conforme la Convención de Ginebra de 1949, que incorporó al tratado internacional... las decisiones del Tribunal de Nuremberga; eso quiere decir que lo ahorcan a él y ahorcan a sus comandantes.

Hubo quien creyó que esto era hiperbólico. Es impensable que el derecho internacional sancione ahorcar comandantes individuales y, aún si esta improbabilidad fuese el caso, las Naciones Unidas no tendría las agallas de ponerla en vigor. Sin embargo, dos meses más tarde, el Presidente hablaba de juicios por crímenes de guerra. Y un titular del *New York Times* reportó el domingo pasado: "Consejo de la ONU considerará pesquisa sobre crímenes de guerra iraquíes".

Todo esto es muy impresionante. Tiene un aire de revelación, como si –el Señor me perdone por lo que voy a decir– como si el Presidente hubiera tenido un encuentro trascendental camino a Damasco.

Trascendental o no, fue suficiente como para devolver al incomparable James "Scotty" Reston a las páginas del *New York Times*, las cuales imbuyó de una rectitud calvinista esencial durante casi media centuria. De hecho, desde aquellos días en 1944 cuando el derecho internacional, las Naciones Unidas y los juicios de Nuremberga eran la médula de los pronunciamientos norteamericanos sobre política extranjera. Reston logra capturar muy bien la secuencia impulsiva, resbalosa y vacilante mediante la cual el Sr. Bush alcanzó esta proclama epifánica de un "Nuevo Orden Mundial" al dirigirse a nuestra sesión conjunta en agosto.

He aquí lo que Reston escribió el domingo pasado sobre el Presidente:

> Uno de sus objetivos principales en cuanto política externa era persuadir a Mikahil Gorbachev de que no usara fuerza militar para lograr objetivos políticos en los estados del Báltico ni en Europa Oriental, pero invadió Panamá en contra de compromisos pactados con las Naciones Unidas para capturar a un dictador insignificante a quien, después de capturar, no sabía qué hacer con él. Habiendo desafiado la ONU en Panamá, procedió a depender de ella en Iraq.

Lo cual me trae, Sr. Presidente, al concluir la 101ª sesión del Congreso y los asuntos de estado se dejan a un presidente libre de trabas, a una serie de tres interrogantes. Hablaré sobre la primera de esas interrogantes hoy.

La primera tiene que ver con este Nuevo Orden Mundial del cual hemos sido informados. Tal vez no sea la frase más feliz, dado que trae a alguien de mi edad recuerdos sobre el "Nuevo Orden" del Tercer Reich: pero, bastará. La pregunta es, ¿se nos dirá alguna vez qué quiere decir? Los presidentes no pueden ir por ahí anunciando el advenimiento de Nuevos Ordenes Mundiales y dejarlo ahí. No es como si estuviesen ordenando pizza, Sr. Presidente.

Intentamos redefinir la más preciada de todas las instituciones, es decir, la estructura de las relaciones de estados armados en un mundo capaz de destruirse a sí mismo mediante armamentos y del cual no puede decirse en modo alguno que esté en paz.

Una cosa sería si la nación y el mundo hubiesen estado observando la política norteamericana moviéndose en un curso fijo que se pudiera advertir con claridad. Pero este no era el caso, ni lo es. En efecto, las referencias al derecho internacional virtualmente desaparecieron de los pronunciamientos de la presidencia norteamericana durante la larga Guerra Fría. De modo equivocado, pero enfático, el derecho internacional llegó a verse como una autorestricción que ningún presidente norteamericano osaba admitir.

Stanley Kober escribe:

> Los temores que generó la Guerra Fría dieron discreción prácticamente ilimitada al Presidente de usar la fuerza...

El Presidente Bush, este año en Panamá, ejercitó precisamente esa "discreción ilimitada". Sin ningún fundamento que este Senador pueda percibir, envió de súbito el Ejército, la Armada, la Fuerza Aérea –y la CIA, no lo dudo– a invadir un país pequeño, matar un buen número de personas –en su mayoría civiles– destruir una buena cantidad de propiedad y violar la inmunidad diplomática de una embajada extranjera, sólo porque se enfureció con un bandolero que había estado en nuestra nómina todos esos años pero ya no estaba rindiendo beneficios, algo así.

Lo único que no hizo fue traer al Sr. Noriega enjaulado, al modo de los sultanes de antes. Aún así, el Sr. Noriega está ahora tras las rejas, y eso es más o menos lo mismo.

Así es, Sr. Presidente, que algo faltaba en los pronunciamientos del Presidente luego de la invasión de Kuwait por Iraq. Las palabras eran las correctas pero no se afirmaba que fuesen nuevas. A nadie se le dijo:

> Miren, he estado pensando sobre esto. Creo que de ahora en adelante debemos comportarnos en un modo que hiende las reglas que establecimos –junto a los ingleses y los soviéticos– en 1944 y 1945.

No hubo una palabra a esos efectos. Sólo la aparición súbita de derecho internacional, reglas, tribunales, permisos legales y el "Nuevo Orden Mundial", indefinido, pero invocado una y otra vez.

El desasosiego respecto a esto puede partir de varias fuentes. Un ejemplo que me llamó la atención se dio hace nueve días cuando nuestro capaz Secretario de Estado, James A. Baker III, compareció ante la Comisión de Relaciones Exteriores para esbozar la política norteamericana en el Golfo. Tan repentinamente como el término "derecho internacional" había aparecido en los pronunciamientos de nuestro Presidente, desapareció. Le señalé esto al Secretario. Con la venia del Senado, leeré el intercambio. Dije:

Sr. Secretario, antes que nada, le felicito por haber durado la mañana. Usted ha sido muy placentero y complaciente.

Permítame ver si puedo darle otra perspectiva sobre el tema al que todos nosotros hemos revertido una y otra vez.

Me refería al asunto de si se nos iba sorprender con una acción militar unilateral por parte de Estados Unidos en el Golfo. La prensa estaba llena de declaraciones, a todas luces implantadas, de que sí, podría ser. Mis colegas de la Comisión habían preguntado sobre consultas, autorización y esos asuntos. Continué diciendo:

Me llamó la atención su testimonio escrito y el hecho de que en ninguna de las 10 páginas usted usa, en momento alguno, el término "derecho internacional". En ningún punto de su testimonio subsiguiente, lo usa tampoco. Me llamó la atención porque la reacción del Presidente a la invasión de Iraq no tenía hecho más notable que la aparición súbita de este término en su lenguaje. El día de la invasión, él dijo que lo que Iraq había hecho violaba toda norma de derecho internacional.

Proseguí a relatar las citas de derecho internacional que

mencioné anteriormente.

Dije entonces:

> Ahora bien, no ha habido tal letanía de invocaciones desde Harry S. Truman. El término casi había desaparecido del vocabulario de los Presidentes y Secretarios de Estado norteamericanos.

Pero entonces reapareció y nos preguntamos si las cosas habían cambiado; si habíamos cambiado de parecer.

Ha habido mucho comentario, y no tan áspero como podría ser, sobre cómo cambiamos nuestra política respecto a Iraq. Permitimos a Iraq las violaciones más atroces de derecho internacional durante toda una década y no dijimos ni palabra. Si algo, los apoyamos. Dije al Secretario de Estado en esta ocasión:

> Para darle un ejemplo, cuando su secretario auxiliar para esta región vino ante nosotros y le pregunté, "¿No fue el uso de gas venenoso por parte de Iraq una violación del Protocolo de Ginebra de 1925"?, él respondió "No soy abogado". Como si hubiera que ser abogado para reconocer gas venenoso.

Proseguí, Sr. Presidente, a citar la resolución que este cuerpo adoptó el 20 de agosto, una resolución concurrente que dice:

> Por cuanto, el 2 de agosto las Fuerzas Armadas de Iraq invadieron Kuwait en franca violación de la Carta de las Naciones Unidas y los principios fundamentales de derecho internacional...

Así como en ese momento nos brindó seguridad que el Presidente estuviese dispuesto a usar la fuerza conforme los procedimientos y disposiciones previstos por la Carta de la ONU, así de súbito tuvimos que preguntarnos, ¿era esto una aberración? La razón fundamental desaparece ahora de los pronunciamientos del Secretario de Estado cuando pasa la mañana con la Comisión de Asuntos Extranjeros discutiendo este evento.

El Secretario Baker respondió:

> No ha habido ningún cambio de enfoque, Senador Moynihan. Tengo que rebuscar en mi declaración anterior ante la Comisión cuando comparecí hace como un mes. Es posible que no haya hecho referencias a derecho internacional en ella, pero me sorprendería si no lo hice. A lo mejor no lo hice...

> Pero permítanme decir esto. Nunca sugerí hoy, ni he dado a entender acción en violación al derecho internacional.

Ese tema no se debatía. Bien.

Hablé del ultraje a Kuwait. Esos (eventos) son todos violaciones, como lo son lo que está sucediendo a nuestros rehenes y a nuestros diplomáticos.

Violaciones de derecho internacional tales como violar los privilegios diplomáticos de las embajadas; tales, podría decir yo, como las que hicimos en Panamá. Entonces dije al Secretario Baker:

> Permítame preguntarle esto: ¿Tiene el Presidente derecho constitucional a violar tratados internacionales?

El Secretario Baker respondió: "La respuesta que se me ocurre a eso, Senador, sería, no".

Y ahí concluyó ese intercambio.

Esto se reduce, o así me parece a mí, a que esta administración en realidad no ha considerado cuidadosamente el tema de nuestra situación en el Golfo. En un sentido, actuamos tal como se anticipó que actuaríamos cuando se redactó la Carta de la ONU y cuando el Congreso ratificó ese tratado. La Ley de Participación en la ONU de 1945 de hecho contiene disposiciones para entrar en acuerdos con el Consejo de Seguridad para usar fuerzas norteamericanas que se pongan a su disposición. Es obvio que su uso requiere nuestro voto, pero aún así, se anticipaba que unidades específicas –la Sexta Flota, la 82a Unidad Aérea– estarían disponibles. Nunca se negoció tal acuerdo pero no porque no tratáramos. Es sólo que Stalin cambió de parecer, si es que de hecho, jamás tuvo tales arreglos en mente.

Pero hay otro sentido en que meramente reconocimos de paso la Carta de la ONU en el Golfo y proseguimos por cuenta propia, tal como habíamos hecho en Panamá. Está en su totalidad en el titular de esta mañana del *New York Times*. El titular principal dice: "EE.UU. decide añadir hasta 100,000 a sus fuerzas en el Golfo". No el Consejo de Seguridad, tengan presente, Estados Unidos.

Eso es legítimo, Sr. Presidente, si es que el Presidente desea irse a solas. Pero si desea tirarse solo, ¿dónde está ese "Nuevo Orden Mundial" del que hablaba no hace 10 semanas en una sesión conjunta del Congreso, dándonos el término pero nada de su contenido? ¿Dónde está? Cuando las cosas vayan mal, como tienden a hacer –se le llama la Ley de Murphy– ¿a qué va a saber la soledad? Porque el hecho escueto –el hecho central– es que la 101ª sesión del Congreso va a cerrar sin que se le haya solicitado endosar la política del Presidente y sin que lo haya hecho.

Si yo estuviese en la Casa Blanca, estaría preocupado. Durante más de un mes, en septiembre, miembros del Senado se turnaron en el hemiciclo para pedir, exhortar, tratar de convencer y hasta suplicar a la administración que trabajara junto al Congreso para estructurar una resolución sobre política de EE.UU. en el Golfo Pérsico. Se daba casi por sentado de que tal resolución apoyaría las actuaciones del Presidente hasta esa fecha. El Congreso y el país favorecen mano fuerte para refrenar más agresiones por parte de Iraq. El uso de la ONU por el Presidente para revertir las violaciones de Iraq a la Carta ha recibido amplio apoyo de ambos partidos. Pero puede que no dure; de hecho, es casi cierto que no dure. A medida que las sanciones avanzan inexorablemente, la impaciencia asaltará a muchos que querrán acción más rápida. Otros pedirán que se retiren las tropas de EE.UU. de la región. Comenzamos a oír diplomáticos árabes que susurran "avenencia" por ahí. Hay indicios en la rama ejecutiva que un golpe rápido será inevitable. Hoy se anuncian más tropas. Esto vino del Secretario Cheney, no son rumores. Los aliados buscarán soluciones a medias para resolver la crisis. Otros objetarán los sufrimientos que ocasionan las sanciones.

Sr. Presidente, he pedido, he rogado desde el hemiciclo del Senado al Presidente que diga a la nación que las sanciones económicas no son una forma de diplomacia "más benévola y bondadosa". Son un tipo de fuerza, una forma de violencia distinta y preferible a la guerra real, pero encaminada a obtener los mismos resultados. Tienen la intención de causar daño genuino, privaciones y disloques al punto de obligar una nación a cumplir con los deseos de sus adversarios. No esperen que una nación rinda lo que considere vital a sus intereses nacionales sólo porque se le está acabando el té negro.

Pienso, y recudiré a ella, en una imagen de un informe sobre sanciones que escribió en 1932 un grupo organizado por el 20th Century Fund, encabezado por Nicholas Murray Butler. John Foster Dulles era miembro. Los autores dijeron que no se debe esperar que quienes impongan sanciones no tengan cargos de conciencia. En una de las discusiones sobre restricciones de alimentos, se sugirió que, en un plano moral, caen entre torpedear un buque hospital y atacar con gases un pabellón de maternidad. No piensen que nos hemos metido en algo benévolo.

Pero el Presidente no ha dicho palabra. Pasa el tiempo haciendo campaña para funcionarios locales, lo cual está muy bien si uno no está tratando de establecer un Nuevo Orden Mundial. No ha preparado al pueblo norteamericano ni un chispito para lo que presenciarán si se persiste en la política actual y se tiene éxito.

Lo pondré de este modo. Tengo edad para recordar las fotografías de la Europa liberada de 1945 –estaba a la sazón en la Armada– con sus escenas de personas medio muertas de hambre que aún presentaban resistencia activa. Algo que aprendimos con el reconocimiento del bombardeo estratégico fue que la producción bélica de Alemania Nazi culminó el día que se rindió.

Sometan por hambre a cuantos quieran, haré una predicción audaz: los últimos en pasar hambre en Iraq será la Guardia Republicana. ¿Se nos ha preparado para eso? Esta es una guerra económica. Es en respuesta a una guerra militar. Ni una palabra; ni una sola palabra. Lo cual quiere decir, si persistimos, que el pueblo norteamericano no habrá sido preparado.

Las sanciones han sido objeto de discusión en este país por generaciones, pero esta es la primera vez que las intentamos. Es la primera situación en la que estamos determinados a tener éxito y en la que la economía es tal que hay razón para pensar que lo lograremos. Y el mundo está con nosotros.

El apoyo será más difícil de hallar si comienzan los disparos. La meta abstracta –aunque de vital importancia– de imponer el imperio de la ley, parecerá deslucido e insustancial a las familias de los militares norteamericanos muertos. Woodrow Wilson lo sabía. Fue a la guerra contra Alemania Imperial a base de una violación de derecho internacional, pero al hacerlo dijo: "Una vez este pueblo esté en guerra, nadie nos va a reconocer". En efecto, la guerra nos redujo a arranques fieros de prejuicio contra los germano-americanos. Prácticamente abolimos la lengua alemana del plan de estudio en las escuelas secundarias. Creo que ya no se da a ese nivel. Solía ser la primera lengua extranjera que aprendía el estudiante norteamericano. Nadie sabe que falta. Nadie tan siquiera recuerda cuándo fue erradicada. Pero sucedió, y Wilson lo vio suceder. Y nosotros lo veremos suceder aquí.

El derecho internacional no es el tipo de pasión que sustenta a un pueblo en armas a sobrellevar la agonía de la guerra. No estamos preparados para eso tampoco. Noventa por ciento de las fuerzas empleadas serán nuestras. También, es de presumir, serán las bajas. El Congreso pondrá en duda la autoridad constitucional que tenía el Presidente para enviar tropas al Golfo en primer lugar, y estaremos en el hemiciclo diciendo ¿cuándo se le dijo que podía hacer ninguna de estas cosas? ¿Qué le dio el derecho?

Le rogamos que se sentara con nosotros para que pudiéramos darle alguna medida de autorización para trabajar dentro de las Naciones Unidas. Por favor, tengan claro: las Naciones Unidas constituyen un recipiente frágil. Laborar con el Consejo de Seguridad de las Naciones Unidas da a la República Popular de China poder de vedar nuestras acciones. Pero jamás se nos dio siquiera una respuesta. Y puedo decir que el pináculo puede ser muy solitario para un Presidente que persiste en proceder solo. Es posible que haya un ambiente más solitario a miles de millas de aquí en alguna tundra del Ártico, posible pero no necesariamente cierto.

Así, Sr. Presidente, nos hallamos nuevamente ante el tipo de tranque indefinido o tranque potencial en el que hemos vivido todos estos años.

No deseo continuar con este tema mucho más. Tengo intenciones de reanudar este comentario en otras dos partes, pero al resumir diré sencillamente que:

El Presidente ha proclamado un Nuevo Orden Mundial que no ha definido. El Presidente ha invocado de súbito normas de derecho internacional que nosotros mismos no hemos cumplido, en el curso de este mismo año. El Presidente ha puesto en curso una serie de acciones, a saber, sanciones económicas en el Golfo, sin esfuerzo alguno de explicar al pueblo norteamericano en cuánto tiempo tendrán éxito; cuán dolorosas serán esas acciones allá y aquí en consecuencias y, sobre todo, no ha procurado obtener de este Congreso, de este Senado, una declaración de cooperación, consulta y apoyo con definiciones, límites, términos. Han decidido ir a solas.

Sr. Presidente, antes de que todo esto concluya, es muy probable que se encuentren muy solos. Más aun. Se habrá perdido una oportunidad preciosa, enorme, que era, de hecho, una oportunidad de definir un Nuevo Orden Mundial y encaminarse hacia el mismo.

Sr. Presidente, con gran apreciación a los pacientes y atentos administradores de la legislación, al Senador de Hawai, el de más antigüedad, nuestro respetado administrador de esto y tanto más, y al Senador de Alaska, con gracias al Senado, cedo la palabra.

ACTA DEL CONGRESO

Estados Unidos   Sesiones y Debates
de América   del 101er Congreso,   Segunda Sesión
          Washington, viernes, 27 de octubre, 1990
Vol. 136   Núm. 150-Parte II
Senado

INTERROGANTE NUM. 2

Sr. MOYNIHAN. Sr. Presidente., ayer afirmé que trataría tres interrogantes sobre política extranjera que se presentan al cierre de la 101era sesión del Congreso. La primera interrogante tenía que ver con la naturaleza del Nuevo Orden Mundial que el Presidente Bush anunció pero no definió, al dirigirse a la sesión conjunta del Congreso el 11 de septiembre. ¿Tratábamos de establecer, de hecho, un sistema internacional basado en derecho internacional, según lo entendemos, y lo hemos adoptado como ley propia en forma de tratados, notablemente la Carta de la ONU?

Permítanme iniciar este último día de la 101era sesión del Congreso tratando sobre la segunda interrogante que tiene que ver con las formas en que procuraremos bregar con el conflicto étnico en el contexto de este nuevo orden mundial. Mi tesis será que el conflicto étnico será la fuente más peligrosa de inestabilidad internacional en el período de historia mundial que nos espera; de hecho, ya hemos iniciado ese período.

No es una tesis nueva para este Senador. Hace décadas que vengo diciendo que lo étnico es una fuerza mucho más poderosa en la política mundial que la lucha de clases –por turnos, la guerra de clase– que proclamaron los teóricos y regentes marxistas durante la mayor parte del siglo 20. He argumentado, en asociación a Nathan Glazer, que el conflicto étnico provocaría la desintegración de la Unión Soviética. La idea tuvo poco impacto aquí o en el extranjero, y no parece tener mucho reconocimiento al momento en que presenciamos el hecho en sí.

Esto es interesante e importante. El Hombre vive de la metáfora. Vemos el mundo en términos de paradigmas; predecimos el comportamiento de los demás en términos de esos paradigmas; y nos comportamos de modo similar. ¿No es cierto que la inestabilidad actual en la Unión Soviética ha tomado casi por sorpresa a nuestros planificadores, teóricos y estadistas por igual? El Sr. Robert Semple del *New York Times* expresó este punto muy bien en la introducción a una sesión especial de la edición dominical hace unas semanas en la que reproducían artículos de su famosa página editorial que acaba de celebrar su vigésimo aniversario. En la introducción, titulada "Op-Ed a los 20", Semple señaló algunos asuntos y tópicos que han persistido por las últimas dos décadas, muchos de ellos perspicaces y progresivos. Pero señaló que el fin de la Guerra Fría no fue anticipado por los sovietólogos de la página "Op-Ed". Si pudiésemos extender la observación a la "Desintegración del Imperio Soviético", sería igualmente válido. Aparte de algunos comentarios sobre separatismo islámico, la profesión de estudios soviéticos –se había tornado en eso– se perdió casi totalmente el evento más importante en la sociedad soviética. Ese tipo de cosa sucede. George Will dice que la ciencia política es la ciencia de eventos que suceden una sola vez y nadie debiera esperar mucho de su capacidad profética. Aun así, yo diría que es posible anticipar un poquito en la niebla, si uno tuerce los ojos correctamente. A mi me pasó en parte por casualidad y en parte por accidente. Si lo que voy a decir ha de escucharse con atención, mejor será que describa estas circunstancias.

No sé nada de la Unión Soviética. No hablo ninguna de las lenguas. Por otro lado, en la ciudad de Nueva York, donde me crié, el mayor grupo étnico según el Censo era ruso, así es que he conocido muchos rusos, podría decir que no muy lejos de casa. También he rozado los bordes desvanecientes del mundo en que los bolcheviques alcanzaron el poder. Estuve una vez en el departamento de Lenín en el Kremlin. Vi su escritorio en su oficina, con la centralilla telefónica en la terraza de cristales a la izquierda de la escena. Justo detrás del escritorio hay un estante pequeño. Las dos tablillas superiores tienen libros en inglés. Me percaté de que yo personalmente había conocido y tratado, aunque muy poco, a tres de los autores representados. G.D.H. Cole y Bertrand Russell más otro de quien no me acuerdo ahora.

En mi juventud temprana caí bajo la influencia de Nathan Glazer, quien aun entonces marchaba a su propio ritmo. Esto sería a fines de los años 50. Acababa de concluir *Los orígenes sociales del comunismo norteamericano*, que él encontró eran... étnicos. Había concebido *Beyond the Melting Pot* (Más allá del crisol étnico) y resulta que yo fui el único colaborador que consiguió. El libro sometía a prueba la viabilidad de la predicción marxista de que un proletariado sin diferenciar surgiría de la industrialización. No se podía pedir mejor caso de prueba que Nueva York. Una ciudad industrial vasta constituida primordialmente de trabajadores extricados de los confines de la Tierra, muchos incapaces de hablar la lengua, ninguno atado por feudales amarras ancestrales a las clases gobernantes. De hecho, las mismas clases gobernantes eran *nouveau* y esperaban poco en términos de fidelidad. Más aún, una vanguardia extremadamente talentosa y enérgica del proletariado trataba de instituir una conciencia de clase junto al aparato de un partido de masa. Tammany, con su estructura étnica, triunfó; ellos perdieron. Marx se había equivocado. Como yo diría posteriormente, lo que Marx escribió en el Museo Británico, Glazer desmintió en la Biblioteca Pública de Nueva York.

En 1972 Glazer y yo comenzamos un seminario de 2 años sobre lo étnico en la Academia Americana de Artes y Ciencias durante el cual atacamos la tesis marxista de frente. Nos percatamos, después de Dahrendorf, que durante dos siglos, desde Locke hasta Lenín, el pensamiento social había estado absorto con la propiedad como la fuente de diferencias individuales y grupales. Pero la casi aniquilación de la propiedad en lugares como Israel o Yugoeslavia no había tenido el menor impacto en las distinciones étnicas. Observamos que, aún así, tanto las tradiciones liberales como las marxistas no daban cabida alguna a lo étnico, a pesar de que se tornaba más conspicuo. Ethnicity: *Theory and Practice* (Lo étnico: práctica y teoría) se publicó en 1975.

En 1979, en *Newsweek*, "predije" que el gran evento de los años ochenta sería la disolución de la Unión Soviética a base de líneas étnicas.

El imperio soviético está bajo una tirantez tremenda. Podría estallar. Y el mundo podría estallar con él.

Luego de la confusión de la Revolución Rusa, el nuevo régimen logró reconstruir la mayor parte del polígloto imperio zarista, abarcando Eurasia desde el Danubio hasta el Pacífico.

Ahora comienzan las tensiones de nacionalidad. Sea lo que fuere que el marxismo haya significado para los intelectuales, es la realidad étnica lo que ha agitado las masas del siglo veinte, y se están agitando cerca de las fronteras rusas... Desde 1920 los comunistas más bien han alentado la cultura étnica mientras suprimían en forma despiadada la política étnica. No va a funcionar.

En 1986 observé que el *Fontana Dictionary of Modern Thought* (Diccionario Fontana de Pensamiento Moderno), publicado originalmente en Gran Bretaña en 1977, estaba lleno de referencias sobre el marxismo pero no tenía ninguna anotación sobre lo étnico. Escribí a Lord Bullock señalándoselo. Contestó que se preparaba una nueva edición (de Harper aquí) y preguntó si podíamos preparar una anotación. Lo cual hicimos Glazer y yo y se publicó sin cambiarle una coma. Incluía esta oración: "El conflicto étnico en el imperio soviético probablemente será un elemento principal en la política mundial del siglo 21". Fíjense que estábamos evadiendo un poco; aún así, estábamos bien encaminados.

Ahora los eventos se nos suceden con fuerza volcánica. Permítanme incluir en el Acta muestras de la prensa diaria y semanal.

En primer lugar, del *New York Times* de octubre 15, un artículo titulado "La enemistad étnica gobierna una nueva república socialista".

Luego, de un estudio de la Unión Soviética publicado en el *Economist* de octubre 20, una sección titulada, "Unidos en la desunión: ¿se mantendrá unida?"

En el *Washington Post* del jueves: "Dos repúblicas niegan la primacía de Moscú: Rusia, Ucrania desafían la autoridad del Kremlin".

El mismo día en el *Washington Post*, una evaluación sombría por Dimitri Simes, miembro asociado del Carnegie Endowment for International Peace (Fundación Carnegie para la Paz Internacional), titulada "El espectro de una guerra civil soviética".

Finalmente, en el *New York Times* de ayer, un artículo titulado "En la Unión Soviética, desunión vertiginosa".

En beneficio de la divulgación total, como dicen, permítanme en este momento incluir también en el Acta el texto completo de mi artículo de 1979 en *Newsweek*.

Será evidente, sin demora alguna, que mis profecías fueron poco menos que perfectas. Pensaba que el liderazgo soviético, percibiendo el colapso de su economía –otro aspecto de la sovietología que se "nos" pasó por completo– y el aumento en tensiones étnicas, se jugaría una última carta, tal vez avanzando hacia el Golfo. No lo hicieron. Es posible que nunca se les haya ocurrido; puede que hayan descartado la idea. Sin duda hubo una etapa de liderazgo senescente: Breznev, Andropov, Chernenko. Y luego vino Gorbachev con una capacidad mucho más amplia de comprender la realidad de su situación. Aún así, esa realidad persiste, la económica y la étnica, ambas entrelazadas. Leemos que los militares soviéticos están retirando su armamento nuclear de las áreas de conflicto étnico. Alberguemos esa esperanza. Lo último que necesitan ellos o el mundo es que un choque entre grupos étnicos en el Cáucaso o en Asia Central se resuelva con proyectiles nucleares. Pero los conflictos mismos no desaparecerán. Empeoran.

Y se amplían. Las mismas fuerzas históricas que ahora están en juego en el viejo imperio zarista, han retornado al viejo imperio austro-húngaro. Yugoeslavia, que desde la fundación del estado marxista por Tito fue estructurada para detener el conflicto étnico, ya no puede hacerlo más. Los viejos reinos británicos bullen con violencia étnica y religiosa en el subcontinente indio y en los territorios en mandato de la Liga de las Naciones después de la división del imperio otomano. La porción francesa del sistema en mandato nada más, Siria y Líbano, son testimonio tétrico de lo que podría estar por delante.

Lo que se precisa es que pensemos. Cómo nos proponemos manejar este tipo de conflicto en el período por delante. Hay ejemplos. La Organización de Unidad Africana es uno. Al inicio de la descolonización, esas naciones decidieron con presciencia que no disputarían las fronteras coloniales, trazadas por regentes sobre mapas en lugares como Berlín, y que apenas tomaban en cuenta la distribución tribal y religiosa de la población. Pero aún así, preferible a la guerra. De hecho, es posible que una medida de estabilidad y armonía esté por darse en África del Sur. El Sr. Frederik de Klerk ha propuesto un estado multiétnico que toma prestado en modo significativo de nuestra propia experiencia con el federalismo. Y África del Sur es, naturalmente, una nación de muchas nacionalidades. En Europa, la organización de la Comunidad Europea promete brindar una estructura de gobierno e integración de primerísimo orden que hasta la fecha ha eludido a Irlanda, por ejemplo.

El reto es pensar sobre este mundo nuevo al que entramos. No estaría mal que comenzáramos por preguntarnos cómo fue que esto nos tomó tan de sorpresa. Pero más importante aún, debemos ahora explorar con energía nuestra experiencia y las de otros para preguntarnos qué modos de intervención, de mantener el orden, de arbitrar y hasta de litigar podrían comenzar a dar abasto. Si bien es un reto intimidante, ciertamente es una alteración placentera a la era del totalitarismo.

Sr. Presidente, en este momento solicito el consentimiento unánime para admitir en el Acta los seis artículos a los que he hecho referencia y cedo la palabra.

No habiendo objeción, se ordenó la impresión del material en el Acta, según sigue:

(*New York Times*, 15 de octubre, 1990)
"La enemistad étnica gobierna una nueva república socialista"
(Por Celestine Bohlen)

(*Economist*, 20 de octubre, 1990)
"Unidos en la desunión"

(*Washington Post*, 25 de octubre, 1990)

314

"Dos repúblicas niegan la primacía de Moscú: Rusia,
Ucrania desafían la autoridad del Kremlin".
(Por Michael Dobbs)

(*Washington Post*, 25 de octubre, 1990)
"El espectro de una guerra civil soviética"
(Por Dimitri Simes)

(*New York Times*, 26 de octubre, 1990)
"En la Unión Soviética, desunión vertiginosa"
(Por Francis X. Cline)

(*Newsweek*, 19 de noviembre, 1979)
"Los 80: ¿estallará Rusia?"
(Por Daniel Patrick Moynihan)

ACTA DEL CONGRESO

Estados Unidos   Sesiones y Debates
de América   del 101er Congreso,   Segunda Sesión
            Washington, sábado, 27 de octubre, 1990
Vol. 136   Núm. 150-Parte III

Senado

LA TERCERA INTERROGANTE:
LA MAS INCOMPRENDIDA

Sr. MOYNIHAN. Sr. Presidente, en las postreras horas del
último día de la 101era Sesión del Congreso, paso a tratar la
última de las tres interrogantes de la política exterior de Estados
Unidos sobre las cuales hablé ayer por la mañana.

Puede que el tema tome a algunos Senadores por sorpresa,
posiblemente no muy agradable. Sin embargo, si ese fuera el
caso, señalaría que ésta no es la primera ocasión. En el Acta del
Congreso del 27 de abril de 1990, y de nuevo, el 24 de mayo de

1990, hablé sobre el mismo asunto. En ambas ocasiones mis comentarios ameritaron el mismo título: "La Descolonización de Puerto Rico".

Esta cuestión se ha planteado aquí desde los inicios de la 101^{era} Sesión del Congreso. En su discurso a la sesión conjunta el 10 de febrero –su primer discurso como nuestro nuevo Presidente– el Presidente Bush nos convocó para asumir una gran encomienda.

> Hay otro asunto que he decidido mencionar aquí esta noche. Hace tiempo opino que el pueblo de Puerto Rico debe tener el derecho de determinar su propio destino político. Personalmente favorezco la estadidad. Pero pido al Congreso que tome los pasos necesarios para permitir que el pueblo decida en un plebiscito.

Esto sucedió al comienzo de la sesión del Congreso; hemos llegado a la clausura y no lo hemos hecho.

La Cámara aprobó un proyecto de ley; si bien por salir del paso. Dos comisiones del Senado han informado proyectos o porciones de proyectos; ninguno a llegado al hemiciclo y ninguno ha sido aprobado. Mientras tanto, la Administración ha guardado silencio, excepto por uno que otro ayudante enviado a la isla para instar que el nuevo Estado vote por los Republicanos.

Para ser justos, aquí en el Senado hemos trabajado duro, aunque intermitentemente, en el asunto. Aun así, fallamos en terminar la tarea. Esto no habla bien del Senado sencillamente porque fallamos en cumplir con nuestro deber en una situación en la cual se nos podría, con razón, tildar de irresponsables. Lo que quiere decir que los ciudadanos de Puerto Rico no tienen un voto en el Senado de Estados Unidos. Nadie los representa. Ninguno de nosotros responde a ellos.

Más obligados entonces, como cuestión de principio más que de política, de haber respondido a la llamada del Presidente: 1989 y 1990 vieron el fin de la Guerra Fría y el restablecimiento en Europa Central y del Este de una soberanía real de las naciones que se establecieron allí luego de la Primera Guerra Mundial.

Esos sucesos de 1917 –cuando la República de Checoslovaquia se proclamó en Pittsburgh– hasta 1920 fueron, de hecho, la primera oleada de descolonización de este siglo. No se trataba de la ruptura de una colonia u otra, sino de la aceptación por parte de la comunidad internacional del derecho a la independencia de las antiguas colonias. Hubo una recaída bajo Hitler, luego bajo Stalin, pero el principio emergió triunfante una vez más.

Ese principio, enunciado por Woodrow Wilson en un discurso anterior a otra sesión conjunta del Congreso, aplica lo mismo a las colonias estadounidenses como a las de los Hapsburgos o de los Hohenzollerns, o de sus diversos "parientes" en otras capitales de Europa. Aplica a Puerto Rico. Que es lo mismo que el presidente Bush reconoció en su primer discurso al Congreso.

El 27 de abril pregunté en el hemiciclo del Senado: ¿Es Puerto Rico una colonia hoy por hoy? Ya había hecho la misma pregunta en las vistas de la Comisión de Energía y Recursos Naturales en San Juan durante 1989. Y di la misma respuesta:

Obviamente no. En julio de 1952, Puerto Rico se convirtió en un estado libre asociado con pleno gobierno propio.

Aun así, el asunto del *status* –como los isleños correctamente lo denominan– sigue sin resolver.

El Estado Libre Asociado es una opción. Hay dos más: estadidad e independencia. Desde Harry S. Truman, cada presidente ha afirmado que el pueblo de Puerto Rico tenía y tiene la libertad de escoger cualquiera de las tres. En 1952, se logró el Estado Libre Asociado. Como he repetido más de una vez durante este indebate, el estado libre asociado no fue concebido por sus autores como un punto medio hacia la estadidad, la posición, ni como un solicitante o candidato para ser miembro con plenos derechos de la Unión. Por el contrario, la estadidad se visualizó como una condición plena, comparable a la de los mancomunidades en otros imperios en disolución. O así es como yo lo entiendo; de ningún modo reclamo hablar a nombre de los defensores actuales del estado libre asociado, ni siquiera presentar la posición de sus predecesores. Puedo reclamar haber conocido dos generaciones de defensores del estado libre asociado en Puerto Rico, pero no más. De igual modo, he conocido dos generaciones de líderes de la estadidad. Puedo alegar que comprendo sus posiciones con cierto grado de confianza sencillamente porque la estadidad es un concepto de fácil comprensión dentro de la Unión Americana. También, puedo presumir que puedo comprender la posición de los defensores de la independencia. No puedo reclamar ninguna relación de amistad, probablemente por culpa propia, sin embargo he conocido "independentistas" y me han impresionado mucho sus presentaciones en las vistas del Senado.

Lo que este Senador conoce o no es de poca importancia. Lo que importa es que desde el inicio de esta sesión del Congreso, se le hizo creer a Puerto Rico que tendría la oportunidad de elegir; pero henos aquí, al final de este Congreso habiéndole, de hecho, negado tal oportunidad.

Quiero ser claro. Parto de la premisa que comenzaremos a trabajar en este asunto tan pronto inicie la próxima sesión del Congreso. Hemos concluido, gracias a Dios, con el interminable trabajo de la Cumbre. Tenemos un plan de presupuesto de 5 años. Nos durará al menos hasta abril próximo. Más razón para tratar el asunto de Puerto Rico antes del próximo abril.

El hecho mondo y lirondo es que el Senado no ve este asunto desde la misma perspectiva que el resto del mundo lo percibe o que lo percibiría si se llevara ante su atención. Esto no nos desacredita. Los puertorriqueños son nuestros conciudadanos. Hoy día hay tantos de ellos conviviendo con nosotros como en la isla, o las islas, para ser más exacto. Luchan en nuestras guerras, aportan a nuestros asuntos, añaden a nuestras vidas los atributos especiales de una cultura hispánica. No importa. Puerto Rico sigue siendo un lugar de *status* indefinido. Como asunto de honor, el Senado, el Congreso debe permitir que nuestros conciudadanos elijan. Como asunto de prudencia elemental, debemos hacerlo en cuanto regresemos a Washington en enero próximo.

Si el Senado me lo permite, les pediría que una serie de mis declaraciones sobre este asunto en el Congreso se hagan formar parte de esta acta.

No habiendo objeción, se ordenó la impresión del material en el Acta como sigue:

[Tomado del Acta del Congreso, 14 de julio, 1989]

EL STATUS POLITICO DE PUERTO RICO

Sr. MOYNIHAN. Sr. Presidente, en los inicios de la primavera pasada los Senadores JOHNSTON, McCLURE y SIMON presentaron el Proyecto S. 712, para "autorizar un plebiscito sobre el *status* político de Puerto Rico". Este es un proyecto de suma importancia para el pueblo del estado libre asociado y de no menor importancia para la Unión Americana.

El proyecto dispone que se celebre un plebiscito en 1991 que presente las opciones de estadidad, independencia y estado libre asociado. De no obtener mayoría ninguna de las opciones, habría una votación final.

En su mensaje sobre el Estado de la Unión, el presidente Bush indicó su firme apoyo a la estadidad, tal como el último Gobernador de Puerto Rico, Carlos Romero Barceló. El actual Gobernador de Puerto Rico, el honorable Rafael Hernández Colón, es un defensor del estado libre asociado "desarrollado". Hay, por supuesto, muchos partidarios de la independencia.

Son muchas las cuestiones que entraña el asunto. Obviamente. De vital importancia, sin embargo, serán las disposiciones contributivas relacionadas con las opciones correspondientes. Es innecesario recalcarle al Senado, por ejemplo, la importancia de la Sección 936 del Código de Rentas Internas que dispone incentivos contributivos extraordinarios a las empresas manufactureras ubicadas en la isla. Tal vez una tercera parte de los empleos en Puerto Rico se atribuyen a los beneficios de las "936". Hay una gran cantidad de asuntos tarifarios que tratar, estatutos marítimos, derechos de aduana, y otros similares. La Ley de Seguro Social y medidas de beneficios sociales relacionadas, son de importancia trascendental para los puertorriqueños como lo son para todos los ciudadanos norteamericanos. Cada una de las opciones que se habrán de presentar al pueblo de Puerto Rico conllevarán diferentes disposiciones en torno a estos asuntos.

Con estas decisiones en perspectiva, he estado recopilando material que espero sea de utilidad para la Comisión de Finanzas cuando nos dispongamos a contestar las interrogantes que tienen que ver con la vigencia de los estatutos actuales y tales otros asuntos que nos serán referidos por la Comisión de Energía y Recursos Naturales.

Pueden imaginarse entonces nuestra consternación cuando el Departamento del Tesoro, al testificar ante la Comisión de Energía ayer por la mañana, declaró que no veía razón alguna para que nuestro proyecto de plebiscito se viera "gravado en esta etapa" por detalles relacionados con las disposiciones financieras y contributivas que acompañarían las tres opciones.

Por lo visto queremos pedirle al pueblo de Puerto Rico que tome esta decisión a ciegas. Evidentemente no habrá de saber de antemano si, por ejemplo, la estadidad significaría el cese de los beneficios contributivos de la Sección 936; si el estado libre asociado "desarrollado" conllevará beneficios de bienestar social iguales para Puerto Rico, o tal vez más restringidos aún. No sabrán nada sobre las interrogantes que precisamente cada votante tendrá presente.

Si la posición del Departamento del Tesoro no fuese tan obviamente insostenible, nos veríamos obligados a sospechar que es deliberadamente perversa. Que allí, en las altas esferas del Departamento, hay personas determinadas a obstruir el compromiso que hiciera el Presidente en su Mensaje del Estado de la Unión.

No se trata de un asunto que el Congreso pueda resolver. Pero ciertamente le aconsejaríamos al Presidente que lo haga, y con celeridad, a su regreso de París. Porque obviamente ningún plebiscito habrá de prosperar si la posición del Tesoro es la posición del ejecutivo.

Sr. Presidente, solicito que se reproduzca la parte inicial del testimonio de Kenneth W. Gideon, Secretario Auxiliar - Política Contributiva, del Departamento del Tesoro de Estados Unidos, ante la Comisión de Energía del Senado.

El segmento es como sigue:

TESTIMONIO DE KENNETH W. GIDEON

Sr. Presidente y miembros de la Comisión: Es un placer estar hoy ante ustedes para hablar a nombre de la Administración sobre el proyecto del S. 712, "Para autorizar un plebiscito sobre el *status* político de Puerto Rico". Este proyecto le dará al pueblo de Puerto Rico la oportunidad histórica de votar para determinar el *status* de la isla. El proyecto dispondrá la celebración en 1991 de un plebiscito en el cual el pueblo de Puerto Rico podría decidir entre las opciones de estadidad, independencia y estado libre asociado.

La Administración apoya enérgicamente el derecho del pueblo de Puerto Rico a decidir por sí mismo la condición política de la isla. Aun más, tal como ha advertido en diversas ocasiones, el Presidente favorece la admisión de Puerto Rico como estado de la Unión, asegurando de ese modo al pueblo de

Puerto Rico una posición de igualdad con los demás ciudadanos de Estados Unidos. Además, al disponer un plebiscito en torno al *status* político, el Gobierno de Estados Unidos ayudaría al pueblo de Puerto Rico a ejercer el derecho político básico de determinar la naturaleza de su gobierno.

La opción que encara el pueblo de Puerto Rico es fundamentalmente política, con implicaciones a largo plazo que afectarían sus derechos y obligaciones como ciudadanos. Cada votante deberá determinar la relación que debiera existir entre Puerto Rico y Estados Unidos. Por su naturaleza intrínseca, un plebiscito sobre el *status* determina el futuro político del pueblo. Los votantes individuales deberán sopesar las implicaciones de su voto no sólo para sí mismos sino también para las futuras generaciones.

La Administración cree firmemente que al pueblo de Puerto Rico se le debe dar una oportunidad para expresar su voluntad de forma tal que reconozca la naturaleza histórica y, en esencia, política de su decisión de autodeterminación. La importancia de la decisión que encara como pueblo trasciende cualquier preocupación limitada sobre aspectos específicos de la estructura fiscal o de la económica.

Por ello, la Administración opina que la discusión sobre la condición política futura de Puerto Rico no debe verse gravada en esta etapa por las disposiciones financieras y contributivas del proyecto actual. La selección entre las posibles opciones de *status* deberá ser una elección del pueblo de Puerto Rico en la cual no medien los juicios previos que los costos y beneficios económicos específicos puedan traer al proceso. Luego de hecha la selección, se podrían desarrollar las relaciones contributivas y financieras adecuadas entre Puerto Rico y Estados Unidos de acuerdo con la opción escogida por el pueblo de Puerto Rico.

La Administración reconoce la dificultad de aislar el efecto de los asuntos financieros y contributivos de la cuestión del *status* futuro de Puerto Rico. En última instancia, se tendrán que desarrollar mecanismos de transición adecuados para minimizar el descalabro económico que pueda resultar de cualquier cambio del *status* actual de estado libre asociado. Además, opinamos que una transición hacia la estadidad puede estructurarse de modo tal que el gobierno de Puerto Rico, luego de usar adecuadamente sus recursos, no se vea forzado a incurrir en una pérdida neta de ingresos durante esta transición. La Administración apoyaría la concesión a Puerto Rico de una "subvención transicional" para ayudar en la consecución de esos fines. El trato presupuestario de una transición hacia la estadidad deberá ser consecuente con una disciplina estable. Por último, opinamos que debe haber igualdad de condiciones económicas entre las opciones.

El desarrollo de disposiciones que logren adecuadamente estas metas requerirá un análisis cuidadoso en el cual cooperen la Administración, el Congreso y el gobierno de Puerto Rico. El convenio resultante con probabilidad consistiría de disposiciones interrelacionadas que afectarían el propio sistema contributivo de Puerto Rico, el sistema contributivo federal y las subvenciones directas del gobierno federal. Por consiguiente, y dependiendo de la alternativa que se escoja, muchos participarán del proceso, incluso las comisiones del Congreso a cargo de redactar legislación contributiva.

La Administración espera trabajar con vuestra comisión en el momento conveniente para diseñar un conjunto de leyes económicas integradas que cumpla con los compromisos que la Administración ha hecho con Puerto Rico y que sea totalmente aceptable, tanto para el Congreso como para el gobierno de Puerto Rico. Para sentar las bases de este proceso, quisiera repasar con ustedes algunas de las cuestiones técnicas presentes en las disposiciones del proyecto actual. Aunque no se intenta endosar o rechazar ninguna de estas disposiciones, espero que mis comentarios realcen problemas particulares que surgen del lenguaje actual del proyecto.

Cada una de las opciones políticas que el proyecto cubre –estadidad, independencia y estado libre asociado– conlleva problemas especiales que afectan los sistemas contributivos tanto de Puerto Rico como de Estados Unidos. Los comentarios siguientes se limitan a estas cuestiones. No intentan reflejar preferencias en cuanto a ninguna de las opciones de *status*.

No importa el *status* que se considere, creemos que la meta principal del proyecto en cuestión debe ser asegurar que las implicaciones contributivas de la opción se definan con claridad. La certeza en la aplicación de las leyes contributivas es siempre la meta de la política contributiva y consideramos que es de particular importancia procurar alcanzar esa certeza en estas circunstancias, cuando el pueblo de Puerto Rico se enfrenta a la posibilidad de cambios fundamentales en su estructura de gobierno. El enfoque de mi testimonio, por lo tanto, será identificar las consecuencias contributivas de las disposiciones de este proyecto según han sido redactadas, señalar aquellas ambigüedades que resultan de este proyecto, y recalcar los asuntos que las disposiciones contributivas del proyecto no toman en consideración en la actualidad.

I. Efectos generales del Proyecto del S. 712 sobre las recaudaciones

Es difícil presentar estimados de las consecuencias en torno a las recaudaciones federales de las varias opciones descritas en el proyecto, pero para propósitos de este análisis puede ser útil considerar unas guías básicas.

Tanto la independencia como la estadidad parten de la premisa de que se producirá alguna reducción de los incentivos contributivos actuales que dispone la Sección 936 del Código de Rentas Internas (el Código). Debe advertirse que aun bajo la opción del estado libre asociado, el Congreso puede continuar repasando y revisando, según sea necesario, la Sección 936 así como cualquier otro beneficio contributivo.

Calculamos que en el año fiscal 1989 los beneficios contributivos recibidos en virtud de las corporaciones de la Sección 936 alcanzaron la suma de $1.9 mil millones. Si los beneficios de la Sección 936 se reducen gradualmente, algunas de las corporaciones de la Sección 936 podrían optar por abandonar la isla. Sin embargo, la naturaleza de la mayoría de las corporaciones de la Sección 936 hace improbable que encuentren un buen sustituto para Puerto Rico en alguna ubicación extranjera con contribuciones bajas. Por lo tanto, si las compañías abandonaran la isla regresarían a Estados Unidos continentales donde estarían sujetas al pago de contribuciones estadounidenses.

La reducción gradual de los beneficios de la Sección 936 ocasionaría trastorno económico en Puerto Rico, al menos a corto plazo. Las compañías 936 representan actualmente un 12 por ciento del total de empleos en Puerto Rico. Sin embargo, es muy difícil calcular hasta qué grado se afectarían las recaudaciones federales por este trastorno. Bajo la opción de la estadidad, las recaudaciones por concepto de contribuciones sobre ingresos personales podrían reducirse un tanto por algún tiempo; pero según se explica más adelante, se puede esperar que las recaudaciones federales en Puerto Rico por concepto de contribución sobre ingresos personales sean relativamente modestas.

La opción de la estadidad presenta el asunto de cómo una contribución federal sobre ingresos personales recién impuesta se acoplará con el sistema contributivo estatal de Puerto Rico. Los efectos de este cambio se deben estudiar tanto para las recaudaciones contributivas individuales como para las comerciales.

[Tomado del Acta del Congreso, 4 de agosto, 1989]

LEY DE PARA AUTORIZAR UN PLEBISCITO SOBRE EL STATUS POLÍTICO DE PUERTO RICO

Sr. MOYNIHAN. Sr. Presidente, la Comisión de Energía y Recursos Naturales del Senado acaba de informar la Ley para Autorizar un Plebiscito sobre el *status* Político de Puerto Rico la cual ha sido referida a la Comisión de Finanzas para consideración de los aspectos en torno a bienestar social y contribuciones de las tres opciones establecidas que son, como es de saber, independencia, estadidad y como se ha llegado a conocer, "estado libre asociado desarrollado".

Anticipando este estudio por la Comisión de Finanzas y el debate en pleno del Senado sobre todo este asunto, solicité del Servicio Congresional de Investigaciones (CRS, por sus siglas en inglés) que analizara el efecto en los programas seleccionados de cada opción de *status*, y también que evaluaran cómo cambiaría la relación contributiva entre Estados Unidos y Puerto Rico dentro de cada una de estas opciones. El primero de estos análisis se terminó a principios de esta semana y el otro, un mes atrás.

Quiero hacerlos constar en el acta en el día de hoy, de modo que la discusión de este asunto de inmensa importancia proceda fundamentándose en hechos pertinentes, lo que es decir que podamos, por lo menos, saber de lo que se está hablando y en última instancia, por qué se está votando.

Quiero que presten atención a los hallazgos de importancia en torno a los programas de bienestar social en la estadidad, bajo la opción de la estadidad. Cito el estudio de CRS:

En la estadidad, extender a Puerto Rico el crédito contributivo por ingresos ganados, –donde actualmente no se dá porque las contribuciones sobre ingresos federales no aplican en Puerto Rico, podría representar un gasto cuantioso para un nuevo programa, además de un nuevo beneficio de bienestar social, para lo cual se originó. Podría decirse que comienza a ser la base de una familia norteamericana.

El Servicio Congresional de Investigaciones calcula que el crédito contributivo por ingresos ganados podría aplicar al 65% de las familias con niños en Puerto Rico, dos terceras partes de la población que son familias con niños. Se trata de ingresos en efectivo, y como esperamos al final de este Congreso, una devolución contributiva reembolsable.

Necesita ser reembolsable sobre todo en el caso de Puerto Rico porque la pertinencia para Puerto Rico consiste en que en virtud de la legislación contributiva de 1936 pusimos punto final a la tributación de las familias con niños de ingresos por debajo del nivel de pobreza.

Sr. Presidente, bajo la estadidad, el segundo hallazgo –el reemplazo de la transferencia en bloque de la asistencia nutricional por el programa de cupones de alimentos, incluso con fondos sin límites fijos– reduciría grandemente la flexibilidad de estructuración del programa y podría aumentar el número de casos y los costos del mismo por un tercio o más.

El tercer hallazgo bajo la estadidad, Sr. Presidente, –el reemplazo del programa de asistencia a los envejecientes, ciegos e incapacitados por el programa de ingresos suplementarios del Seguro Social (SSI, por sus siglas en inglés), un programa con fondos sin límites fijos como es el caso–, ampliaría significativamente la elegibilidad de la población de Puerto Rico para beneficios incrementados para los recipientes de como diez veces más de lo actual, y en consecuencia aumentará grandemente los costos federales pero a su vez incrementará por mucho los beneficios de bienestar social.

Puedo decirles que el programa de ingresos suplementarios del Seguro Social es la única disposición del plan de asistencia familiar que se envió al Congreso en 1969 para extenderse a los cuatro programas del Seguro Social que se determinan a base de ingresos sin necesidad de aportaciones: Ayuda a Familias con Niños (AFDC, por sus siglas en inglés), asistencia a los ciegos, asistencia a las personas con incapacidad total o permanente, y ayuda a los envejecientes.

La intención de tal propuesta fue que los beneficios tuviesen difusión nacional y no tuviesen límites económicos fijos. De modo que las grandes disparidades, por ejemplo, en el programa y los beneficios de la AFDC, no continuasen. De hecho, el único grupo al cual se le iba a incorporar dicha disposición era al de los niños. Pero los otros tres programas fueron incorporados al SSI y ahora pasarían al estado libre asociado de constituirse en estado.

El último de los hallazgos en la estadidad, Sr. Presidente, –los fondos capitales y de Medicaid a los cuales Puerto Rico es elegible actualmente– le serían quitados, y se utilizaría una fórmula federal de pareo mucho más generosa. Como consecuencia, los gastos federales por Medicaid en Puerto Rico aumentarían a más del doble. Además, Puerto Rico estaría sujeto a nuevos requisitos para ampliar la protección a algunas clases de individuos, mientras le reduce la protección a otros. Puerto Rico no podría entonces limitar los proveedores de Medicaid a las instalaciones públicas.

Sr. Presidente, el análisis de las relaciones contributivas que incluiré en el acta esta tarde, no es tan extensa como la relativa a los programas de bienestar social, ya que un estudio adicional a cargo del personal de la Comisión Conjunta sobre Tributaciones, está en proceso. Deberá estar listo en poco más de una semana, y mi oficina tendrá copias disponibles para aquellos que las deseen.

Sin embargo, a base de lo que tenemos y ciertamente de lo que ya conocemos desde hace algún tiempo, les señalo ahora un hecho de principal importancia. Los beneficios contributivos asociados con la Sección 936 del Código de Rentas Internas proveen alrededor de un tercio del empleo total de Puerto Rico. Tengo que aclarar, Sr. Presidente, que se trata de empleos directos e indirectos, pero un tercio de los trabajos de allí vienen de las industrias 936; el efecto multiplicador, como le llaman los economistas a los beneficios adicionales de los salarios devengados y luego gastados.

La legislación informada por la Comisión de Energía y Recursos Naturales dispone, en caso de estadidad, la reducción gradual de los beneficios de la Sección 936 hasta 1998. Obviamente algo similar exigirían las leyes de uniformidad de la Constitución.

Recalco que según los cómputos actuales, la mayoría de las familias puertorriqueñas tiene ingresos por debajo de los niveles federales de pobreza, tal como les mencioné. En nuestra legislación contributiva de 1986, nos esmeramos para lograr que tales familias no pagasen contribuciones federales. Por lo tanto, la mayoría de las familias puertorriqueñas no pagarían, al menos en el futuro inmediato, contribuciones federales mientras que tendría a su disposición una extensa gama de programas de bienestar social .

Parecería entonces que la estadidad ofrece a Puerto Rico el prospecto de beneficios de bienestar social inmediatos; sin embargo, pérdidas económicas a largo plazo, cuyas pérdidas serían las asociadas con la desaparición –hasta donde sabemos, la inevitable desaparición– de los beneficios de la Sección 936 y la merma que presumimos en ese tipo de actividades económicas.

Por el contrario, el Estado Libre Asociado, promete ganancias económicas a largo plazo: la disponibilidad continua de los considerables incentivos contributivos asociados con la Sección 936, como que un tercio del empleo total de la isla venga de esta sección, una sección que se diseñó originalmente para promover la inversión económica de empresas estadounidenses en las

Filipinas, como cabe señalar.

Por el contrario, el Estado Libre Asociado promete ganancias económicas a largo plazo, repito, pero sin ningún desarrollo inmediato de los programas de bienestar social, o ninguno en la legislación que nos ocupa y la cual analizaremos con una mente abierta en la Comisión de Finanzas.

Estos son asuntos serios y serán estudiados con seriedad. La responsabilidad mínima que Washington debe asumir es asegurar que, dentro de los posible, se supla la información a quienes deseen estar informados para hacer su selección. Imagine nuestra consternación cuando el Departamento del Tesoro, al testificar ante la Comisión de Energía el 13 de julio, afirmó que no veía razón alguna para que el proyecto de plebiscito se viera "gravado en esta etapa" por cualquier especulación sobre las consecuencias fiscales y contributivas de las tres opciones. No puede ser que deseen que el pueblo de Puerto Rico decida a ciegas, pero no se puede decir que hayan arrojado luz sobre esas decisiones. El pueblo del Estado Libre Asociado quiere, y debe tener, los hechos necesarios para estar informados al tomar su decisión.

Sr. Presidente, a principios de este año, el distinguido presidente de la Comisión de Energía y Recursos Naturales, y el distinguido portavoz celebraron vistas públicas en San Juan en torno a este asunto. Se me invitó a participar como observador de la Comisión de Finanzas, a lo cual accedí; y creo que probablemente se dio el caso que, en tres días de vistas, más de la mitad de la población adulta de Puerto Rico nos atacó en la televisión. Era algo extraordinario caminar en las noches por las calles de la antigua ciudad y ser reconocido, no sólo por el televidente ocasional de las noticias vespertinas, sino por todo el mundo. Esta situación es vital para de la gente del Estado Libre Asociado, tal como es de esperarse.

Por supuesto, también lo lleva en mente el Presidente Bush, quien nos propuso este plebiscito en su mensaje del Estado de la Unión en el cual declaró, de forma clarísima y muy bien comprendida, su preferencia por la estadidad. Estoy en la completa seguridad que del Presidente Bush conocer la opinión del Departamento del Tesoro, de que no hay necesidad de gravar esta decisión con datos –una actitud de "no me molesten con datos"–estaría en desacuerdo, en cuyo caso, tal vez el Departamento del Tesoro respondería.

Pase lo que pase, Sr. Presidente, los informes que hago constar en esta acta son un comienzo, en mi opinión, muy bueno. Quiero expresar mi agradecimiento, en particular, a Carolyn Merck de los Servicios Congresionales de Investigación (CRS, por sus siglas en inglés) –una rama, por supuesto, de la Biblioteca del Congreso– quien dirigió el estudio sobre los efectos de la propuesta para celebrar un plebiscito sobre el *status* de Puerto Rico. También a David Brumbaugh, del CRS, quien analizó las contribuciones federales y puertorriqueñas bajo las opciones de estadidad, independencia y estado libre asociado.

Sr. Presidente, huelga decir que sé que he presentado al Acta un documento extenso en este día, que esperamos sea el último, de esta porción de la 101ª sesión del Congreso; pero lo hago porque nos encontramos justo en el punto en que el asunto de las consecuencias en términos de beneficios de bienestar social y contribuciones de las tres opciones que Puerto Rico habrá de considerar se presentan ante nos.

La Comisión de Finanzas del Senado celebrará vistas, estoy seguro, en el verano. Antes de hacerlo, sería conveniente que la gente tenga a su disposición el análisis sobre qué conllevan las opciones que se nos ofrecen.

Sr. Presidente, solicito consentimiento unánime para que en este momento se ordene transcribir al Acta dos memorandos preparados por el Servicio Congresional de Investigaciones.

No habiendo objeción, se ordenó la impresión del material en el Acta, según sigue:

MEMORANDO
SERVICIO CONGRESIONAL DE INVESTIGACIONES
Washington, DC. 6 de julio de 1989

A: Hon. Daniel P. Moynihan. Atención: Ted Zukoski.

De: David L. Brumbaugh, Analista en Finanzas Públicas, División de Economía.

Tema: Contribuciones federales y puertorriqueñas bajo las opciones de estadidad, independencia y estado libre asociado según el Proyecto del Senado 712, 101ª Sesión del Congreso.

Este informe responde a su petición de una explicación sobre cómo cambiarían las relaciones contributivas federales con Puerto Rico según cada una de las opciones de *status* que el Proyecto del S. 712 presentaría al pueblo de Puerto Rico en el plebiscito. Este informe comienza por explicar cómo las leyes federales actuales aplican a Puerto Rico. En el Estado Libre Asociado tales leyes mantendrían su vigencia. El memorando continúa revisando los cambios que las opciones particulares de estadidad e independencia del Proyecto del S. 712 conllevarían.

Ley actual

La relación contributiva actual de Puerto Rico con el Gobierno Federal se comprende mejor al examinar cómo Estados Unidos define su jurisdicción para imponer contribuciones y cómo Puerto Rico encaja en esa jurisdicción. En general, Estados Unidos define su jurisdicción contributiva a base del lugar donde se originan los ingresos y de la identidad de la persona o empresa que devenga los ingresos. Si el ingreso origina de fuentes en Estados Unidos, por lo general Estados Unidos impone contribuciones sobre el ingreso, independientemente de quién lo gane. Por lo tanto, todo individuo o corporación, no importa su nacionalidad, viene obligado por lo general a pagar contribuciones estadounidenses sobre ingresos ganados en Estados Unidos. Por otro lado, si un individuo es ciudadano estadounidense, Estados Unidos impone contribuciones sobre los ingresos de esa persona, independientemente del lugar donde devengó el ingreso; los ciudadanos estadounidenses pagan contribuciones tanto sobre sus ingresos domésticos como sobre los ingresos extranjeros. Sin embargo, para mitigar la doble tributación, Estados Unidos permite que las contribuciones pagadas en el extranjero se acrediten contra las contribuciones estadounidenses sobre ingreso de fuentes extranjeras.

Tal como lo hace con los ciudadanos estadounidenses, Estados Unidos impone contribuciones a las corporaciones constituidas en Estados Unidos sobre sus ingresos globales pero concede la acreditación de las contribuciones pagadas en el extranjero. Así que si una empresa lleva a cabo sus operaciones extranjeras mediante una sucursal extranjera de una corporación matriz estadounidense, sus ingresos de fuentes extranjeras están sujetos corrientemente a las contribuciones estadounidenses. De igual modo, los ingresos de fuentes extranjeras de las corporaciones extranjeras están fuera de la jurisdicción contributiva estadounidense. De modo que si una empresa estadounidense lleva a cabo sus operaciones extranjeras mediante una corporación subsidiaria constituida en un país del exterior, el ingreso ganado por esa subsidiaria está exento de contribuciones estadounidenses hasta tanto dichos ingresos se remitan a la corporación matriz estadounidense como dividendos entre empresas. Las contribuciones sobre los ingresos de fuentes extranjeras pueden de este modo posponerse indefinidamente. Esta característica del *Código de Rentas Internas* federal se conoce usualmente como el "principio de contribuciones diferidas".

Puerto Rico encaja en esta estructura como si fuera un país extranjero pero con unas diferencias de gran importancia. Por ejemplo, las corporaciones y empresas estadounidenses pueden reclamar el crédito de las contribuciones puertorriqueñas como crédito por contribuciones extranjeras.[1] Además, a Puerto Rico no se le considera parte de Estados Unidos para propósitos contributivos.[2] Para las empresas, el efecto es que las corporaciones constituidas en Puerto Rico son consideradas como corporaciones extranjeras y no se les impone contribuciones estadounidenses sobre los ingresos ganados fuera de Estados Unidos continentales. Entonces, como en el caso de las corporaciones extranjeras, las corporaciones estadounidenses radicadas en Puerto Rico pueden ejercitar el principio de las contribuciones diferidas.

Sin embargo, la mayoría de las empresas que invierten en Puerto Rico, en vez de diferir las ganancias, utilizan el crédito contributivo para las posesiones, un beneficio contributivo alternativo que no está disponible para países extranjeros. El crédito, dispuesto por la Sección 936 del Código de Rentas Internas federal, provee exención total de las contribuciones federales en lugar de mera posposición y las firmas estadounidenses con operaciones en Puerto Rico lo utilizan mucho. Conforme a sus términos, las corporaciones estadounidenses que llenan los requisitos, pueden obtener crédito contributivo igual a las contribuciones sobre ingreso federales que de otro modo adeudarían por concepto del ingreso de operaciones comerciales activas y ciertas inversiones financieras en Puerto Rico. De ese modo, aunque la Sección 936 técnicamente provee un crédito contributivo, el crédito constituye, en efecto, una exención contributiva sobre ingresos ganados en Puerto Rico. Para poder reclamar el crédito, la firma debe estar constituida en Estados Unidos (una corporación subsidiaria, por lo tanto,

---

[1] *Código de Rentas Internas de EE.UU.*, Sección 901(b).
[2] *Código de Rentas Internas de EE.UU.*, Sección 7701(a)

no puede llenar los requisitos tanto para el diferimiento como para el crédito contributivo para las posesiones), debe devengar al menos 80 por ciento de su ingreso en las posesiones, y debe derivar por lo menos 75 por ciento de su ingreso de actividades comerciales activas en las posesiones. Las firmas con operaciones abarcadoras en Estados Unidos continentales y en otros lugares, cumplen de ordinario con estos requisitos estableciendo corporaciones subsidiarias aparte para sus operaciones en Puerto Rico.[3]

Por lo general, la sección 936 provee beneficios contributivos más generosos que el principio de diferimiento. Las firmas estadounidenses pueden invertir en Puerto Rico mediante corporaciones constituidas en Puerto Rico y, mientras las ganancias de las subsidiarias no sean repatriadas a las corporaciones matrices en EE.UU., están exentas de contribuciones federales. Sin embargo, cuando se repatrian las ganancias, quedan sujetas a contribuciones federales en manos de la corporación matriz en EE.UU. Conforme a la Sección 936, el ingreso comercial originado en las posesiones devengado por ciertas corporaciones de EE.UU. que llenan los requisitos, está exento de contribuciones federales. Además, como la compañía matriz puede deducir los dividendos recibidos de subsidiarias en EE.UU. (pero no en el extranjero) del ingreso sujeto a contribuciones, el ingreso originado en las posesiones tampoco paga contribuciones al ser repatriado a la compañía matriz.

Pasando ahora a los individuos, los puertorriqueños son ciudadanos de Estados Unidos y, como se indicó anteriormen-

---

[3] Para más información sobre el crédito contributivo en las posesiones, véase: Biblioteca del Cogreso de EE.UU., Servicio Congresional de Investigaciones: *The Possessions Tax Credit (IRC Section 936): Background and Issues* [Crédito contributivo para las posesiones (sección 936 del CRI): trasfondo y puntos de discusión]. Informe Núm. 88-200 E. por David L. Brumbaugh. Washington, 1988. pag. 9.

te, los ciudadanos estadounidenses están sujetos a contribuciones de Estados Unidos sobre su ingreso de cualquier parte del mundo. Normalmente, entonces, los ciudadanos puertorriqueños estarían sujetos a contribuciones federales sobre su ingreso de cualquier parte del mundo, al igual que todo ciudadano de Estados Unidos. Sin embargo, se han adoptado disposiciones especiales para Puerto Rico en la sección 933 del Código de Rentas Internas. Conforme a estas disposiciones, las personas que residen todo el año en Puerto Rico, están exentos de contribuciones federales sobre ingreso de fuentes puertorriqueñas. Los residentes de Puerto Rico, sin embargo, están sujetos a contribuciones federales sobre ingreso de cualquier otra fuente geográfica, incluso Estados Unidos continentales. Además, Puerto Rico fija sus propias contribuciones sobre ingreso a residentes de Puerto Rico.

El código también tiene disposiciones especiales para Puerto Rico en cuanto a los arbitrios. La sección 7652 del Código de Rentas Internas dispone que los arbitrios sobre mercancía de manufactura puertorriqueña por lo general se reembolsa o devuelve al erario de Puerto Rico. Desde 1984, sin embargo, se han impuesto ciertas limitaciones a los reembolsos. En cuanto a licores destilados, sólo se reembolsan los arbitrios impuestos al ron. El reembolso de arbitrios sobre otros productos está prohibido a menos que más del 50 por ciento del valor del producto tributado se le añada de hecho en Puerto Rico.[4]

---

[4] Para más información sobre el reembolso de arbitrios, véase: Hoff, Karla. Política contributiva federal de Estados Unidos respecto a los territorios: pasado, presente y futuro. *Tax Law Review*. v. 37. Otoño 1981. págs. 56-7. Para información sobre las limitaciones de 1984, véase: Congreso de Estados Unidos. Comisión conjunta sobre tributación. *Explicación general sobre las disposiciones de ingresos en la Ley para reducir el déficit de 1984*. Impresos de la comisión conjunta. 98º Congreso. 2ª sesión. Washington. Oficina de Impresos de E.U., págs. 1222-1226.

ESTADIDAD

La opción de estadidad que se especifica en el P. del S. 712, dispone en términos generales que al fin y a la postre Puerto Rico recibirá el mismo trato que los demás cincuenta estados para propósito de contribución sobre ingresos federales. Los individuos que residen en Puerto Rico estarían sujetos a contribuciones federales sobre sus ingresos de cualquier parte del mundo. Y, por lo menos a la larga, las corporaciones estarían sujetas a tributación federal total sobre ingresos devengados en Puerto Rico: ni el crédito contributivo para las posesiones, ni el diferimiento serían pertinentes. Pero, si bien el proyecto dispone que "Las disposiciones del Código de Rentas Internas sobre contribución sobre ingresos federal tendrá vigencia inmediata en Puerto Rico" (sección 16 del proyecto), el lenguaje sobre estadidad del P. del S. 712 también contiene disposiciones importantes de transición, diseñadas para "facilitar el ajuste del Estado Libre Asociado de Puerto Rico de la estructura contributiva de territorio al sistema fiscal y económico de estado" (sección 16(a)).

Las disposiciones para la transición incluyen una afirmación de que "El Congreso tomará provisiones para que las excepciones económicas y fiscales del Código de Rentas Internas ya otorgadas" permanezcan en vigor temporeramente. El código tributario de las posesiones está explícitamente incluido en el proyecto como una de las "excepciones" del código tributario. Conforme al proyecto, la Sección 936 también seguiría en pleno vigor por un tiempo indefinido antes de eliminarse el crédito paulatinamente a lo largo de un período que tampoco se especifica.

La exención contributiva de la Sección 993 para individuos residentes en Puerto Rico se interpretaría con toda seguridad como una "excepción" al trato tributario que por lo regular se aplica en el caso de Puerto Rico. La naturaleza del diferimiento de contribuciones sobre ingreso devengado por corporaciones constituidas en Puerto Rico es más incierta, pero también podría considerarse una excepción. Aún así, ninguna de estas disposiciones contributivas está específicamente incluida en el P.del S. 712 como excepción. Por ello, es incierto si se retendrían temporeramente.

Otra disposición de transición tiene que ver con la recaudación de impuestos. La descripción de la estadidad en el proyecto del S. 712 dispone que las leyes de contribuciones sobre ingresos de Puerto Rico quedarían revocadas una vez se admita a Puerto Rico como estado de la Unión, una medida que privaría al gobierno estatal de una importante fuente de ingresos. Sin embargo, según las disposiciones relativas a la estadidad, los recaudos derivados de la aplicación de las contribuciones sobre ingresos federales a Puerto Rico se transferirán al tesoro de Puerto Rico en cantidades que se reducirán gradualmente por un número no especificado de años.

Por último, la descripción de la estadidad provee que el Congreso promulgue un conjunto de proyectos legislativos "para asegurar que el pueblo de Puerto Rico alcance iguales oportunidades sociales y económicas que los residentes de los diversos estados" [Sección 16(c)]

DECLARACION DEL
SENADOR DANIEL PATRICK MOYNIHAN

Quiero hacer constar que cada día que pasa se acrecenta mi sensación de que para la clausura de esta sesión del Congreso y, por tanto, del la sesión 101ª del Congreso, no habremos mandado al Presidente un proyecto de ley que disponga un plebiscito sobre el *status* de Puerto Rico.

No quisiera que esto sucediera. Por el contrario. Lo que voy a decir es delicado. Tengo una idea limitada, y espero que suficiente, de cuán delicado es. No intento ofender a nadie y sinceramente espero que a fin de cuentas no cause agravio alguno.

Todos recordamos con las grandes expectativas que se presentó este asunto a nuestra consideración en los inicios de la primera sesión de este Congreso. El 17 de enero, el Líder de la Mayoría recibió una carta de los presidentes de los tres partidos políticos principales de Puerto Rico (el Portavoz de la Cámara y el Presidente recibieron cartas idénticas) solicitando una "solución del asunto del *status*" mediante el voto del pueblo del Estado Libre Asociado. El texto lee como sigue:

"En las pasadas elecciones celebradas el 8 de noviembre de 1988, los tres partidos políticos, que representan las tres alternativas para el *status* final del Pueblo de Puerto Rico, incluyeron la necesidad de resolver el asunto del *status* político en las plataformas que presentaron al electorado.

En armonía con la plataforma del Partido Popular Democrático, el Gobernador de Puerto Rico anunció en su mensaje de instauración el propósito del Gobierno de Puerto Rico de urgir con el Gobierno de Estados Unidos de América la solución del asunto del *status*, y convocó una reunión con el liderato del los tres partidos que representan las tres fórmulas políticas.

En consecuencia, nosotros, los Presidentes –del Partido Popular Democrático en representación del estado libre asociado, el Partido Nuevo Progresista en representación de la estadidad y el Partido Independentista Puertorriqueño en representación de la independencia– acordamos expresar al Presidente y al Congreso de Estados Unidos de América, que el Pueblo de Puerto Rico desea que se le consulte en cuanto a su preferencia en relación con su condición política final y que dicha consulta deberá tener la garantía de que la voluntad del Pueblo una vez expresada se pondrá en práctica mediante una ley del Congreso que establecerá los mecanismos y procedimientos adecuados a esos efectos.

Con la intención de formular tal ley del Congreso, solicitamos reunirnos con usted tan pronto le sea posible.

Conscientes de que desde que Puerto Rico cayó bajo la jurisdicción del Estados Unidos de América en virtud del

Tratado de París, el Pueblo de Puerto Rico nunca ha sido consultado formalmente por Estados Unidos de América en cuanto a su preferencia en torno a su condición política final, y conociendo que estamos tomando una decisión trascendental en la historia de Puerto Rico y confiados en el compromiso de Estados Unidos de América y del Pueblo de Puerto Rico con los principios de autodeterminación y del gobierno por consentimiento de los gobernados, quedamos,

Atentamente,

Baltasar Corrada del Río, presidente del Partido Nuevo Progresista; Rafael Hernández Colón, presidente del Partido Popular Democrático; Rubén Berríos Martínez, presidente del Partido Independentista Puertorriqueño.''

Semanas más tarde, en un discurso ante la Sesión Conjunta del Congreso, el 9 de febrero de 1989. el Presidente Bush endosó esta propuesta. Dijo:

"Esta noche, he decidido mencionar aquí otro asunto. Siempre he sido de la opinión que el pueblo de Puerto Rico debe tener el derecho de determinar su propio destino político. Personalmente favorezco la estadidad. Pero le pido al Congreso que tome los pasos necesarios para permitir que el pueblo decida en un plebiscito."

La respuesta en Puerto Rico fue de gran satisfacción y de mayor interés aún. Un año atrás, en junio, acepté la amable invitación de la Comisión de Energía y Recursos Naturales para tomar parte en una vista pública en torno a este asunto en San Juan. Es probable que una tercera parte de la población de la isla veía las vistas televisadas durante el día, y dos terceras partes veían las reposiciones por la noche. Esa misma noche no podía caminar por la ciudad sin que me saludaran por mi nombre, por lo general con un comentario apto sobre las (pocas) preguntas que había hecho ese día. La Comisión de Energía siguió adelante con eficiencia deliberada, y el 2 de agosto informó el proyecto que se encuentra bajo la consideración de la Comisión de Finanzas.

De eso hace nueve meses. No ha sucedido nada. Tal parece que nada fuera a suceder. El 10 de abril, el presidente de la Subcomisión de Asuntos Internos e Internacionales, dijo:

"La Cámara todavía espera por la legislación del Senado que fue prometida el año pasado. Muy pronto llegaremos al punto de que será imposible aprobar una ley en la Cámara".

¿Qué sucedió?

Aquí me veo obligado a admitir, es más, a afirmar, los límites de mi conocimiento, más aún los de mi comprensión. Puerto Rico no me es desconocido. Lo visité por primera vez cuando estaba en la Armada hace casi medio siglo. (Y ahora que lo pienso, antes de eso había pasado más ratos de los que mi madre supo en un billar llamado Los Muchachos en el primer barrio de Manhattan, al norte de la Calle 96, donde el subterráneo salía a la superficie en Park Avenue). Durante la administración de Kennedy, llegué a conocer y a admirar a Luis Muñoz Marín y, de hecho, laboré con muchos de sus lugartenientes y asociados. Noté que para ellos el término inglés "Commonwealth" era en español "Estado Libre Asociado" habiéndose dispuesto en una de las reuniones de partido, que éste último nunca se tradujera palabra por palabra al inglés.

En las Naciones Unidas me encontré con las feroces acusaciones de Cuba y otros elementos de las llamadas naciones no-alineadas de que Puerto Rico estaba sujeto a cautiverio colonial. A nombre del Presidente Ford riposté con igual ferocidad, espero, que la política fija de Estados Unidos era que el pueblo de Puerto Rico era libre de escoger cualquier relación con Estados Unidos que deseara: estado libre asociado, estadidad o independencia.

Poco después vine al Senado y éste es mi décimocuarto año en la Comisión de Finanzas. En este tiempo me he visto, de modo recurrente, bregando con asuntos que afectan a Puerto Rico de las formas más directas e importantes. Creo ser justo al decir que mis colegas han dado por sentado que mi interés en estos asuntos refleja la gran cantidad de puertorriqueños residentes en el estado de Nueva York, lo cual es sin duda cierto. Pero refleja además mi experiencia en las Naciones Unidas y, en general, con el proceso de colonización y descolonización. Porque, no se equivoque nadie, Puerto Rico fue, en primera instancia, despojo de una guerra colonial. Se convirtió en una colonia norteamericana. Desde entonces ha evolucionado en algo mucho más que eso, pero nadie debe poner en duda la naturaleza explosiva de la relación original.

Más aún, comencé a intuir cuán precaria era la situación de Puerto Rico en el Congreso. No tenía miembros plenipotenciarios. Un comisionado residente sin voto en la Cámara; nadie en el Senado. Así es que en noviembre de 1984, la administración Reagan anunció una revisión total del Código de Rentas Internas. La primera versión, conocida como Hacienda I, sencillamente abolió la Sección 936 del Código, la piedra angular de toda la política de desarrollo que concibieron Muñoz y los de su época. Logramos impedirlo: pero a duras penas. Hacienda I era labor del gobierno permanente: retornaría.

Esta experiencia sólo confirmó mi opinión de que la estadidad vendría antes de lo que nadie pensaba. Había expresado esta opinión en un discurso desde el hemiciclo del Senado el agosto anterior.

"Habiendo conocido a Luis Muñoz Marín y siendo amigo y admirador de tantos líderes puertorriqueños que continúan su tradición, debo decir que siempre supuse que esta tradición contempla el estado libre asociado como un *status* intermedio, de transición.

Las ventajas económicas pasajeras pueden ayudar a preparar a una sociedad para la estadidad pero nunca pueden, por tiempo indefinido, valer más que las ventajas civiles de la plena ciudadanía que sólo la estadidad puede confirmar.

Anticipo un Puerto Rico que aparezca a nuestros

portales afirmando que la obligación de la ciudadanía nunca puede llenarse a cabalidad por una ciudadanía incompleta. En una palabra, anticipo el día cuando un sentido de igualdad puertorriqueña anime un sentido de la responsabilidad compartida entre iguales.

Lo que temo es un Puerto Rico que acuda a nosotros en frustración y resentimiento ante lo que considera trato desigual, buscando en la estadidad resarcir desagravios en lugar de una respuesta al deber. ¿Parecen estos términos arcaicos, idealizados? Tal vez. Sin embargo, creo que serían reconocidos por los fundadores de esta república, quienes no tienen disculpas algunas que pedir en cuanto al realismo de sus ideales."

Podría añadir que en esa ocasión defendía el derecho de Puerto Rico a recibir de vuelta los arbitrios sobre licores producidos allí. Esto no es nada nuevo. El segundo proyecto promulgado por el primer Congreso impuso un arbitrio sobre el ron caribeño. Concluí:

"Exhorto al Senado a considerar esta medida y, en particular, espero que interese a nuestros distinguidos portavoces de la mayoría y la minoría quienes algún día, ellos o sus sucesores, se encargarán desde el hemiciclo de este Senado de la solicitud del Estado Libre Asociado de Puerto Rico para ingresar a la Unión Americana, solicitando que se honre un compromiso contraído en repetidas ocasiones con el pueblo de Puerto Rico."

A lo largo de los años, mi opinión no ha cambiado. Es conocida en Puerto Rico y debe hacerse constar en el debate actual. Pero debo levantar un punto importante al respecto. No desapruebo del *status* de estado libre asociado. Al contrario, he llegado a intuir que para muchos de los de Muñoz y sus seguidores, el estado libre asociado no era una transición, un punto intermedio anterior a la estadidad. Era, por el contrario, la opción económicamente viable más parecida a la independencia. O, al menos, era algo menos que la absorción por la unión del continente.

Eso lo respeto. Tal y como respeto a aquellos para quienes la independencia es el único desenlace admisible. Mi preocupación es que prosiga el proceso para efectuar una selección viable.

Dejando aparte la independencia, donde ninguna de las dos consideraciones surge, aquellos que escogerían entre la estadidad y el estado libre asociado confrontan un dilema básico.

Es el siguiente.

La estadidad conlleva automáticamente un aumento enorme en los beneficios de bienestar social. Para apreciar la magnitud, consideren el Programa de Ingresos Suplementarios. Los beneficios actuales en el estado libre asociado son como $32 al mes para los ciegos, incapacitados y envejecientes sin suficiente Seguro Social u otros beneficios. El día en que la estadidad entre en vigor, estos beneficios aumentarán a $386, un aumento de diez veces que de ahí en adelante quedará automáticamente sujeto al índice inflacionario. Ocurrirá algo muy similar en lo que hoy por hoy es una amplia variedad de programas. En los años 50 y posteriormente, estos beneficios o bien no existían en Estados Unidos, o variaban mucho de estado en estado. En los últimos 30 años, sin embargo, la tendencia ha sido mayor hacia adoptar normas nacionales de beneficios.

El impacto de la estadidad sobre tal vez hasta la mitad de la población de la isla, sería instantáneo y profundo. Y aún así, al mismo tiempo la estadidad representa perder los beneficios de la Sección 936 para la industria, de forma que la economía pierde un estímulo que ha sido absolutamente central al crecimiento económico de las últimas dos generaciones. (La Sección 936, por cierto, fue un programa iniciado en la década de 1920 para estimular la inversión en las Filipinas).

El estado libre asociado, por el contrario, retiene –al menos por un período– el estímulo económico de la Sección 936. Pero esto probablemente representa la continuidad de un nivel bajo de beneficios de bienestar social. Y la falta de una gama considerable de impuestos federales. Dadas esas perplejidades, yo sugeriría varias cosas.

En primer lugar, la rama ejecutiva y el Congreso tienen que emprender tanto análisis como permita el tiempo disponible. Sin intención de criticar, debo afirmar que algunos departamentos de la rama ejecutiva han permanecido prácticamente mudos sobre el asunto. El Tesoro, al menos ha comparecido ante nosotros y "endosado" el P. del S. 712 según lo informó la Comisión de Energía, y brindó varias sugerencias y reservas. Otros departamentos cuyos programas se afectan, han venido aquí sin opinión y con menos datos.

En segundo lugar, los partidos en Puerto Rico debieran evitar asumir posiciones que susciten ansiedad aquí en el Congreso. Los que apoyan la estadidad debieran ser muy cautelosos en cuanto a divulgar los atractivos de bienestar. Los miembros del Congreso que simpatizan del todo con el pueblo de Puerto Rico –después de todo, son nuestros conciudadanos– podrían muy bien no desear que cayeran en la "trampa del bienestar," como se le llama, y con razón. Consideren el programa de Cupones de Alimentos, por ejemplo. Este comenzó a principios de 1975. Para 1982, el 60 por ciento de la población puertorriqueña recibía cupones de alimentos. Esto costaba al gobierno federal unos $.9 mil millones al año. Pero, ¿qué le costó al pueblo de Puerto Rico? Tengo que informar que mi impresión de viajes al interior es que prácticamente destruyó la agricultura puertorriqueña. Como es bien sabido, el Congreso redujo el programa luego de eso.

De modo similar, quienes apoyan la prolongación del estado libre asociado deben cuidarse mucho de dejarse persuadir de que el mejor curso de acción es posponer un plebiscito, dada la aparente preferencia por la estadidad que las encuestas de opinión reflejan en la actualidad. Ahora es corriente leer sobre esto en la prensa puertorriqueña. Presumiría de sugerir, por ejemplo, que no hay razón por la cual la Cámara de Representantes debe esperar por el Senado para un proyecto de ley.

Que redacten su propio proyecto e iremos a conferencia con ellos. Esta es nuestra forma usual de trabajar. Quisiera que se pudieran oir en San Juan los gritos de por qué la Cámara parece estar esperando que se acabe el tiempo. Porque nadie va a ganar si eso sucede o, al menos, ésa es mi opinión. En cuanto al *status* de estado libre asociado "desarrollado", con seguridad la Comisión de Finanzas querrá considerar el asunto. Formularé propuestas. Espero que otros lo hagan también. Pero el tiempo apremia.

A fin de cuentas, los asuntos de importancia que aquí se plantean son cívicos, no económicos. ¿Quiere el pueblo de Puerto Rico ser norteamericano? Porque eso es lo que la estadidad conlleva ineluctablemente. Eso es lo que trae la estadidad. ¿O quieren retener una identidad aparte? En, pero no dentro, de la unión americana. Esto podría ser una opción totalmente inteligente y, por supuesto, resta la opción de la estadidad o independencia eventual.

Pero, para decirlo una vez más, el Congreso tiene que tomar acción. Hace casi un siglo desde que William Graham Summer compuso su epitafio mordaz a la Guerra Hispanoamericana titulado "La conquista de Estados Unidos por España". Su teoría, por supuesto, era que al ingresar en las listas colonialistas, nos volveríamos como otras naciones imperiales y sufriríamos la misma decadencia y deterioro. Bueno, eso no ha sucedido. Pero no lo sabremos hasta que sea meridianamente claro que las opciones que ofrecemos a Puerto Rico son de hecho equitativas y eficaces. Lo que es decir, una oferta que pronto redunde en una selección.

Solicito que dos editoriales importantes, uno del *New York*

346

Times y otro del *Washington Post*, se añadan a esta declaración. [Del *New York Times*, 1 de abril, 1990]

LOS ESTADOS 51 Y 52

Puerto Rico no es la Lituania de América pero no es feliz con su *status* como un estado libre asociado sumamente dependiente. Una abrumadora mayoría de 3.3 millones de isleños coinciden en que quieren un cambio. Pero hasta ahí llega el consenso, según está descubriendo el Congreso. Lo que aumenta la confusión es una campaña paralela pero inconexa para otorgar la estadidad al Distrito de Columbia.

Un proyecto del Senado apoyado por la Administración de Bush, brindaría a los puertorriqueños la oportunidad de escoger el año que viene, mediante una votación de resultado obligatorio, entre estadidad, estado libre asociado mejorado o independencia. El problema es asegurar una selección justa. Si uno u otro lado tiene razones plausibles para alegar mala fe, el plebiscito podría prolongar el argumento que pretende concluir.

Por primera vez las encuestas muestran que una escasa mayoría de puertorriqueños favorece ahora la estadidad. A medida que ha cambiado el sentir, así también el ritmo de un debate prolongado. Quienes favorecen la estadidad se unen ahora a los partidarios de la independencia en condenar el colonialismo. Aquellos que claman por el estado libre asociado desarrollado sostienen que el proyecto del Senado está recargado injustamente a favor de la estadidad.

El argumento emana de una historia complicada. Estados Unidos adquirió a Puerto Rico de España casi incidentalmente en 1900. En 1917, los puertorriqueños se convirtieron en ciudadanos norteamericanos pero no fue sino hasta 1947 que eligieron un gobernador. Cinco años más tarde, el Congreso aprobó un ingenioso arreglo de *commonwealth* que daba a la isla hispano parlante autonomía y exención de impuestos federales pero no el voto en elecciones federales.

Económicamente, el plan era sensato. Usando el incentivo

contributivo adicional que se conoce como la Sección 936 del Código de Rentas Internas, Puerto Rico ha provisto incentivos generosos para los inversionistas continentales. Pero en términos políticos, la isla ha sido prácticamente pupila del congreso, carente de la influencia que esgrimiría si tuviese dos senadores, seis o siete representantes más el voto presidencial.

La sensación de ser ciudadanos de segunda categoría ha dado un ímpetu potente a la campaña estadista. A medida que ha aumentado el sentimiento estadista, también la incertidumbre sobre las exenciones contributivas de Puerto Rico, lo cual ha ocasionado que los inversionistas se abstengan. Para concluir el debate de una vez por todas, el Gobernador Rafael Hernández Colón, partidario del estado libre asociado, propuso un plebiscito decisivo.

Pero ahora culpa al proyecto del Senado de ser "peligroso y terriblemente desbalanceado". A lo largo de cuatro años, introduciría gradualmente impuestos federales y eliminaría la Sección 936. Entre tanto, dice la Oficina Congresional de Presupuesto (CBO, por sus siglas en inglés) la estadidad costaría a otros contribuyentes de Estados Unidos tanto como $9.4 mil millones más en gastos federales sociales: más de la mitad de la población de la isla permanece por debajo del nivel nacional de pobreza.

El ex gobernador Carlos Romero Barceló, un proponente de la estadidad, tiene una visión muy distinta. Cita de modo convincente el trato preferencial similar brindado a otros estados entrantes. El Congreso puede remediar el balance redefiniendo la opción de estado libre asociado para conceder a sus proponentes más de lo que buscan: una participación mayor en el plano internacional, puerto libre para el transporte aéreo, voz en los nombramientos federales y jurisdicción sobre los recursos naturales.

Lo que es fundamental y no se puede debatir es el derecho de Puerto Rico a la autodeterminación. La selección es primordialmente entre dos formas de asociación con Estados Unidos. Aún la minoría que favorece la independencia cuenta con la razón más que con la pasión. El Congreso puede reciprocar, especificando con claridad y equidad con qué pueden contar los puertorriqueños, voten como voten.

[Del *Washington Post*, 24 de abril, 1990]

LA ESTADIDAD PUERTORRIQUEÑA

Un Congreso, en su mayoría indiferente, está jugando un jueguito con el pueblo y el futuro de Puerto Rico. El asunto es uno recurrente en la política de la isla sobre estadidad o independencia versus el actual *status* mixto de estado libre asociado.

El partido del estado libre asociado ganó los últimos comicios en la isla en 1988, pero fue por poco. Con la esperanza de arrebatar el perturbante asunto del *status* a los partidarios de la estadidad que les están pisando los talones, los estadolibristas decidieron solicitar del Congreso un plebiscito de resultados obligatorios. Los puertorriqueños optarían entre las tres abarcadoras relaciones con Estados Unidos y el Congreso accedería de antemano a llevar a efecto el resultado.

Los otros partidos puertorriqueños también apoyaron la idea, así como la Administración, que ha declarado favorecer la estadidad. Entonces vino el problema, que persiste, de definir las alternativas sobre las cuales se votaría. La Administración quería dejarlas imprecisas. La Comisión Senatorial de Energía y Recursos Naturales resistió, con razón, so color de que los votantes debían saber por qué votaban. Pero la comisión produjo entonces un proyecto con deformidades serias, ladeado pronunciadamente hacia la estadidad. La legislación recargaba la opción de la estadidad al disponer que los beneficios aumentarían ensequida y las contribuciones más tarde. Las encuestas de opinión en la isla registraron un cambio instantáneo hacia la estadidad.

Ahora la Oficina Congresional del Presupuesto ha llevado a cabo un estudio sobre el probable efecto económico de la estadidad, según la traza el proyecto de la comisión. Desde lo que se podría llamar el punto de vista de bienestar social, la isla ganaría (y el Tesoro perdería). Los beneficios no sólo aumentarían antes que los impuestos, sino tanto como de $2 a $3 mil millones más al año. Pero la economía puertorriqueña depende de una disposición especial del Código de Rentas Internas de Estados Unidos que exime de contribuciones parte del ingreso de compañías estadounidenses que invierten allá. Una condición de la estadidad es que esa exención se eliminaría gradualmente. La CBO dice que ello significaría pérdida de empleos y que en diez años esa pérdida de empleos sería mayor que el aumento en beneficios. Puerto Rico sería más dependiente y estaría en peores condiciones.

El proyecto está ahora ante la Comisión de Finanzas, cuyo presidente ordenó el estudio de la CBO. Finanzas, que tiene jurisdicción sobre contribuciones y muchos programas de beneficios, tiene señaladas vistas estas semanas. La Comisión de Agricultura, que tiene jurisdicción sobre el programa de cupones de alimentos, uno de los apoyos principales de la isla, tiene también que rendir informe antes de que el proyecto pueda pasar al hemiciclo. Entonces tendrá que repetirse todo el proceso en la Cámara. No hay tiempo y, por ello, no es probable que haya un proyecto. Dado el modo en que se ha maltratado y mutilado la idea hasta ahora, sería un desenlace compasivo. Entre tanto, sin embargo, han estado zangoloteando al pueblo de Puerto Rico.

[Del Acta del Congreso, 27 de abril, 1990]

LA DESCOLONIZACIÓN DE PUERTO RICO

Sr. Moynihan. Sr. Presidente, la empresa descolonizadora que inició el Presidente Woodrow Wilson en su discurso de Los Catorce Puntos persiste aún. Lo que se conoció una vez como el Territorio Mandatorio de África del Sur Oeste acaba de convertirse en la nación independiente de Namibia. Los titulares se refieren en su mayoría a lo que es, de hecho, una lucha de descolonización entre la Unión Soviética y su colonia, Lituania. El Senado acaba de asignar fondos para las víctimas de un temblor de tierra en otra colonia soviética, Armenia. La descolonización del imperio soviético es un asunto que ocupará nuestra atención tal vez hasta por décadas venideras.

Hoy, sin embargo, me levanto para recordar a mis colegas que Estados Unidos no ha sido inmune a los atractivos de la formación de imperios. Vivimos una vez en la era del Almirante Mahan y en la era de barcos carboneros de línea y de la necesidad estratégica de una línea de global de estaciones carboneras. Los estrategas norteamericanos escribieron sobre la vital necesidad de que América tuviese estriberones a lo largo del Pacífico: Hawai, Guam, las Filipinas. Las publicaciones de Hearst suscitaron una histeria bélica contra España por su modo de tratar a Cuba. Entonces, el 15 de febrero de 1898, el acorazado Maine se fue a pique en la bahía de La Habana y se perdieron 268 vidas norteamericanas. Los belicosos alegaron que España era responsable y exigieron venganza y América fue a guerra con el grito de "¡No olviden el Maine!".

Sr. Presidente, ahora sabemos que no fue una mina española lo que hundió el Maine. En una investigación magistral dirigida por el Almirante Hyman Rickover, la Armada de Estados Unidos concluyó en 1976 que "Con toda probabilidad, el Maine fue destruido por un accidente que ocurrió dentro del barco". Pero no importa.

Fuimos a la guerra contra España manifiestamente por el modo que trataban a nuestros vecinos en Cuba y por el hundimiento del Maine en Cuba, pero fue en las Filipinas donde el Almirante Dewey dio el primer golpe, hundió con destreza la armada española y le ganó a Estados Unidos un imperio en el curso de una tarde de trabajo. Entonces invadimos Cuba, derrotamos las fuerzas españolas y adquirimos, en el proceso, la isla de Puerto Rico. Al fin de la guerra y como resultado del Tratado de París, América se convirtió en un imperio transoceánico. La fase imperial de América tenía todos los visos de la mentalidad paternalista, colonialista. Muchos norteamericanos se ríen de la *France mission civilitrice* pero se olvidan de que William Howard Taft se comprometió a cuidar de "nuestros hermanitos pardos" en las Filipinas.

La mayoría de este imperio ya ha sido largado, pero todavía estamos luchando con el problema de la isla de Puerto Rico. Durante 2 años Puerto Rico fue gobernada por los militares y desde 1900 a 1952 la isla ha sido gobernada, francamente, como una posesión de Estados Unidos. No tenía "gobierno propio" en el idioma de la Carta de las Naciones Unidas.

¿Es Puerto Rico una colonia hoy en día? Obviamente no. En julio de 1952, Puerto Rico se convirtió en un estado libre asociado con pleno gobierno propio. Su constitución fue aprobada por casi 82 por ciento de los votantes. En ocasiones repetidas, sus ciudadanos han tenido oportunidad de expresar su opinión a través de elecciones libres y abiertas. En 1967 sólo 0.6 por ciento de sus votantes optaron por la independencia.

Y aún así, Sr. Presidente, sería una insensatez ignorar el legado colonial de la isla. Fue una colonia. Este hecho requiere sensibilidad especial por parte de Estados Unidos, una sensibilidad que no estoy del todo seguro estamos demostrando hoy. Si nosotros no hacemos caso al legado colonial de Puerto Rico, el mundo lo hace. Las resoluciones para investigar el *status* de Puerto Rico se convirtieron en norma del Comité de Descolonización de la ONU a principio de la década de los años setenta. Sólo el cabildeo más intenso evitó la adopción de una resolución similar en 1975, un suceso que el *New York Times* celebró como "una victoria para el sentido común". Me place informar que desde entonces Estados Unidos ha logrado impedir resoluciones condenando el papel de Estados Unidos en Puerto Rico.

Sr. Presidente, ¿continuará esta situación? No podemos asegurarlo. Es un asunto sumamente delicado. Estamos en proceso de considerar arreglos para un plebiscito allí y temo que aquí se le esta prestando muy poca atención a este importante proceso. Solicito el consentimiento unánime para que [se incluya en el Acta] una declaración que hice ayer en la Comisión de Finanzas y un artículo del *San Juan Star* sobre una visita congresional a la isla en junio de 1989.

Espero que mis colegas presten cuidadosa atención a esta situación. Sr. Presidente, exhorto a mis colegas a trabajar diligentemente para facilitar el paso de Estados Unidos por esta etapa final de su proceso de "descolonización".

No habiendo objeción, se ordenó la impresión del material en el Acta, según sigue:

Declaración del Senador
Daniel PatrickMoyniham

(*New York Times*, 1 de abril, 1990)
"Los Estados 51 y 52"

(*Washington Post*, 24 de abril, 1990)
"La estadidad puertorriqueña"

[Del *San Juan Star*, 17 de junio, 1989]
SENADORES INDIFERENTES AL PLAN
DEL PPD PARA "TRATO ESPECIAL"
(por Carlos Galarza)

Los senadores de EE.UU. persistieron en su frialdad hacia la propuesta del Partido Popular Democrático de que se le trate de modo especial en términos de política federal, durante las vistas celebradas el viernes en el Viejo San Juan.

Cuando el vicepresidente del PPD, Miguel Hernández

Agosto, defendió la propuesta clave del partido para obtener trato legislativo especial del Congreso, la idea obtuvo el mismo rechazo que cuando el Gobernador Hernández Colón la propuso en Washington hace dos semanas.

El Sen. J. Bennett Johnston, (D.-La.), presidente de la comisión de Energía y Recursos Naturales del Senado y el portavoz Republicano, Sen. James McClure de Idaho, rechazaron dar a Puerto Rico el poder de retar la vigencia de leyes federales en Puerto Rico.

Hernández Agosto sostuvo que dicha política reduciría los litigios porque Puerto Rico no podría entonces retar ninguna ley federal que el Congreso considerara de "interés nacional preeminente".

Los senadores, a quienes se unió el Sen. Daniel P. Moynihan, demócrata de Nueva York y miembro de la Comisión de Finanzas, no parecieron aceptar el argumento.

Johnston ofreció una contrapropuesta a Hernández Agosto, al sugerir que, a menos que el congreso mencionara a Puerto Rico en la legislación federal, ésta no aplicaría a la isla.

"Es una buena idea pero nos gusta más la nuestra", dijo Hernández Agosto más tarde durante una entrevista. "Veo una actitud muy positiva de parte de ellos en tratar de comprender nuestra propuesta y todo se reduce a negociar este asunto".

Hernández Agosto fue uno de los oradores principales en las vistas celebradas durante todo el día en el Centro de Recepciones del Gobierno y en las que un verdadero desfile del liderazgo político de la isla se dirigió a los senadores sobre el *status* y un propuesto plebiscito.

El Comisionado Residente del PPD, Jaime Fuster, quien precedió a Hernández Agosto en el estrado, también defendió la propuesta de política federal. "Somos susceptibles en cuanto al asunto de la política federal según se aplique a Puerto Rico", dijo.

Johnston y los demás senadores pasaron un mal momento cuando confrontaron la izquierda radical del movimiento independentista de la isla.

El Secretario General del Partido Socialista Puertorriqueño, Carlos Gallisá, les señaló con el dedo y dijo: "Ustedes representan el poder colonial y no pueden ser juez y parte en este proceso".

Gallisá fue sucedido en el estrado por el ex Secretario General del PSP, Juan Mari Bras, quien predijo que los senadores verían "miles de independentistas" asistir hoy a una demostración.

"Verán que el pueblo no será asimilado", Mari Bras dijo a los senadores.

La demostración auspiciada por el PIP comenzará a las 10 de la mañana con una reunión frente al complejo deportivo de El Escambrón y concluirá con una marcha al lugar de las vistas.

El ex Comisionado Residente Jaime Benítez habló en favor del estado libre asociado desarrollado.

"Si el PPD no hubiese cometido el error de perder las elecciones en 1976, a estas alturas ya hubiésemos desarrollado el estado libre asociado porque eso es lo que quiere el pueblo", dijo.

Los otros proponentes claves del PPD que testificaron durante la sesión matutina fueron el Presidente de la Cámara José "Rony" Jarabo, quien saludó a los senadores diciendo, "Bienvenidos al mundo maravilloso del *status* político puertorriqueño, donde todo es blanco y negro, bueno y malo..."

El ex presidente del PNP Baltasar Corrada del Río fue uno de cuatro miembros de la facción pro estadista que testificaron en la mañana.

Atacó el *status* de estado libre asociado, la exención corporativa bajo la Sección 936 del Código de Rentas Internas. Corrada dijo que sin la estadidad los puertorriqueños tendrían "ciudadanía de segunda".

El Sen. Oreste Ramos (PNP-S.J.) dijo que las leyes de Estados Unidos definen a Puerto Rico como un territorio no incorporado y sostuvo que el *status* de estado libre asociado no existe y no puede, por lo tanto, desarrollarse.

El Sen. Rolando Silva (PNP-S.J.) dando un toque personal a su testimonio, dijo que es un veterano de la guerra de Vietnam, que peleó por Estados Unidos y ahora quiere el derecho a igual representación.

El Sen. Nicolás Nogueras (PNP-por acumulación) propuso a los senadores que se someta el *status* de estado libre asociado a un plebiscito por sí solo. Dijo que si no obtiene 51 por ciento de los votos, entonces la estadidad e independencia debieran aparecer solos en un plebiscito final.

Durante la tarde, el Administrador de Fomento Económico, Antonio J. Colorado, fue sometido a fuerte interrogatorio sobre la Sección 936. El y los representantes del sector comercial de la isla dijeron que sin los beneficios 936, la economía de Puerto Rico se colapsaría.

Sin embargo, su testimonio fue disputado por Luis Costas Elena, un pro estadista experto en contribuciones, quien dijo que la 936 podría eliminarse de inmediato sin afectar la economía de la isla.

Citó un informe del Tesoro de Estados Unidos donde decía que los incentivos contributivos de la 936 en Puerto Rico costaron $1.641 mil millones al Tesoro en 1983. Sin embargo, Colorado dijo a los senadores que la 936 no cuesta nada a Estados Unidos.

Moynihan, quien es miembro del Comité de Finanzas del Senado, dijo que la 936 no está a salvo de los intentos del Congreso por eliminarla, como ha sucedido en el pasado.

Las vistas de hoy están pautadas entre 9 a.m. y 12 p.m. Luego de tomar el domingo libre, las vistas concluirán el lunes con una sesión programada de 8:30 a 11:30 a.m.

SENADOR CALMA TEMORES SUSCITADOS
POR MEMORANDO
(Por Manny Suárez)

El Sen. J. Bennett Johnston (D-La) dijo categóricamente el viernes que la ciudadanía norteamericana de los puertorriqueños no sería revocada por el Congreso bajo el estado libre asociado ni la estadidad.

"La ciudadanía no debiera, no será y no puede ser cambiada bajo la estadidad o el estado libre asociado. La ciudadanía no debiera, no será y no puede ser modificada de ninguna manera bajo la estadidad o el estado libre asociado. Está garantizada", dijo Johnston al iniciar aquí las vistas sobre *status* de la Comisión del Senado sobre Energía y Recursos Naturales.

La declaración de Johnston contribuyó a aliviar la controversia sobre la ciudadanía estadounidense de los puertorriqueños desatada a principios de junio por un memorando de la Biblioteca del Congreso.

En una conferencia de prensa anterior al comienzo de las vistas en el Centro de Recepciones del Gobierno en el Viejo San Juan, Johnston dijo además que:

No tiene opinión alguna sobre la magnitud de la mayoría que se necesitaría para permitir que Puerto Rico fuera estado.

No considera que Puerto Rico sea una colonia bajo el estado libre asociado.

En el Congreso está aumentando el apoyo para un proyecto de "vigencia inmediata" que pondría en vigor cualquier preferencia de *status* que seleccionara el pueblo sin más legislación congresional.

Los tres partidos de la isla compartirían por partes iguales una asignación federal de $1.5 millones para ayudarles a llevar a cabo sus campañas plebiscitarias.

La comisión no podrá extender sus vistas en Puerto Rico, según solicitó el Gobernador Hernández Colón.

Johnston trató el asunto de la ciudadanía durante una conferencia de prensa matutina, lo cual ayudó a apaciguar la conmoción suscitada por un miembro del personal de la Biblioteca del Congreso. Durante las vistas sobre el *status* del 1 y 2 de junio, se dio a conocer un memorando de dicho funcionario donde decía que el Congreso podría revocar la ciudadanía estadounidense de los puertorriqueños si la isla se hacía independiente.

Los comentarios de Johnston en el sentido de que el memorando sólo trataba los efectos de la independencia puertorriqueña, fueron elogiados por Hernández Colón, presidente de los Demócratas Populares, partidarios de la autonomía.

Las explicaciones de Johnston, sin embargo, tuvieron poco impacto sobre el ex gobernador Carlos Romero Barceló, líder del Partido Nuevo Progresista, que favorece la estadidad.

"El único modo de garantizar la ciudadanía es la estadidad", dijo. "Bajo el estado libre asociado, siempre habrá dudas, incertidumbre y miedo".

También discreparon de Johnston la Dra. Myriam Ramírez de Ferrer, presidenta de la organización pro-estadista Ciudadanos en Acción Cívica, y el ex-secretario de justicia, Blas Herrero.

Ramírez de Ferrer dijo, "Algo de lo que Johnston tuvo que decir fue para resolver la histeria que suscitó el asunto. Pero, aunque es posible que no nos sea revocada conforme la actual versión del estado libre asociado, no sabemos qué sucedería si la isla se convirtiera en 'república asociada'".

"República Asociada" es la frase que usa el PNP para describir los planes del PPD para las relaciones entre Puerto Rico y Estados Unidos. Los miembros del PNP sostienen que es un plan para la independencia.

Herrero dijo que ha estudiado el asunto y ha descubierto que la legislación sobre ciudadanía es contradictoria.

"El asunto no está tan claro como Johnston lo plantea", dijo. "Terminaré mi estudio en unas dos semanas".

También se le preguntó a Johnston sobre otro memorando al comité donde se decía que la isla tendría que votar abrumadoramente por la estadidad antes de que el Congreso la concediera.

Como ejemplo de la "super mayoría" requerida, el memorando señalaba estados de ultramar como Alaska y Hawai que sostuvieron varios plebiscitos pro-estadidad con 90 por ciento de la votación a favor antes de que se les aceptara en la unión.

"El asunto de la mayoría requerida no es para decidirse en este momento", dijo Johnston.

Al pedir su reacción, Romero Barceló dijo que el asunto de "super mayoría" fue suscitado por Hernández Colón y el PPD.

"Si hay que tener una super mayoría debiera ser para el estado libre asociado, que nos despoja de los representantes y senadores y de la soberanía", dijo. "Para poder participar como estado todo lo que se necesitaría es mayoría".

Aida Montilla, quien asistió a la conferencia de prensa como analista de WPAB Radio en Ponce, preguntó si la comisión realmente tiene intenciones de resolver el *status* "colonial" de la isla.

"Esa es una pregunta capciosa", Johnston respondió. "Responder sí o no es decir que creo que el *status* de Puerto Rico es colonial y yo no creo eso".

Montilla, profesora jubilada de la Universidad de Puerto Rico, apoya abiertamente la independencia y está en turno para dirigirse a la comisión el lunes.

Johnston dijo que se han radicado tres proyectos sobre el plebiscito, de los cuales uno tendría "efecto inmediato". Eso quiere decir que el Congreso sentaría los términos conforme los cuales la estadidad o la independencia se otorgarían, dependiendo de cuál alternativa ganara, o qué desarrollo se daría si ganara el estado libre asociado.

[Del *Washington Post*, 2 de junio, 1989]
COMISIÓN DEL SENADO INICIA VISTAS SOBRE PUERTO RICO
(Por Judith Havemann)

Con apasionado testimonio televisado en vivo a Puerto Rico, una comisión del Senado inició ayer vistas encaminadas a resolver de forma permanente el asunto puertorriqueño de si la isla debe procurar convertirse en el estado 51, una nación independiente o un estado libre asociado desarrollado de Estados Unidos.

La Comisión del Senado sobre Energía y Recursos Naturales, que tiene jurisdicción sobre los territorios, comenzó a considerar legislación para que los puertorriqueños decidan su futuro en un plebiscito en 1991.

El problema data de casi 100 años y ha motivado emociones tan profundas en Puerto Rico que unos extremistas intentaron asesinar al Presidente Harry S. Truman en 1950 y balearon la Cámara de Representantes en 1954 en apoyo a la independencia. La cuestión del *status* ha dominado la política en la isla desde la Guerra Hispanoamericana.

Pero con el apoyo firme del Presidente Bush, del presidente de la comisión J. Bennett Johnston (D-La) y de los tres partidos políticos puertorriqueños principales, hay en la actualidad mayores posibilidades de un plebiscito que las que ha habido en décadas.

Los detalles de las tres alternativas han sido sometidos al Senado para que se consideren en vistas en las comisiones sobre energía, finanzas, lo jurídico, comercio y las fuerzas armadas.

"Puedo asegurarles que el Congreso hará cambios sustanciales en las tres definiciones y espero del todo que las ventajas de cada opción serán menos que las propuestas por los partidos", dijo Johnston. "La neutralidad fiscal será uno de los objetivos del Congreso." La isla recibe unos $6 mil millones al año en fondos federales.

El ex gobernador Carlos Romero Barceló abogó por la estadidad. "Somos ciudadanos estadounidenses con una diferencia: somos ciudadanos de segunda categoría que no tenemos voz en el futuro de nuestra nación, que no tenemos voto en Washington".

Cuando los americanos atacaron Libia, "un comandante puertorriqueño de la Fuerza Aérea estaba en medio del ataque y (el Capt. Fernando L.) Ribas Dominicci dio su vida por este país", declaró Romero Barceló. "Su madre no votó por el presidente que dio la orden de tomar acción contra Libia. Ella no tiene derecho a votar; vive en Utuado, Puerto Rico."

Rubén Berríos Martínez, presidente del Partido Independentista Puertorriqueño y educado en Oxford, rebatió con el eco de reclamos que suelen obtener entre 4 y 7 por ciento de los votos en las elecciones en la isla.

La relación entre Puerto Rico y Estados Unidos "con cualquier nombre, y tanto si por imposición como por consentimiento, contradice el principio de democracia representativa, es incongruente con los valores y principios del pueblo norteamericano y constituye para Estados Unidos un motivo de bochorno cada vez mayor ante la comunidad internacional", dijo.

El gobernador Rafael Hernández Colón, hablando en favor de lo que llamó la solución "realista" del "estado libre asociado desarrollado", llamó la independencia "irrealizable", señalando que "arruinaría la economía puertorriqueña y es contraria al deseo inmutable del pueblo de Puerto Rico de retener su ciudadanía norteamericana".

"La estadidad era y es impracticable porque también desbarataría la economía puertorriqueña y no toma en cuenta otro hecho: que los puertorriqueños somos un pueblo, una sociedad distinta con su propia cultura, carácter distintivo y lenguaje", dijo Hernández Colón.

Fue el único miembro del panel que declaró en detalle y se espera que los demás respondan a preguntas hoy.

Hernández Colón exploró varios problemas de importancia: el lenguaje oficial, si se debiera continuar eximiendo a los puertorriqueños de impuestos federales, y si el estado libre asociado se puede mejorar legalmente para permitir a Puerto Rico el grado de autonomía que pretende.

Las fuerzas estadolibristas quieren arbitrios sobre ciertas importaciones extranjeras; acuerdos de transportación aérea bilateral con países extranjeros; un comisionado sin voto en el Senado; recobrar los terrenos federales excedentes; transferencias de fondos en bloque por parte de las agencias federales; testimonio en español en los tribunales federales, cuando se solicite; y el poder de participar en organizaciones y acuerdos internacionales.

El estado libre asociado actual se estableció en 1952. En un plebiscito en 1967, 60 por ciento de los votantes optaron por el estado libre asociado, 39 por ciento apoyaron la estadidad y el partido independentista recibió menos de 1 por ciento de los votos luego de boicotear el proceso.

[Del *San Juan Star*, 2 de junio, 1989]
CENSURAN PROPUESTA *STATUS* DE RHC
(Por Harry Turner)

Washington – El gobernador Hernández Colón y su visión de un estado libre asociado desarrollado chocaron el jueves con un remolino de objeciones del Sen. J. Bennett Johnston (D-La), quien criticó casi todas las propuestas pro autonómicas durante una tarde atormentadora para el gobernador.

Una a una Johnston destrozó las disposiciones del estado libre asociado, sugirió que se eliminaran algunas del proyecto para el plebiscito, dijo que otras debían modificarse severamente y sostuvo que algunas eran irrealizables.

La crítica inflexible de Johnston pareció sacudir a Hernández Colón, quien se veía preocupado y consultaba con sus asesores durante las pausas del primer día de vistas sobre el plebiscito celebradas por la Comisión del Senado sobre Energía y Recursos Naturales.

A aquellos de buena memoria, el ataque recordó otras ocasiones durante los últimos 30 años en que los líderes del Partido Popular Democrático vinieron llenos de entusiasmo al Congreso con propuestas de autonomía para irse sólo con ilusiones quebradas.

El parecer de Johnston es tanto más importante porque es presidente de la comisión y la fuerza motriz tras el plebiscito. Fue a él que Hernández Colón apeló inicialmente el año pasado para poner el proceso plebiscitario en movimiento.

Hernández Colón fue el primer testigo en ser sometido por la Comisión a extenso interrogatorio. El presidente del Partido Independentista Puertorriqueño Rubén Berríos y el presidente del Partido Nuevo Progresista Carlos Romero Barceló, comparecerán hoy.

Las vistas son el inicio del proceso legislativo que supuestamente concluirá en 1991 cuando los residentes de Puerto Rico voten en un plebiscito entre el estado libre asociado desarrollado, la estadidad y la independencia y decidan la baraunda del *status* de Puerto Rico por buen tiempo, si no por siempre.

Aunque de modales apacibles, Johnston fue severo en particular con la propuesta central del Partido Popular Democrático, la creación de una política federal que, de hecho, permitiría al gobierno puertorriqueño rechazar la mayoría de las leyes y los reglamentos federales.

Dicha propuesta requiere que casi todas las leyes y los reglamentos federales tomen en cuenta las condiciones especiales económicas, culturales, ecológicas y de otra naturaleza de Puerto Rico.

Si una ley no lo hace, Puerto Rico podría entonces acudir al tribunal para impedir su aplicación o pedir al presidente que la declare no aplicable si el Congreso no toma acción.

"Creo que esto (permitir que el presidente declare una ley sin aplicación) violaría la separación de poderes", Johnston dijo al gobernador. "Probablemente esta no es una buena forma de hacerlo... Puede que no sea una buena política y que sea irrealizable."

El demócrata de Luisiana también se quejó en varias ocasiones que la política federal propuesta ocasionaría "litigios interminables".

Sin embargo, pareció simpatizar más con dar a Puerto Rico algún tipo de control sobre los reglamentos federales y su administración en la isla.

En lo que aparentaba ser una advertencia a las tres formas de status, Johnston dijo que, dada la situación del déficit presupuestario, él cree que el Congreso no aprobaría un proyecto plebiscitario que redundara en mayor sangría del Tesoro de EE.UU.

"Es seguro que si una definición (de status) incluye aumentos en beneficios, el Congreso buscará la forma de compensar el costo de ese beneficio... El Congreso tendrá la neutralidad presupuestaria como uno de sus objetivos al considerar estas definiciones."

Johnston brindó apoyo a sus palabras al decir a Hernández Colón que las propuestas del estado libre asociado para obligar al Congreso a dar trato igual a Puerto Rico en todos los programas federales –un gasto de entre $850 millones y $1 mil millones al año– no son factibles.

Johnston sugirió que la disposición mandatoria sea sustituida con palabras más moderadas en el sentido de que el congreso adoptaría trato igual como "meta" para alcanzar en el futuro.

Aunque no detalló sus objeciones, Johnston también pareció molesto por el uso de "autonomía" que hizo el liderazgo del

PPD al describir el *enhanced commonwealth* que persigue.

Ante las objeciones continuas del presidente de la comisión, Hernández Colón pareció retroceder en la mayoría de los asuntos durante lo que tiene que haber sido una tarde interminable para él.

Johnston, sin embargo, indicó en una declaración inicial que las otras dos formas de status también compartirán en las críticas por parte de él y el resto de la comisión.

"Les aseguro que el congreso realizará cambios sustancias a las tres definiciones y que espero del todo que las ventajas de cada opción serán menores que las propuestas por los partidos", dijo.

Las vistas del jueves comenzaron en la mañana con breves declaraciones por Hernández Colón, Romero y Berríos sobre sus metas de status. Los tres se sentaron entonces a recibir preguntas preliminares de los miembros de la comisión ante una sala de vistas llena de público, en su mayoría de Puerto Rico.

La gama política de los presentes abarcaba desde el abogado sanjuanero Jorge Farinacci, acusado de terrorista Machetero en un robo a mano armada en Hartford, Conn., hasta el ex Gobernador Luis Ferré, de 85 años, quien relató a la Comisión cómo había testificado por primera vez ante el Congreso en favor de la estadidad en 1936.

La sesión matutina siguió por lo general su curso hasta que Romero y Hernández Colón se fueron por la tangente explicando por qué tantos puertorriqueños no pueden hablar inglés.

Un buen número de los miembros de la comisión estuvieron presentes en la sesión matutina pero por la tarde sólo Johnston y el Sen. James McClure, R-Ida, solían estar presentes.

En su testimonio, Berríos apeló con ardor para que la Comisión adopte salvaguardas para la campaña plebiscitaria de modo que ni el gobierno federal ni el del estado libre asociado puedan sesgar el proceso.

Al preguntársele luego si él creía que Hernández Colón y la administración utilizarían los recursos del gobierno para ganar el plebiscito, soltó una risotada y dijo, "Claro."

Otras propuestas plebiscitarias de importancia planteadas por el estado libre asociado y las reacciones de Johnston a las mismas fueron:

La transferencia al gobierno de Puerto Rico del poder para negociar con países extranjeros sobre rutas aéreas. "Me parece que sería una carga para Puerto Rico", dijo Johnston y sugirió que Puerto Rico podría ofrecer otro tipo de "oferta" sobre rutas aéreas.

Dar poder a Puerto Rico para licenciar barcos atuneros, como parte de una propuesta de jurisdicción que abarque 200 millas mar afuera.

"Probablemente no nos convenga aceptar eso [licenciamiento de atuneros]", comentó el senador.

[Del *Acta del Congreso*, 24 de mayo, 1990]

LA DESCOLONIZACIÓN DE PUERTO RICO

Sr. Moynihan. Sr. Presidente, el *Washington Post* de ayer contiene un artículo importante por el Sr. Rubén Berríos Martínez, presidente del Partido Independentista Puertorriqueño. Se titula, "Puerto Rico, ¿Lituania en Contramarcha?" Me parece que plantea muchos de los asuntos que traté aquí en el hemiciclo del Senado el 27 de abril en una declaración que aparece en el Acta bajo el título de "La Descolonización de Puerto Rico".

Permítaseme decir en primer lugar que las opiniones del Sr. Berríos Martínez merecen la más respetuosa atención. Puerto Rico se obtuvo como colonia de EE.UU. hace casi un siglo –91 años para ser exactos– en una clásica guerra colonial. No hay nada más normal en nuestros tiempos que las colonias adquiridas en los siglos 17, 18 y 19 exijan la independencia en el siglo 20. De hecho, todas menos unos minúsculos vestigios lo han hecho en lo que de llamarse ahora la secuela de la era de descolonización. Puerto Rico es una excepción singular.

La doctrina, porque no es menos que eso, del excepcionalismo americano nos lleva a pensar otra cosa. Notaremos, por ejemplo, que desde 1917 los puertorriqueños son ciudadanos de Estados Unidos. ¿Qué decir? Los argelinos tenían libertad de ser ciudadanos de Francia. La causa de la independencia marcha a un ritmo distinto. En verdad, cuando la Comisión del Senado sobre Energía y Recursos Naturales celebró vistas en San Juan hará un año en junio, la demostración más impresionante con mucho se produjo un sábado por la mañana cuando unos 40,000 partidarios de la independencia marcharon pacíficamente por el local de nuestras vistas –yo estaba presente como invitado de la comisión– cantando "Yankees go home".

He relatado con anterioridad, y ahora abundaré sobre ello, sobre mi participación en este asunto. Durante los años de Kennedy llegué a conocer a los partidarios del Estado Libre Asociado, según el término en español. Adquirí de ellos, y aún tengo la impresión, no puede ser más dado lo limitado de mi conocimiento, que Muñoz y sus seguidores eran nacionalistas de corazón. No veían el estado libre asociado como una transición camino a la estadidad plena. Al contrario, muchos lo veían como una variación aceptable de la independencia. Mas tarde, como representante de EE.UU. ante las Naciones Unidas, tuve que bregar con la resolución cubana del Comité de Descolonización de las Naciones Unidas que trataba sobre "el derecho inalienable del pueblo de Puerto Rico a la autodeterminación e independencia". Nuestra posición, expresada con cierta firmeza a los miembros del Comité de Descolonización, fue que todos los Presidentes desde Harry S. Truman han afirmado ese derecho y que no necesitábamos consejos de un dictador comunista sobre nuestros arreglos políticos. Aún así, noten que se consideró como una considerable "victoria para el sentido común", según comentó el *New York Times* en un editorial, cuando se aprobó una moción para no considerar la resolución en votación de 11 votos a 9. Porque el mundo se compone de ex colonias. La menor de las cuales no es, ciertamente, los mismos Estados Unidos.

Permítaseme reafirmar mi propia opinión de que nuestra relación de hecho ha cambiado en el transcurso de 91 años. El 17 de junio del año pasado, el último día de nuestras vistas, se levantó el asunto del status de Puerto Rico. Comenté, "¿Puerto Rico es una colonia? Podemos decir que fue una colonia... pero, ¿no han cambiado las cosas?" Este comentario se reportó con amplitud y yo creo que es legítimo.

Aún así, entiendo bien la posición de los independentistas, quienes sostienen que no hay otra alternativa que establecer una nación puertorriqueña. El Sr. Berríos Martínez escribe:

"¿Qué hay de malo en la estadidad, la solución tradicional para los territorios poblados por colonizadores en movimiento hacia el oeste o por minorías étnicas que se aglutinan en torno a la forma de vida americana?

Sólo esto: Puerto Rico, una nacionalidad latinoamericana diferente con 60 por ciento de gente que no habla inglés, presenta una situación radicalmente distinta. Los puertorriqueños independentistas nunca rendiremos nuestro derecho inalienable de luchar por la independencia, aun bajo la estadidad. Las minorías y las mayorías vienen y van, pero las nacionalidades permanecen. Estados Unidos es un país unitario, no multinacional, y la estadidad se hizo para los americanos, no para puertorriqueños u otras nacionalidades diferentes."

Entonces esto, con un deje no inmerecido de sarcasmo:

"Un estudio reciente de la Oficina Congresional del Presupuesto estimó que Puerto Rico como estado representa un costo adicional al contribuyente norteamericano de $25.6 mil millones durante los primeros nueve años. Por eso es que el grito de guerra de los estadistas puertorriqueños es 'La estadidad es para los pobres', que está bien lejos de '¡Dénme libertad o dénme muerte!' Para no quedarse atrás, los líderes del estado libre asociado han pedido del Senado de EE.UU. paridad con los estados en cuanto a fondos federales, pero sin que los puertorriqueños paguen impuestos federales".

Por eso es que al abrir la vista de la Comisión de Finanzas el 26 de abril, argumenté que al paso que íbamos –sobre todo sin acción alguna en la Cámara– no tendríamos un proyecto para el Presidente al finalizar esta sesión congresional. Sin intentarlo, quebrantaríamos su promesa de un plebiscito libre en 1991. Repasé los diversos pronósticos y análisis económicos. Pero concluí:

"A fin de cuentas, los asuntos de importancia que aquí se plantean son cívicos, no económicos. ¿Quiere el pueblo de Puerto Rico ser americano? Porque eso es lo que la estadidad conlleva ineluctablemente. Eso es lo que trae la estadidad. ¿O quieren retener una identidad aparte? En, pero no dentro, de la Unión Americana. Esto podría ser una opción totalmente inteligente y, por supuesto, resta la opción de la estadidad o independencia eventual.

"Pero, para decirlo una vez más, el Congreso tiene que tomar acción. Hace casi un siglo desde que William Graham Summer compuso su epitafio mordaz a la Guerra Hispanoamericana titulado "La conquista de Estados Unidos por España". Su teoría, por supuesto, era que al ingresar en las listas colonialistas, nos volveríamos como otras naciones imperiales y sufriríamos la misma decadencia y deterioro. Bueno, eso no ha sucedido. Pero no lo sabremos hasta que sea meridianamente claro que las opciones que ofrecemos a Puerto Rico son de hecho equitativas y eficaces. Lo que es decir, una oferta que pronto redunde en una selección".

Desde entonces, las cosas han mejorado y han empeorado. Han mejorado en la Cámara donde al fin hay alguna actividad legislativa. Han empeorado en la isla donde una visita reciente de representantes de la Casa Blanca suscitó una tempestad de controversia cuando evidentemente dieron la impresión de que la estadidad era la causa del Partido Republicano en Estados Unidos. Ante lo cual el gobernador Hernández Colón acusó al "presidente Bush... de desear la autodeterminación para Puerto Rico del modo que el premier soviético Mikhail Gorbachov desea la autodeterminación para Lituania". (*San Juan Star*, 17 de mayo, 1990).

En cuanto al Senado, la Comisión de Finanzas informará dentro de poco nuestra sección de la legislación plebiscitaria que trata con impuestos, arbitrios y beneficios sociales. En este aspecto, creo que pueden hacerse tres observaciones.

En primer lugar, bajo independencia no habrá nada de lo antedicho. Un regalo de despedida, de seguro. La continuación de algún tipo de relación; el Sr. Berríos Martínez sugiere alguna forma de "opción de libre asociación soberana, según la define el derecho internacional". Pero nada de impuestos, nada de aranceles, nada de beneficios de Seguro Social, salvo aquellos ya ganados.

En segundo lugar, bajo estadidad habrá contribuciones plenas, no se devolverán aranceles –como sucede ahora en parte– y plenos beneficios de Seguro Social y de otros tipos. Las contribuciones y los beneficios se podrían introducir simétricamente por fases, pero al cabo de una década, la situación en Puerto Rico no se podrá distinguir de la de Idaho, como no sea, posiblemente –y por qué no– por algunos beneficios contributivos como los que Hawai aún disfruta.

Inevitablemente la estadidad conllevará un aumento enorme en las transferencias federales per capita a los puertorriqueños. Recientemente recibí de la Oficina Congresional del Presupuesto un estimado de este aumento.

"La CBO estimó las transferencias federales en 1995 como las especifica el P. del S. 712 para cuatro programas de beneficios –los Cupones de Alimentos, la Ayuda a Familias con Niños (AFDC), Medicaid, y Programa de Ingresos

Suplementarios (Ayuda a envejecientes, ciegos e incapacitados bajo el estado libre asociado). Estos son los programas de beneficios federales principales financiados por el erario general. La CBO estima que el gasto per capita federal para estos programas bajo el estado libre asociado sería unos $400. Bajo la estadidad, esta cifra aumentaría a unos $1,250. Estas cifras comparan con un gasto federal estimado en $475 per capita para estos programas en los estados continentales para 1995. (Carta al Senador Moynihan de Robert D. Reischauer, director de la Oficina Congresional del Presupuesto, fechada el 15 de mayo, 1990)."

Observen que en la actualidad, bajo el estado libre asociado, los puertorriqueños reciben casi tanto en transferencias per capita como los residentes de los 50 estados. Unos $400 en el caso de Puerto Rico, $475 para el área continental. La estadidad casi triplica esta suma.

Consideremos lo que esto implica. Las únicas cifras que tengo a la mano en este momento fueron preparadas el año pasado por el Servicio Congresional de Investigaciones. Muestran que en 1980, el ingreso familiar promedio en Puerto Rico era de $6,080. Aumentemos esto por mitad, tomando en cuenta la inflación y algún aumento en el ingreso real, el cual ha sido bien bajo en todos los Estados Unidos. Esto nos da un ingreso familiar promedio en Puerto Rico de, digamos, $9,000. La diferencia entre las transferencias bajo el estado libre asociado y las que se asumirían bajo la estadidad es de $850 per capita. Para una familia hipotética de cuatro, esto representaría un aumento de $3,400. Es claro que estas dimensiones –sólo pretendo ser sugestivo– constituyen un atractivo cuantioso.

En este contexto, es del todo comprensible que los que abogan por continuar con el estado libre asociado estén pidiendo que se desarrollen los arreglos actuales. Lo cual, en parte, es decir que se aumente la asistencia federal a la población de la isla. Me parece que este caso es inexpugnable y que la Comisión de Finanzas debe evaluar rápidamente lo que es factible dentro de nuestra situación presupuestaria actual.

[Del *Washington Post*, 31 de julio, 1990]
"Tomando a Puerto Rico en Serio"

Aquellos que están involucrados en la legislación que dispondrá un próximo plebiscito sobre el status puertorriqueño verán con agrado el editorial del *Post* del 13 de julio "Tomando a Puerto Rico en Serio". El plebiscito ofrecerá, por supuesto, las alternativas de estado libre asociado, estadidad o independencia.

Escribe el *Post*: "El asunto del status es importante por derecho propio. Los puertorriqueños son ciudadanos americanos pero no tienen ni todos los derechos ni todas las obligaciones de la ciudadanía. La pregunta crítica para ellos como para el público y el Congreso de EE.UU. es si ese status incompleto es justo".

Me pregunto si estas son precisamente las palabras que desea el *Post*. El status actual de estado libre asociado data de los tiempos de Luis Muñoz Marín, quien en 1948 se convirtió en el primer gobernador electo de Puerto Rico. Los puertorriqueños redactaron la Constitución actual. El Congreso la aprobó. A mi mejor entender –aquí me apoyo en la autorizada obra de Arnold Leibowitz, *Defining Status* (Definiendo el Status) – esto se percibió como la creación de más gobierno local propio. En sentido contrario, se sostuvo que se había "creado una entidad legal nueva, con una posición única en derecho americano: el status de estado libre asociado (*commonwealth*), que se reconoce en el ámbito internacional como no colonial".

Estados Unidos informó enseguida a las Naciones Unidas y solicitó que se removiera a Puerto Rico de la lista de Territorios sin Gobierno Propio compilada por la Asamblea General. Posteriormente, la Asamblea General adoptó la Resolución 748(viii) (1953) que reconoce que el estado libre asociado ha "logrado un status constitucional nuevo" y que el pueblo de Puerto Rico tiene ahora "atributos de soberanía política que identifica claramente el status... como el de una entidad política autónoma". Como embajador ante la ONU a mediados de los años setenta, tuve motivo de referirme a esta resolución en más de una ocasión.

El Sr. Leibowitz escribe: "El Partido Popular Democrático de Puerto Rico creó el status de estado libre asociado como un status permanente de igual dignidad a la estadidad y la independencia con validez política en la isla". (El PPD era, naturalmente, el partido del Sr. Muñoz y es el partido del Gob. Rafael Hernández Colón).

Desde este punto de vista, el estado libre asociado no es un "status incompleto". Preguntar si es "justo" es adoptar el lenguaje de los que piensan que no es deseable y opta, en vez, por la estadidad. Este es, naturalmente, el punto de vista del Partido Nuevo Progresista y su líder, el ex gobernador Carlos Romero Barceló. Pienso yo que, en la medida en que sea posible, el Congreso debiera mantenerse neutral en este asunto.

Esto nos lleva al asunto de si el próximo plebiscito debiera detallar ninguna de las opciones. De nuevo, la posición sensitiva es la del estado libre asociado. Los términos de la independencia y la estadidad son claros. Se pueden estipular algunos arreglos de transición, pero no puede ser de mucha importancia. En muy poco tiempo, la estadidad querrá decir estadidad, punto. La independencia querrá decir independencia.

Por otro lado, el PPD pide que se estipule el status de *enhanced commonwealth* en el plebiscito. En su mayoría, esto se reduce a los beneficios de seguro social mayores. Estas no son minucias en las vidas de los puertorriqueños. Tomen en consideración el programa de Ingresos Suplementarios de Seguro Social. El beneficio actual en el estado libre asociado es unos $32 al mes para los ciegos, impedidos y envejecientes necesitados. Bajo la estadidad, estos beneficios aumentarían automáticamente a $386. ¿Está dispuesto el Congreso a ofrecer los mismos beneficios bajo el estado libre asociado? ¿La mitad? ¿Retenerlos igual? Yo pensaría que estos son asuntos para examinar en detalle, si es que se va a optar con conocimiento de causa. Pero puede que me equivoque.

En cuanto al asunto de un proceso de dos etapas mediante el cual el Congreso dispondría primero el plebiscito, con o sin detalles, y después ratificaría los resultados, creo que el *Post* tiene razón. El Senado debiera seguir a la Cámara en este aspecto.

Daniel P. Moynihan
Senador de EE.UU. (D - NY)
Nueva York

Epílogo
Hacia una nueva política

Hemos reseñado y analizado en este libro los eventos del proceso de consulta y negociación entre Puerto Rico y los Estados Unidos en los años de 1989 y 1990. El año de 1991 produjo el desiderátum final de ese proceso. Por esta razón hemos decidido incluir este epílogo, a manera de resumen de los resultados del proceso, junto a unas conclusiones preliminares. Son preliminares porque estamos convencidos de que el proceso que se inició en enero de 1989 desató una secuencia de eventos y resultados que continuarán desarrollándose hasta que se decida, esta vez por todas, la cuestión del status político de Puerto Rico.

La reunión de los tres líderes políticos del país el 26 de noviembre de 1990, que evaluó el proceso de negociación y consulta hasta ese momento, produjo el acuerdo tripartito de presionar al Congreso de los Estados Unidos para que produjese legislación que viabilizase un plebiscito en el año de 1991. Los eventos de ese año, hasta el momento en que entra en prensa este tomo, en vez de facilitar la celebración del plebiscito, entorpecieron la convocatoria y el voto. Las dos causas para ese efecto, después de veinticinco meses de negociación y consulta, fueron las que hemos reseñado en las secciones analíticas de este tomo: la cuestión del costo y la cuestión nacional. Estas dos importantes cuestiones vislumbradas en 1990, centraron el debate en 1991 y decidieron, temporalmente la suerte del proceso.

Veamos las principales reseñas periodísticas de los meses en cuestión, para seguir el curso de los acontecimientos:

30 de noviembre de 1990, *San Juan Star* - Los partidos políticos usan fuerte lenguaje para establecer sus demandas de status político.

6 de diciembre de 1990, *San Juan Star* - Los Senadores de Estados Unidos que visitan a Puerto Rico sienten el calor. Los políticos locales urgen pronta acción plebiscitaria.

6 de diciembre de 1990, *El Nuevo Día* - Vistas plebiscitarias a partir de enero. Bajo fuego la soberanía del ELA. Preocupa al PPD la fecha de consenso. Motín a bordo en el PNP, según el PIP.

7 de diciembre de 1990, *San Juan Star* - Johnston empujará el proyecto de status. El Senador dice que radicará la medida en enero.

8 de diciembre de 1990, *El Nuevo Día* - Polémica en el PPD por la soberanía. "ProELA" emplaza al liderato del PPD a reabrir el debate sobre el Estado Libre Soberano y que se definan sus alcances ante el Congreso.

11 de diciembre de 1990, *El Nuevo Día* - Señales de motín en el PPD. Melo Muñoz y Marco Rigau se oponen a los términos del nuevo ELA.

21 de diciembre de 1990, *Claridad* - Confrontación entre Melo y Johnston. En la reunión entre el liderato del PPD y Johnston, la senadora Muñoz se enfrentó al norteamericano con la resolución de la Asamblea de Ponce.

3 de enero de 1991, *El Nuevo Día* - El plebiscito a vistas el 30 de enero.

4 de enero de 1991, *San Juan Star* - La Cámara de Representantes de los Estados Unidos radica proyecto de plebiscito. De Lugo advierte la medida del Senado es inaceptable.

24 de enero de 1991, *El Nuevo Día* - Renovado impulso al plebiscito. Johnston presenta el nuevo proyecto de consulta y urge al Congreso a implantar la fórmula triunfadora, con todas sus consecuencias.

29 de enero de 1991, *El Nuevo Día* - Baño de agua fría al plebiscito. Tenaz oposición a la consulta.

31 de enero de 1991, *El Nuevo Día* - En vistas del Comité de Energía y Recursos Naturales en Washington, advierte Johnston que no cederá ante cabildeos. Mano dura contra los obstáculos.

31 de enero de 1991, *El Vocero* - Preocupa a senadores dar la estadidad a Puerto Rico.

7 de febrero de 1991, *San Juan Star* - El Secretario de Justicia de Estados Unidos Richard Thornburg cuestiona la legalidad del ELA.

8 de febrero de 1991, *Claridad* - Entusiasmo en las filas autonomistas. ¿Hacia la República Asociada?

8 de febrero de 1991, *San Juan Star* - Arrasadas las definiciones de status. Thornburg califica el nuevo ELA como inconstitucional.

20 de febrero de 1991, *El Nuevo Día* - Recupera el ELA apoyo en el status. Por primera vez desde febrero de 1989, el ELA culminado supera 41 a 39 por ciento a la estadidad, en la encuesta de *El Nuevo Día*.

21 de febrero de 1991, *El Nuevo Día* - Objetan el proyecto de Bennett Johnston. Descartan ocho legisladores la medida por considerar peligroso el ofrecimiento de la estadidad. Rechazo mayoritario a la estadidad. Nulo el compromiso con la anexión. Fortalecido el ELA en Washington: Hernández Agosto. Puerto Rico y Estados Unidos, un conflicto de nacionalidades: Rubén Berríos Martínez. Minimizan la

desventaja en el PNP: Oreste Ramos.

21 de febrero de 1991, *San Juan Star* - Aparecen los enemigos de la estadidad. Incierto el futuro del proyecto plebiscitario.

22 de febrero de 1991, *San Juan Star* - El Senador Patrick Moynihan ataca a los Senadores.

28 de febrero de 1991, *San Juan Star* - Matan el proyecto del plebiscito. Un pedido del Presidente George Bush fracasa en mover al Comité del Senado, que se divide en una votación 10 a 10.

Estos son, en muy apretado resumen, los eventos ocurridos con posterioridad a los hechos y a la documentación que hemos analizado e incluído en este tomo. Procede ahora que ensayemos una serie de conclusiones sobre el proceso de negociación y consulta entre Puerto Rico y los Estados Unidos.

Primera, los hechos de los veinticinco meses reseñados en este texto evidencian un cambio de paradigma en la relación entre ambos pueblos. El abandono de la teoría de la libre determinación, que predominó desde la adopción de la Carta del Atlántico después de la Segunda Guerra Mundial hasta hace muy poco, llevó a la adopción de la teoría del timoneo. En esa teoría se hizo indispensable que el pueblo de Puerto Rico conociese la posición de los Estados Unidos sobre todos los aspectos de la cuestión de su status político.

Segunda, el proceso de consulta y negociación en sí, ha sido y será más importante que el evento de la celebración de un plebiscito. En efecto, puede decirse que el plebiscito ya se celebró, que lo ganó la estadidad, y que la misma fue denegada por el Congreso de los Estados Unidos. Lo ganó en las encuestas y lo perdió en el Congreso. Como resultado se inicia una nueva era en las relaciones entre Puerto Rico y los Estados Unidos, libre de las mitologías que han sido descartadas en este proceso de dos años de destape de nuevos paradigmas.

Tercera, el enfoque sustantivo del Senado de los Estados Unidos fracasó en prevalecer, dada la tenaz oposición en ese cuerpo a ofrecer la estadidad a Puerto Rico. Ni siquiera la eliminación de su cláusula de autoejecutabilidad hizo viable su aprobación por un sector conservador y mayormente republicano, que se oponía a cualquier implicación de incorporación o anexión futura de Puerto Rico.

Cuarta, el enfoque procesal de la Cámara de Representantes de los Estados Unidos, aprobado por unanimidad por la misma, no tuvo aceptación en el otro cuerpo por los mismos temores de que pudiese implicar una oferta de estadidad futura para la Isla.

Quinta, la cuestión que mató el proceso fue el astronómico costo de la concesión de la estadidad a Puerto Rico, demostrado hasta la saciedad por el Informe del Congressional Budget Office, incorporado en el Informe del Comité de Finanzas del Senado y en las enmiendas adoptadas en el Proyecto S.244, el proyecto senatorial que se sometió nuevamente en 1991.

Sexta, la cláusula de Uniformidad de la Constitución de los Estados Unidos resultó el principal impedimento para una transición que permitiese a Puerto Rico advenir gradualmente a la estadidad, mediante un proceso de imposición de contribuciones y beneficios paulatino.

Séptima, la Cláusula Territorial de la Constitución de los Estados Unidos resultó el principal impedimento para una definición del Estado Libre Asociado que pudiese a la vez ser una entidad soberana y aspirar a una unión permanente con los Estados Unidos.

Octava, la opción de la independencia, como ha admitido con estas mismas palabras el líder anexionista Luis A. Ferré, resultó evidentemente "la única que el Congreso de los Estados Unidos está dispuesto a conceder" con generosas concesiones para su éxito.

Novena, la cuestión de la nacionalidad y el idioma fue, aunque presentada tardíamente en el proceso de consulta y negociación la que cerró finalmente cualquier curso futuro hacia la anexión.

Décima, la cuestión moral, ausente durante la mayor parte del proceso plebiscitario, pero planteada certeramente por la Conferencia Episcopal de Obispos Católicos, debe regir en adelante los debates y las evaluaciones que el pueblo de Puerto Rico realice.

En síntesis, como advertimos en nuestra introducción al primer tomo de este libro, el proceso ha resultado mucho más importante que el plebiscito. En el relativamente corto espacio de veinticinco meses, han caído muchos mitos y se han revelado muchas verdades que necesitaba conocer nuestro pueblo. Esta es nuestra conclusión.

Este libro se terminó de imprimir
el día 30 de abril de 1992
en los Talleres Gráficos de
Impresos Emmanuelli, Inc.
Apartado 142, Aguas Buenas
Puerto Rico 00703